好望角

在这里，看见新世界

ITALIA E CINA

意大利与中国

［意］白佐良 ［意］马西尼 著

萧晓玲 白玉崑 译

张刚峰 审校

浙江人民出版社

图书在版编目（CIP）数据

意大利与中国 /（意）白佐良，（意）马西尼著；萧晓玲，白玉崑译. — 杭州：浙江人民出版社，2023.1（2023.4重印）

ISBN 978-7-213-10779-5

Ⅰ.①意… Ⅱ.①白… ②马… ③萧… ④白… Ⅲ.①中外关系-国际关系史-意大利 Ⅳ.①D829.546

中国版本图书馆CIP数据核字（2022）第167522号

浙江省版权局
著作权合同登记章
图字:11-2021-090号

Giuliano Bertuccioli, Federico Masini

ITALIA E CINA

© 2014 L'Asino d'oro edizioni s.r.l.

本书根据意大利文2014年修订版翻译

意大利与中国

［意］白佐良　　［意］马西尼 著　萧晓玲　白玉崑 译

出版发行：浙江人民出版社（杭州市体育场路347号　邮编　310006）

　　　　　市场部电话：(0571)85061682　85176516

责任编辑：吴玲霞　　　　　　　　　营销编辑：陈雯怡　陈芊如　张紫懿

责任校对：戴文英　　　　　　　　　责任印务：程　琳

封面设计：张庆锋

电脑制版：杭州大漠照排印刷有限公司

印　　刷：杭州广育多莉印刷有限公司

开　　本：880毫米×1230毫米　1/32　　印　张：11.375

字　　数：248千字　　　　　　　　　插　页：6

版　　次：2023年1月第1版　　　　　印　次：2023年4月第2次印刷

书　　号：ISBN 978-7-213-10779-5

定　　价：89.00元

如发现印装质量问题，影响阅读，请与市场部联系调换。

出版者言

当今的世界与中国正在经历巨大的转型与变迁，她们过去经历了什么、正在面对什么、将会走向哪里，是每一个活在当下的思考者都需要追问的问题，也是我们作为出版者应该努力回应、解答的问题。出版者应该成为文明的瞭望者和传播者，面对生活，应该永远在场，永远开放，永远创新。出版"好望角"书系，正是我们回应时代之问、历史之问，解答读者灵魂之惑、精神之惑、道路之惑的尝试和努力。

本书系所选书目经专家团队和出版者反复商讨、比较后确定。作者来自不同的文化背景，拥有不同的思维方式，我们希望通过"好望角"，让读者看见一个新的世界，打开新的视野，突破一隅之见。当然，书中的局限和偏见在所难免，相信读者自有判断。

非洲南部"好望角"本名"风暴角"，海浪汹涌，风暴不断。1488年2月，当葡萄牙航海家迪亚士的船队抵达这片海域时，恰风和日丽，船员们惊异地凝望着这个隐藏了许多个世纪的壮美岬角，随船历史学家巴若斯记录了这一时刻：

"我们看见的不仅是一个海角，而且是一个新的世界！"

浙江人民出版社

提到意大利与中国的关系，中国人的脑海里必然会想起罗马帝国的中国丝绸、元朝时来华的威尼斯商人马可·波罗、明末来华的耶稣会士利玛窦。然而，两国的交往史绝不止此。白佐良和马西尼两位意大利学者的这部著作，从政治、经济、文化等多个角度，阐述了两千多年来的双方交往史，特别是明末以来更加密切的联系，包括在商贸、外交、科技、美术、宗教、文艺等多方面意大利对中国的影响，还有各色各样曾经走访意大利的中国教徒、外交官和学者的新奇见闻，以及他们对中国的影响。这本书既让我们了解两国友谊的源远流长，也让我们期盼今后双方的交往更加宽广。

——荣新江（北京大学历史学系教授）

本书综合正史、志书、文集、游记等中西文第一手史料，从比较、跨文明和全球史的视野，对意大利与中国两千多年文明互鉴的历史，做了全景式系统的描述，是作者在中西关系史领域长期耕耘的成果结晶，已成为中西文明交流史研究领域的典范之作。全书融会贯通，雅俗共赏，行文深入浅出，叙事生动活泼，体现了作者深厚的学术功力和驾驭史料的才能，无疑将为中西文明交流提供历史借鉴。

——韩琦（浙江大学历史学系教授）

该著作不仅回顾整理了重要的史料，而且吸收了大量前所未见的中西文献，论及许多不为人知却别具一格的人物，读来颇有趣味。……我们还能从书中获取很多信息，涉及中国对意大利的文学影响、意大利在中国文化中的地位、19 世纪游历意大利乃至欧洲的中国外交家和旅行者。

——谢和耐（法国著名汉学家、历史学家）

这部作品的质量和连贯性堪称高水平，并引用了现代汉学的最佳成果。它的叙事语言也十分生动活泼，这在学术著作中是罕见的。

——《中国季刊》（*The China Quarterly*）

目　录

中译本新序

　　《意大利与中国》一书，是1996年白佐良教授与我合写的一本向意大利读者介绍意大利与中国交往史的著作。从20世纪40年代在南京工作起，白佐良教授一生都在从事关于意大利跟他第二个祖国中国的交往史的研究。他在远东30多年的外交生涯中，由于有深厚的汉语功底以及他对欧洲历史和语言的深刻了解，收集并掌握了大量有关意大利和中国交往史方面的第一手资料，其中有用中文写就的有关意大利的中国古代文献，也有用古希腊文、拉丁文、早期意大利文撰写的有关中国的历史资料。在40多年中，他写了一系列有关意中关系史方面的文章，发表在西方的学术杂志上；直到他人生的晚年，才有机会把他多年的研究成果综合汇编成《意大利与中国》一书，遗憾的是他未能看到中译本面世就在2001年逝世了。这个中译本也就成了他奉献给中国读者的遗赠，证明了他终生为加强两国人民之间的相互了解所做出的努力。

　　当初，意大利出版社要求作者写到清初，由于本人对19世纪的中西交往有些了解，故增加了从清朝中叶到民国初的这段历史。本书第一至第四章以及第九章，是白佐良教授所写，第五至第八章为本人所写。

意大利与中国的往来，在 20 世纪必须面对众多的新挑战。19 世纪末，梁启超对意大利统一运动历史的研究，再次唤醒了彼此相互了解的兴趣。早在 1897 年冬，戊戌变法失败前，年仅 24 岁的梁启超与康有为的幼弟康广仁（1867—1898）在上海创办了上海大同译书局，希望也在中国传播那已在邻国日本取得最佳成果的西方知识。书局最初出版的作品之一，是一本题为《义大利与国侠士传》的小册子。这向来是在东亚进行文化传播的杰出范例。其实，这本小册子是 1895 年用日语出版的《伊太利独立战史》的压缩版，后者则是摘自威廉·亨特（William Hunt）的《意大利史》（*History of Italy*, New York, 1874）。这些摘要由流亡日本的朝鲜爱国主义者俞吉濬（1856—1914）从英语译成日语，他是 1883 年在美国的第一个朝鲜国留学生。出版的小册子作为美国、朝鲜、日本和中国共同努力的果实，是梁启超借此谈及意大利的第一本书，也是继耶稣会士们的辉煌时代后，意大利首次有机会作为正面的典范呈现在中国文化界而重新享有威望。意大利的统一运动激起了梁启超的爱国精神，为他指明了拯救国家的可行之路。

1898 年 12 月，梁启超因戊戌变法失败而在日本避难。他刚一抵达，就创办了《清议报》，在上面发表文章，纪念马志尼的青年意大利运动和青年为国家复兴所能起到的作用。在对当时同是受西方强权压迫的两大文明，也就是意大利和中国，做了初次对比后，他又赞扬了对意大利做出贡献的英雄人物：加富尔、加里波第和马志尼。

1902 年初，仍流亡日本的梁启超又创办了《新民丛报》，从这一年的 6 月到 12 月，连载了长篇丛书《意大利建国三杰传》（根据平田久 1892 年出版的日文作品《伊太利建国三杰》改写），后来也登载了民间戏剧《新罗马》（原本打算出 40 幕，但实际上只完成了前 6 幕）。意大利统一的神话，在日后对中国文化产生了持续的吸引力，并对重振意大利在东亚的形象贡献巨大。1943 年，朱光潜记述了他在读完丛书后受到的感动。在 50 年代，郭沫若（1892—1978）这么评价此书："他著的《意大利建国三杰传》……以轻灵的笔调描写那亡命的志士，建国的英雄，真令人心醉。"

在 19 世纪和 20 世纪之交，两个意大利人在意中两国的文化关系史上留下了踪迹。他们是帮助意大利了解中国，同时又帮助中国了解意大利的两位外交官：威达雷（Guido Amedeo Vitale，1872—1918）和佛弼执礼（Eugenio Felice Zanoni Volpicelli，1856—1936）。两人都是那不勒斯皇家东方学院的学生，都在那里打下了良好的中文功底，以至于他们的语言能力在中国特别受到称赞。

威达雷最先在上海的意大利领事馆供职，因其"超强的语言能力"，得到一位公使的赏识。这位名叫华蕾（Daniele Varè）的公使后来成了著名的作家，据他所写，甚至慈禧太后（1835—1908）都称威达雷"是在北京唯一把中国话说得极好的外国人"。1896年，担任意大利使馆中文秘书的威达雷男爵首次收集和编辑了 170 首中国民间歌谣，并附上了注解和翻译，由北京北堂印书馆出版，书名为 *Chinese Folklore, Pekinese rhymes*（周作人曾将此书名译作《北京儿歌》），为学习口语提供了一种工具。他在序言中写道，从这些歌谣中将会诞生与民众情愫紧密相关的新的义学语言。将近 30 年后，1922 年胡适（1891—1962）在他所写的《北京的平民文学》中指出，鉴于白话文的兴起和对文言文的摒弃，为了解民间文学的重要性，他的主要灵感之一就取自这部作品。1901 年，威达雷仍以重视民间传统为目标，在北京北堂印书馆出版了 *A first reading book for students of colloquial Chinese: Chinese Merry Tales* 一书（中文译成《汉语口语初级读本：北京儿歌》，北京大学出版社 2017 年版），这是一本面向儿童的童话故事集，至今仍被学者们视为方言文学的宝贵资源。

佛弼执礼于 1882 年抵达中国，比威达雷早了十几年，在帝国海关任职员，直到 1899 年成为驻香港的意大利领事为止。他写了许多意大利文和英文著作，有政治题材的，如 *The China-Japan war: compiled from Japanese, Chinese and foreign sources*，London 1896（中文译作《甲午战争：一个意大利人的记述》，商务印书馆 2018 年版），也有专业题材的，如 *Chinese phonology: an attempt to discover the sounds of the ancient language and to recover the lost rhymes of China*（《汉语音韵学：一个发现古代语言的声音和找回丢失韵律的尝试》，1896 年由中国公报办公室出版于上海），这部作品受到了中国杰出语言学家罗常培的关注（《罗常培文集》第六卷第 451—464 页，山东教育出版社 2001 年版）。佛弼执礼也把贝卡里亚（Cesare Beccaria）的名著《论犯罪与刑罚》（*Dei delitti e delle pene*）的第十六章《酷刑逼供论》翻译成中文（1766 年版）；这本书包括佛弼执礼写的简短序言，出版日期为 1905 年 1 月，其中介绍了贝卡里亚作品的重要性及其在欧洲广为传播的历史，如此便有了这位意大利著名法学家的第一本中文版书籍。佛弼执礼在中国逗留了较长时间，其间曾见到胡适、佛教僧侣太虚（1890—1947）和孙中山。

中华民国于 1911 年成立，迈向现代化的道路似乎也已铺平：
最初几年，在文化领域呈现出一片极为活跃的景象；许多在日本避
难的知识分子返回中国，他们也随身带回大量已经翻译成日文的西
方作品，在那数十年间蓬勃发展的众多文学杂志中找到了发挥的空
间，其中以《小说月报》和《东方杂志》为主。然而，从 1901 年
至 1911 年的 10 年中，只有两部意大利文学作品被翻译成中文，而
英文文学作品则几乎达到 300 本。

第一次世界大战爆发初始，我们两国的关系彼此接近，因为在
最初，两国都是中立国，后来才卷入战事。战争结束时，我们两国
的处境也相似。在 1919 年的巴黎和会上，意大利代表团要求把亚得
里亚海和阿尔卑斯山弧地带归属意大利；中国代表团则为归还山东
省而抗争，这片土地当时曾在德国的控制下，战后则被日本占据。

20 世纪的最初数十年，中国的文化气息十分活跃。在日本的
撮合下，也凭借后来创办上海开明书店的章锡深（1889—1969）的
一篇文章，未来主义进入了中国。后来，正是这股推崇机器进步的
微风，让其他中国知识分子神魂颠倒，他们似乎再次看到，在落后
的意大利与中国之间可能存在相似之处，因为这两个国家都渴望置
身于现代化技术之中。于是，未来派的戏剧和诗文应运而生，其中
最著名的就是徐志摩（1897—1931）的诗作。意大利未来主义的
诗篇和魅力都是围绕着机器、能量和运转，很适合 20 世纪 20 年代
呈现出的激情，这也是激发 1919 年五四运动的一个关键点。当时，
学生和知识分子在北京举行了反帝、反封建的爱国运动，抗议把山
东的权益转让给日本，而没有让战胜国中国收回。这场运动也促使
维新派和革命党人发生了转变，一些最初赞赏未来主义活跃精神但

不乏误解的左翼作家，如郭沫若（1892—1978）和茅盾（1896—1981），后来都远离了这种思潮并对其进行严厉批判。

茅盾则对邓南遮（Gabriele D'Annunzio）情有独钟，认为他是现代意大利首屈一指的作家，因他在意大利文学领域起到的作用而能与但丁媲美。左翼作家茅盾似乎有意忽略邓南遮的唯美主义，而被他的爱国情怀所吸引并从中受到启发。他在邓南遮的民族主义中看到了救国的典范，而且力求通过行动、诗篇和文学的表达来实现。上面提到的诗人徐志摩也对邓南遮的一些作品表现出由衷的喜爱，尤其是《死城》（*La città morta*），他于 1927 年出版的诗集《翡冷翠的一夜》，就以佛罗伦萨城为这部作品的名称。

通过致力于意大利语言和文学工作的中国学者文铮的研究，我们知道在随后的数十年，即 1919—1949 年，意大利作品的翻译大约有上百部，比起数以千计的英法文作品也许很少，不过如饥似渴的中国读者在那些年里能读到诗篇（但丁，其《地狱》篇的前三曲于 1921 年出版）、戏剧（皮兰德娄和未来派作品）、叙事文学（薄伽丘、科洛迪、德·亚米契斯和黛莱达），乃至散文（莱奥帕尔迪、帕皮尼和克罗齐）。

除但丁外，在这么多作家中，我们冒昧地说，有两位作家在中国得到了比在祖国更热情的读者和更持久的名声，他们就是著有《木偶奇遇记》的科洛迪和《心》的作者德·亚米契斯。

《木偶奇遇记》是阅读量最多的意大利小说之一，在我们文化交往的整个历史中得到翻译和转译、评论和解说、改写并以连环画形式出版。科洛迪的《木偶奇遇记》，自 1927 年首次被翻译成中文后，以连载形式出现在《小说月报》上，因其道德和教育性内涵而成就斐然，完全没有政治或社会上的牵连，甚至在文化背景完全不同的情况下也很容易受到欣赏。这本书于 1928 年首次出版成册，到了 1949 年已有 15 次再版，1980 年又按照意大利文原版推出了一个版本。《木偶奇遇记》在中国已经成为一种真正的文学现象，乃至大多数读者已经不再知道它是一部意大利文学作品。

另一部在中国极出名的作品是《心》。这个《寻母三千里》（*Dagli Appennini alle Ande*）的月刊故事，早在 1903 年就有了第一个中文版本。按照当时的惯例，这本从日文版翻译过来的书，随后也发布了作品的完整版本，也是按照日文版本翻译的，1910 年以《馨儿就学记》为书名，由著名作家包天笑（1876—1973）负责出版。1926 年，一个新版本问世了。新版本仍是从日文翻译过来的，书名定为《爱的教育》，且一直保留下来。因其道德内容，又能够传递爱战胜恶的教育价值观，《心》最近被列入 100 部对现代中国文化影响最大的翻译作品，与马克思和恩格斯的《共产党宣言》以及莎士比亚的《哈姆雷特》等著作并列。《心》几乎成了中国各级各类学校中的必读物，它在中国表现出的非凡活力甚至超过今日在意大利受到的关注。

在意大利与中国文学交往史上还有另一件难忘的往事，那就是巴金对两位意大利人表现出来的兴趣。巴金的真实名字是李尧棠（1904—2005），20 世纪 20 年代他在巴黎留学时选择了巴金这个笔名，据说是从巴枯宁（Bakunin）和克鲁泡特金（Kropotkin）两人的中文译名中各取一个字，作为自己信仰无政府主义学说的明证。继日本之后，法国成了中国知识分子挑选的另一个居住国。巴金那时被两位意大利无政府主义者萨可（Bartolomeo Sacco）和方齐迪

（Nicola Vanzetti）的事件所触动，他们于 1917 年 8 月因自己的政治信念在美国被判死刑。这个典型的政治审判案件令巴金感触颇深，在与他们短时间的通信之后，他写了两篇描述他们事件的短篇小说，并在他们被处死后写了以两人为题材的第一篇中篇小说《灭亡》，也因此在自己的祖国赢得了非凡的声誉。他于 1928 年返回中国。

20 世纪上半叶，时事变迁拉近了意中两国之间的关系。1930年，加莱阿佐·齐亚诺（Galeazzo Ciano）与墨索里尼的女儿埃达（Edda Mussolini）完婚不久，就被任命为意大利驻上海总领事而与新婚妻子来到上海，这令中国有机会更加接近意大利，也促进了两国在经济、政治、军事尤其是在航空领域以及文化上的交往。在那些年里，人数可观的意大利专家访问了中国，在农业和水利发展计划以及法律学传播领域进行合作。人们甚至说，30 年代上半叶是意大利与中国交往的"黄金年代"。特别值得一提的是，意大利国立教育电影馆（Istituto Luce）与新生的中国电影工业之间的密切合作。前者于 1924 年在罗马创立，是以教学为目的在世界上进行电影传播的最早机构之一，后者将其中心设在上海。这期间，也有众多中国政治人物和学者造访意大利。

20 世纪 30 年代末，意中两国的关系进入了一个相当复杂的阶段。在中国和意大利发生的政治事件，尤其是与日本的关系，以及随后的第二次世界大战，都使我们彼此疏远。1941 年 7 月 1 日，在南京的汪精卫政府得到承认，我国的大使也随着到了那里，这种情况持续到 1943 年 9 月 18 日意大利停战。在沉默了一段时期后，中国于 1944 年底承认了意大利共和国新政府，而意大利共和国首位驻华大使芬诺提（Sergio Fenoaltea）也终于在 1946 年 4 月 1 日出发前往中国。在从塔兰托（Taranto）启程的"厄立特里亚"（Eritrea）号巡洋舰上，白佐良也在人群之中，他的身份是使馆"承担口译任务的一等职员"。本书的这位作者留在中国的时间虽然只有 5 年，但对中国和意大利而言，这是一段关键的时期。事实上，中华人民共和国于 1949 年 10 月 1 日成立，意大利则在 1950 年 6 月的朝鲜战争爆发后，决定不承认中华人民共和国，于是年轻的白佐良离开了意大利在南京的大使馆，返回意大利。

　　1950—1970 年，在这整整 20 年的时间内，意中两国没有政治和外交往来，但文化性质的关系仍旧保持。在意大利方面，这得力于社会党和共产党的支持，同时也有曾在 1945 年担任过意大利总理的费鲁奇奥·帕里（Ferruccio Parri）于 1953 年创建的"增进同中国经济和文化关系研究所"的促进与推动。该研究所通过组织中意双方人员的交往和活动来推动两国之间的往来，并出版杂志介绍新中国的进步。1955 年秋天，意大利社会党书记南尼（Pietro Nenni）访问中国并得到了毛泽东主席和周恩来总理的接见。意大利各报记者也可在中国旅行，带回新中国的消息并将它们登载在意大利各大报纸上。在同一个时间，著名法学家和政治家彼耶罗·卡拉曼德雷伊（Piero Calamandrei）率领一个极重要的文化代表团访问中国，当时他的儿子弗朗科（Franco Calamandrei）是意大利《团结报》驻北京的记者。参加代表团的都是那个时代意大利知识分子中的精英，有作家、记者、医生和科学家。时任中国保卫世界和平人会委员会主席、作家的郭沫若亲自到机场迎接他们，周恩来总理则于晚上在北京饭店设宴招待，并邀请他们参加了 1955 年 10

月 1 日在天安门广场举行的国庆典礼。在 9 月 24 日至 10 月 24 日整整一个月的时间里，除了北京之外，他们还访问了鞍山钢铁厂、华中的农业合作社以及杭州、广州、香港。此行的报告在杂志《桥》（*Il Ponte*）上发表，这个消息也出现在《人民日报》上。1956 年 4 月 6 日，中国政府也派出了一个高层级的文化代表团回访意大利，著名化学家侯德榜担任团长，著名经济学家冀朝鼎担任副团长，团员有著名桥梁专家茅以升、译作家李霁野、作家何家槐、画家王雪涛、歌唱家郎毓秀等。1956 年 4 月 11 日，《人民日报》报道了中国文化代表团的访意之行。

在这次重要的访问之后，渴望了解新中国的意大利知识分子也进行了许多其他的访问。他们当中，包括作家库尔齐奥·马拉巴特（Curzio Malaparte）和 1967 年到访的阿尔贝托·摩拉维亚（Alberto Moravia）。首批意大利学生也前往中国，他们以自己的学业对当时两国的相互了解做出了贡献。

20 世纪 50 年代，意大利也接待了一些以文化性质为主的代表团；首批中国学生也来到意大利深造，他们为在中国传播意大利语言和文学，以及随后的邦交关系的发展贡献良多，这也得力于未来的中国外交官在意大利接受的培育。

法国与中华人民共和国于 1964 年正式建交，以及意大利与中国签署的贸易协定，促成双方在北京和罗马开设贸易办事处。

在先前访问过中国的外交部部长南尼的努力下，意大利与中国终于在巴黎开启相互承认的谈判；白佐良是意大利代表团的成员，在此期间他进入了意大利外交部门，为两国关系的发展再次贡献己力。1970 年 11 月 6 日，两国正式建交，翻开了双方数千年交往史的新篇章。

中国和意大利建交后的最初数十年，拉近两国关系的当属电影艺术。

20 世纪 70 年代初，欧洲和意大利第一次发现并"看到"了中国。当时应中国政府的邀请，年轻的米开朗基罗·安东尼奥尼（Michelangelo Antonioni）因其在纪实题材方面的才华，被选中在中国拍摄一部纪录片，向世界展示新中国成立 20 多年后的真实面貌。这个包括记者安德里亚·巴巴托（Andrea Barbato）在内的小小代表团于 1972 年 5 月 18 日抵达北京，在中国停留了 5 个星期。回国后，一部长达近 4 个小时的纪录片剪辑完成，于 1973 年初在意大利国家电视台（Rai）分三集播出。借助这位意大利最伟大的导演的镜头，意大利和欧洲数十年来首次"看到"中国革命的真实面貌。事实上，这部名为《中国》的纪录片因其画面轻松和内容深邃，如今仍保持着无与伦比的魅力。

70 年代是开放的年代：1976 年 9 月毛泽东逝世，周恩来总理于此前不久也撒手人寰；1978 年 12 月，邓小平开启经济改革和向世界开放的新进程。到了 70 年代末期，中国踏上开放的旅途，这也许是整个数千年历史中持续最久的一段时期：不仅欧洲人可以开始在中国旅行，来到我们大学的中国学子也日益增多。《中国是近邻》（*La Cina è vicina*），正如作家恩里科·埃马努埃利（Enrico Emanuelli）1957 年为他的游记选定的书名那样，导演马可·贝罗奇奥（Marco Bellocchio）1967 年将这本书改编成剧本时，为他那幸运的影片取了同样的标题。

1979 年，中国国家主席华国锋访问意大利；1980 年 9 月也终于有首位欧洲国家的总统访问中国：他就是意大利共和国总统亚历山德罗·佩尔蒂尼（Sandro Pertini）。这位社会党人、前游击队员能完成这项使命绝非偶然。正是他，这个直白和坦率的人物能够征服中国媒体，使得当时僵硬的中国外交礼节有所松动，乃至改变了某些原有的行程计划，同时他也向中国报刊表示了"我爱中国"的情感。

回顾辉煌的过去，这些贯穿欧洲、意大利和中国的脉络又在80年代重新串联起来。没有什么能像电视剧《马可·波罗》那样，对意大利和欧洲的公众舆论产生如此积极的巨大影响，这部由朱利亚诺·蒙塔尔多（Giuliano Montaldo）执导的电视剧，是意大利、美国、法国和英国于1982年共同制作的成果，分8集在全世界近50个国家播出，而且也得到中国国家电视台的合作。此后，1987年由贝纳尔多·贝托鲁奇（Bernardo Bertolucci）执导的大片《末代皇帝》在北京紫禁城完成拍摄。《马可·波罗》和《末代皇帝》（英若诚在这两部作品中都扮演了角色，在1986年，他成为文化部副部长）所带来的互动，比任何外交或战略行动都更能使中国接近欧洲。回首过往，谨记欧洲与中国交往的各个历史时刻，这两个世界正走向一个非同寻常的合作前景。此外，那些年的频繁互动也促成了时任部长会议主席贝蒂诺·克拉克西（Bettino Craxi）对中国的访问。

在20世纪最后的数十年间，以中文出版的意大利文学作品剧增。除了此前数十年闻名遐迩的意大利文学经典作品外，我们还看到了一些十足的文学现象，例如，受欢迎的翁贝托·埃科（Umberto Eco）的作品取得了非凡成就，尤其是他的《玫瑰的名字》，以及亚历山德罗·巴里科（Alessandro Baricco）的作品受到的关注。

90 年代是中国经济飞速增长的年代，也是与欧洲世界合作的开放时期。中国的 GDP 增长得如此之快，自从人类历史有记录以来，很久都未曾有过。中国加强了双边政策，并于 2001 年 12 月加入世界贸易组织（WTO）；1971 年 11 月 15 日中华人民共和国恢复在联合国的合法席位，这是中国向世界靠拢的主要阶段。

2008 年夏季北京奥运会和 2010 年上海世博会，标志着中国在世界上的荣誉凯旋。中国展示了自己能够担当重任和组织的能力，她的效率尤其令人惊叹，这是数千年来调动大量人员、引导他们朝向共同和集体目标的能力。在 21 世纪的头十年里，中国商品进入了许多国家，人们感觉到中国的增长能够而且确实为发展做出了具体的贡献。西方的生产商特别是奢侈品生产商，从中国中产阶级的增长中看到了可能创造的市场，而此前则是无法想象的。我们的城市到处都是中国游客，我们的家里有许多以前买不到的商品。由于"中国制造"，电子产品和服装都发生了变化，许多产品在西方国家能够进入家家户户，这是数十年前连做梦都想不到的事。我们周围的世界，我写这篇序言所使用的电脑，以及打印这些页面的墨盒，都是中国制造的。

另一个现象就是语言。直到 20 世纪末，中文汉字似乎注定是一个小语种，神秘、遥远、用奇怪的符号写成，只供在中国的中国人或海外的中国侨民学习。基于拉丁字母的信息技术似乎与汉字没有缘分，那数千个各不相同却都相似的书写符号，在我们的眼中似乎很多，但又全都看上去一模一样。然而，正是信息技术救了中文汉字。我们的计算机系统能够管理和处理其他类型的符号，如声音，尤其是图像，或以表情符号的形式呈现，这为汉字敞开了大门，如今汉字在计算机或智能手机的任何一种操作系统中都能安家落户。如此一来，今天，特别是被称为数字原住民的年轻世代，他们熟悉图像并通过图标或声音进行交流，这使得他们较容易学习且"熟悉"像中文这样的非字母语言。中文曾经属于小语种的研究领域，只在最重要的大学里教授（罗马智慧大学从 19 世纪末开始教授中文），现在已逐渐地、不可避免地成为世界上需求和研究较多的外语之一，仅次于英语和西班牙语。美国和欧洲所有的大学都提供中文课程。在 21 世纪头十年，汉语也在意大利的高中教育系统中成为学生培养方案中的一门课程。2016 年，意大利教育、大学和科研部（MIUR）颁布了《高中汉语教学统一大纲》（*Il Sillabo della lingua cinese*），为高中的汉语教学提供统一的框架，同时为高中汉语教师设立了等级考试，汉语也进入意大利"高考"科目。

2019 年习近平主席在意大利的历史性访问，受到意大利政界和公众舆论的好评并标记了新的开端。"一带一路"的历史性协议重振了两国的贸易和政治关系，而 2000 年前的丝绸之路恰好在罗马落脚，因此意义尤为深远。

令我们感到十分自豪的是，习近平主席在那次访问意大利时发表了一篇署名文章，其中提到《意大利与中国》这本书。这篇文章在 2019 年 3 月 20 日的《晚邮报》头版上发表，内容如下：

"中意友谊传承于密切的文化交流之中。中意两国人民对研习对方文化抱有浓厚兴趣。中国一位教授在古稀之年开始翻译但丁的《神曲》，几易其稿，历时 18 载，在临终病榻上最终完成。意大利汉学家层出不穷，为中欧交往架起桥梁。从编写西方第一部中文语法书的卫匡国，到撰写《意大利与中国》的白佐良和马西尼，助力亚平宁半岛上的'汉学热'长盛不衰。"

　　基于这种精神，这本书只收集了一些文学上的事件、文化交流的经历，以及理想相遇的插曲，它们记载了我们两国之间的交往，展示了这两个在空间距离上如此遥远，但在感情、追求及渴望上有时又似乎如此接近的国家，彼此间所建构的完美的纽带并将千古流芳。

　　本书主要通过两国的历史文献资料来介绍中意双方的相互看法和感受，读者从中可以看到双方都有相互崇拜和相互不敬的情形。往事过去了2000多年，直到今天我们才了解到崇拜和不敬都无益于相互了解和尊重，但愿本书能够对加强意中两国人民之间的相互了解和友谊做出一点小小的贡献。

　　这本书在2002年之能够跟中国读者见面，应该感谢中国社会科学院沈定平教授的推荐以及意大利外交部的支持。翻译这本内容如此丰富且包含有大量中西历史文献引文的书，也多亏了白玉崑教授和萧晓玲女士的渊博学问和良好的意大利文修养。对他们诸位所做的努力，我表示最诚挚的谢意。

　　20年后的今天，《意大利与中国》中译本即将再版，作为作者我感到非常荣幸。在此，我要特别感谢张刚峰和韩琦两位教授。在再版的整个准备和校订过程中，张教授仔细阅读了原文和译文，指出了翻译上的一些疏漏，并诚恳地对原文和译文提出了颇有价值的更正和补充建议，使得著作内容更加完整、准确。张教授学术态度严谨、考虑问题十分周密，这在我们的合作中有充分的体现，令我非常敬佩。本书的审校工作还得到了浙江大学教授韩琦的大力支持和协助。本人自 25 年前与韩琦教授在意大利初遇，至今一直关注着他的学术研究，他在中西科技交流领域的研究可谓颇有建树，屡有大作问世。对于韩琦教授，我以为，可用"文江学海"来评价，故他能在百忙中为再版的《意大利与中国》中译本进行审读，让我实感荣幸万分。

马西尼

2022 年 4 月 7 日于罗马

前　言

　　本书不奢望对历代意中关系的全部历史进行论述。如果阐述两国在2000多年里发生的事件及其原因，这本书就会太长、太详细并需要为此提供周全的资料。本书的小小目的，就是对那些事件中最为突出和最有趣味的几件加以叙述；在两国思想和文化交流方面，除了马可·波罗和利玛窦之外，还要介绍一些较有代表性的人物。

　　马可·波罗和利玛窦的名字，在意中双方的每次接触和官方讲话里，都不免被提到，好像在意中关系的全部历史上，除了他们两人之外，再也没有别人了。其实，还有许多其他人的名字本来可以被提到，其中有一人特别值得一提，他就是画家郎世宁（Giuseppe Castiglione），他与马可·波罗和利玛窦可并称为促进两个民族相互接近而做出巨大贡献的三个意大利人。

　　至于中国方面，则有所不同，中国人从17世纪才开始对意大利表现出真正的兴趣，利玛窦的挚友徐光启是书中特别提到的一个人。而在19世纪末，中国已经向西方开放，借助梁启超的著作，中国人发现了意大利复兴时期的英雄人物，他们羡慕这些人物并愿意以他们为榜样。

本书也愿意将两个民族历代以来对彼此的看法作一概述，并且介绍双方对那些较为有名人物所作的一些比较典型的评论。这些人物中，有中国人，但意大利人更多。本书尽量对我们了解不多的中国人所说的和所写的有关评论，加以突出。出于这个目的，在可能的情况下，尽量插入有关中文资料的译文，其中有些已经由别人翻译过了（在这种情况下，作者准备了新的译文，期望效果更好），有些则是首次译成意大利文，也是首次译成一种欧洲文字。

本书叙事的时间跨度，上起古代罗马帝国，下讫 1911 年清朝灭亡，历时 20 多个世纪。在此期间，两个民族彼此间的了解受到条件限制，起初只依赖于神话，有片面性，根本谈不上互相了解；后来情况有所好转，希望彼此经常往来，学会更好地互相认识，彻底摆脱神话和偏见。作者希望本书能为达到这个目标做出微薄的贡献。

由于本书内容广泛，故叙述分成两个部分：第一部分从古代到 18 世纪末，正好到乾隆皇帝结束统治（1796）为止。这段时期，在与中国有关系的欧洲国家中，起初意大利居于首位，是主要角色，随后成了主要角色之一。这部分的作者是白佐良（Giuliano Bertuccioli），他也写了最后一章。第二部分则包括 19 世纪和 20 世纪初的十几年，由马西尼（F. Masini）撰写。在此期间，与其他欧洲国家相比，意大利则退到了次要地位。因此，在第一部分中，主要强调了意大利在各个领域所扮演的独特角色，略过其他欧洲国家所扮演的角色，意大利占了最大的篇幅。在第二部分中，则有必要强调其他欧洲国家的作用，以便更好地理解意大利所采取的某些举动和态度的原因，这便解释了为什么要给 20 世纪以更多的篇幅。

　　本书写到 20 世纪初期为止。清朝的灭亡（1911）和第一次世界大战的开始（1914），一方面标志着中国数千年传统文明兴盛时期的终结（从那时起，在西方文明的影响下，中华文明发生着急剧的变化），另一方面也标志着欧洲在政治、经济、文化上的优势已经结束（逐渐被美国超越）。从那时起，西方（包括意大利在内）与中国的接触便更加复杂，这需要进行更广泛和更详尽的阐述，应留待将来去完成，如果精力允许作者这样做的话。

　　　　　　　　　　　　　　　　　　　白佐良　马西尼
　　　　　　　　　　　　　　　　　　　1995 年 10 月于罗马

第一章
未曾谋面的罗马人和中国人

1. "人离得愈远愈受敬重"

古罗马人有一句谚语："人离得愈远愈受敬重。"（Major ex longinquo reverentia）用它来说明民族间的关系最适合不过了。历史告诉我们，地理上的接近很难使民族之间产生友情。在漫长的岁月里，他们互相认识了解，也可能互相敌视；正因为离得近，互相冒犯的机会也就更多。如果在空间上或者时间上相距遥远，反而会容易形成美丽的神话和传说，人们往往将自己对黄金时代的思念和对乌托邦幸福的渴望，寄托在遥远的民族身上。

罗马帝国和汉代中国就是这种关系的典型实例。两个帝国无论在疆域的扩展方面还是在时间的延续上，都是上古世界中的强国。它们在时间上几乎是同起同落。汉朝兴起于公元前206年，它曾试图越出中国传统上的边界，将帝国的疆域扩展到中亚。罗马则在公元前201年胜利地结束了第二次布匿战争，开始征服地中海沿岸各个国家，使帝国未来的中心不再局限于亚平宁半岛。两个帝国也几乎同时开始衰落：汉朝于公元 220 年灭亡，先后由三国鼎立和多个政权并存的局面取代，直到 589 年隋朝再次统一了中国。罗马帝国于公元 286 年在走出可怕的政治和军事危机之后，分为东西两部分，从此再也没有统一过。

两个帝国在其全盛时期，都竭力推行扩张政策，一个向东，一个向西，在想象中它们是相会在望了，但因相距十分遥远，中间又被敌对势力如安息帝国和中亚无边无际的大草原所阻隔，它们始终未能相遇。但不管怎样，通过传说，通过占据中间广大地区的诸多民族所透露出来的消息，它们都知道对方的存在。至少据我们所知，没有一位中国人到过罗马帝国，而少数可能到过中国的罗马人中，也没有一位给我们留下有关他们的经历和所见所闻的文字记载。双方都曾为进行直接和官方的接触做过努力，却成效甚微。

根据中国史书记载，罗马人在公元 166 年派出使节，取道日南抵达中国[1]。可是，没有一篇用拉丁语写的文献记载此事。当时安敦尼王朝统治着罗马帝国，在位皇帝是马可·奥勒留·安东尼（Marco Aurelio Antonino），但使节们所带的礼物与这位杰出君主的身份极不相称。所谓礼物，不过是些象牙、犀牛角和乌龟壳，并非遥远罗马帝国的特产，价值不高（没有宝石），那是冒充使节的人从印度支那半岛的某个码头上买来的。实际上，他们可能是些地中海东部沿岸的狡猾商人冒充的，以期为他们的生意打开方便之门。

中国文献还记载[2]，公元 280—289 年间又有使节抵达中国，很可能也属非官方性质。这十年间，罗马相继在位的皇帝有许多位：

普罗布斯（Probo），卡鲁斯（Caro），卡利奴斯（Carino），努美利阿努斯（Numeriano），直到 284 年，戴克里先称帝。除他之外，其他各位都忙于保住王位和性命而无暇顾及派遣使节去中国之事。几乎是出于回报，据一份罗马史料[3]记载，在奥古斯都时代①，一个来自"丝绸之国"（中国）的使团在历经四年的长途跋涉后抵达罗马，他们敬献的礼物是珍珠、宝石和大象。不过，没有其他的拉丁文作者证实这一消息，中国的史料也未提及此事。

公元 97 年，中国人派使者远赴罗马帝国，这在历史上是确有其事的。这位使者名叫甘英，是位军事官员。当时朝廷派出名将班超（32—102）经营西域，即在中亚地区扩展帝国的势力。甘英受班超之命出使罗马帝国。甘英到达波斯湾，正准备登船，也许是要环阿拉伯半岛航行前往红海，直抵今日的苏伊士河，却被人劝阻而返。劝阻他的人就是那里的安息人，他们对古代世界两大强国间的直接接触实在毫无兴趣。

> 船人谓英曰："海水广大，往来者逢善风，三月乃得渡，若遇迟风，亦有二岁者；故入海，人皆赍三岁粮。海中善使人思土恋慕，数有死亡者。"[4]

甘英大概没有探险家的毅力，听到这些话便放弃前行，折回祖国，结果，他就令人非常惋惜地失去了本可先于马可·波罗的那次壮举好几百年的唯一机会。

---

① 公元前 27 年至公元 14 年。（本书页下注除特殊说明外，均为审校者注，后文不再说明）

正因为两个帝国从未有过直接的接触，它们的人民彼此间了解甚少，只能想象和猜测对方的体形面貌和道德状况。可以认为，这段时间是罗马人和中国人彼此羡慕的时代。种种神话和传说在民间流传得很久，直到 16 世纪西方和中国两大文明真正相遇为止。

现在，我们先来看看古代中国人是如何称呼罗马帝国的。当时，中国人在使用着"大秦"这个名词，它是由与两个帝国都有往来的中亚民族创造的。对他们来说，中国（中国人这样称自己的国家）就是 Qin（秦国），这个名称既是首次统一中国的秦国的国号，也是统一后中国朝代的名称，以后便流传下来。Cina 就源于 Qin（秦），指中国。而在中亚民族的心目中，罗马帝国是一个疆域比秦国更为辽阔、国力更为强大的国家，故称其为"大秦"国[5]。这个名词中国人采用了，用以称呼罗马帝国，含有敬意，而这种敬意中国人从未对其他民族和国家自发地流露过。对此，那些一向感到自豪的人们也不免惊讶。另外，还有一个名词"犁鞬"或"黎轩"，也用来指称罗马帝国，但词源不明，用得也不多；有人认为它源自古代大商业都市亚历山大城（Alessandria）的名字，这恐怕是杜撰，不足为据。

中国人对想象中的大秦国居民的形体和品德也自然地流露出敬意，称"其人民皆长大平正，有类中国"[6]，"其人质直，市无二价。"在通往大秦的路上没有匪徒，行人每走十里就有一亭，每三十里就有一客栈。不过，他们要结队而行并带上武器，以防备老虎和狮子。外国来的使者从抵达边境时起，一直到都城，都有人陪着，还会得到一定数量的金币作为生活费用。当然，最多的称颂是留给大秦国君主的：

城中有五宫，相去各十里。宫室皆以水精为柱，食器亦然。其王日游一宫，听事五日而后遍。常使一人持囊随王车，人有言事者，即以书投囊中，王至宫发省，理其枉直。各有官曹文书。置三十六将，皆会议国事。其王无有常人，皆简立贤者。国中灾异及风雨不时，辄废而更立，受放者甘黜不怨。[7]

在这段文字里，凭着善意和丰富的想象可以看到，作为最高执法官的皇帝所发挥的作用以及在罗马担任国家高级职务的侍从官的形象。事实是，在罗马任职，如执政官是有期限的，那些被授予职权的人在他们的任命到期时能够自动地让位。这种情形大概引起了中国人的注意，因为他们的最高统治者一旦取得政权，就再不放弃，除非死亡或被罢黜。文中所指皇帝任命三十六位元老商讨国事，可以看出这里是指元老院。数字"三十六"并无特别意义，在汉语中是个象征性的数字，表示可列举出离奇的事物：三十六天，三十六洞天，三十六计，等等。

所有这些消息可以在《后汉书》中读到，而且在汉朝之后的各朝代史书上也或多或少地作了引述。我们已经提过，汉朝是在公元220年结束的。有史书记载，罗马商人经常到扶南、交趾和日南，却很少北上进入中国[8]。公元2世纪的托勒密（Tolomeo）的著作证实了上述记载。文中介绍了推罗的马利诺（Marino di Tiro）①

---

①　地理学家，比托勒密的年龄略大，活跃于公元2世纪上半叶。我们今天只是从托勒密的著作中了解他的贡献，托勒密对他的著作内容进行批评的同时，也对其进行了大量的引用。推罗是一座位于黎巴嫩南部的古老的腓尼基城市，是腓尼基的良港和工商业中心，直到十字军东征之后才渐渐衰落。亦称提尔、提洛，位于黎巴嫩首都贝鲁特以南约80千米处。

提供的为从陆路和海路抵达丝绸之国所作的说明。文中谈到一位名叫玛艾斯·蒂蒂安诺斯（Maes Titianus）的马其顿人与中国经商，他从未亲自到过中国，只派遣几位手下雇员去[9]。从中国史料中我们找到了其中一个商人的名字，他历经千山万水，抵达中国："孙权黄武五年，有大秦贾人字秦论来到交趾，交趾太守吴邈遣送诣权，权问方土谣俗，论具以事对。"[10]

这位商人的名字很有可能是莱奥·罗马（"大秦"的"论"）。他如许多其他人一样来到交趾，此地在今天的越南，离河内不远。他到访中国时正值汉朝灭亡后三国鼎立时代孙权在吴国称帝时期（229—252）。很遗憾，我们未能看到这位商人的访问报告，但根据同一篇史料，我们知道这位商人在一位中国官员和 20 名皮肤黝黑的男女侏儒的陪同下返回祖国。这位官员在途中死去，侏儒是中国皇帝（指孙权——译者）送给罗马皇帝的礼物，因为秦论曾说在他的国家很少能见到这样的侏儒。我们无法知道这些侏儒是否抵达了目的地，他们要是到了那里，就是中国派到欧洲的首批"文化艺术代表团"了。

罗马人对中国人（古罗马人称中国人为"塞里斯人"）也怀有好感。一般而论，中国人如同中亚和东亚地区的居民一样为人所熟悉，然而中国因特产丝绸而与众不同，被称为"丝绸之国"。中国的另一个名称是 Sinae，由秦朝的名号而来。在罗马人的想象中，中国人非常高大，普林尼（Plinio）写道："高于中等人。"[11]不过，他显然将中国人与其他民族混在了一起，以致弄错，说中国人是"红头发，蓝眼睛"[12]。总之，中国人和希腊—罗马人都着实固执地相信，"别人"与自己相似，只是高大一些。至于中国人的性情，我们的祖先似乎了解得很清楚，对他们的恭维可不少。他们认为中国人：

　　1. 性情温和，爱平静及守秩序。普林尼又写道："中国人温和。"[13]索利诺（Solino）补充说："他们之间极为平和。"[14]阿米亚诺斯（Ammiano）也说："他们过着极度平静的生活。"[15]中国人性情平和这种神话几乎流传到今天，他们不侵略别国，不觊觎他人的领土。我记得在中印、中越短期冲突时期，中国人攻入邻国领土后，从报章上经常读到他们要撤出的声明，说他们无意占领他人的土地。他们说了，也这样做了。

　　2. 为人公道诚实，具有优良的道德规范，但宗教意识薄弱。梅拉（Pomponio Mela）坚称中国人"充满正义感"[16]。公元 2 世纪末，他在一篇文献中写道："居住在地球一端的中国人所奉行的法律禁止他们杀人、通奸、卖淫、盗窃和敬拜神像，因此在那个幅员辽阔的国度里看不到庙宇、神像、妓女、通奸者；没有盗贼被审判，也没有某人被谋杀的记录。"[17]这真是一幅田园诗般的图画，在这个国度里没有盗贼，没有杀人犯（中国人在描述通往罗马的路上的情形时也说过同样的话），也没有通奸犯和妓女。这里也许是对秦朝（前 221—前 206）的严刑峻法或儒家道德思想作出的两种暗示。秦朝法律极为严厉，六亲不认，即使罪行轻微也会被处以死刑，并且往往要株连九族。显然，在这种制度下，中国呈现的当然是"井然有序"的景象，这是对上述情况可能传入西方后的一个反响。不过，我们的拉丁文作者谈到中国没有偶像和庙宇的时候，却未能猜中。由于有民间宗教，即道教，神像和庙宇在中国从未断过，甚至一向是庙宇林立。在上述这段文字中可以看出一种对儒家思想的暗示，它不是宗教，而是一种道德观，一种生活规范；它是理性的，只信物质现实而不信鬼神和来世，不关心身后问题和超自然问题，它素来是知识分子和统治阶级所奉行的学说。奥力振（Origene）① 引证切尔索（Celso）② 的话时提及儒家思想，写道"中国人不知道天主"，并且进一步说："切尔索认为，中国人是无神论者。"[18]

3. 长寿。在希腊人和罗马人的著作里，经常谈论的一个主题就是中国人的长寿问题，这一定是关于道教的信仰传入西方的结果。这归功于道家在卫生、性生活、饮食、健身、呼吸和炼丹术方面遵行特定的习惯，可以延年益寿。道教不向信徒许诺生命是永恒的，但可以是长寿的。普林尼[19]认为中国人能活到 140 岁，克泰西亚（Ctesia）[20] 和斯特拉波（Strabone）[21] 认为是 200 岁，卢恰诺（Luciano）[22]甚至说 300 岁。其他作者，如阿米亚诺斯[23]也赞同卢恰诺的意见，在他看来，中国人的长寿有多种原因：或归因于空气，或归因于地利，也许还和饮食有关系。他解释说，"据说全体国民除水之外不喝别的"，显然这指的是中国人喝茶。奇妙的是，中国人也说罗马帝国的居民长寿。一篇出自公元 7 世纪，但称取自公元 3 世纪的道家文献，说"大秦"的居民"温睦皆多寿"[24]，不过，这里所讲的理由并不是他们只喝水，而是除了享受不冷不热的气候外，他们也受到了道家学说的影响。因为，道教徒认为，老子年迈

---

① 神学理论家，可能约于公元 183—185 年出生在亚历山大里亚，约在公元 253 年或 254 年死于推罗。著有《反驳切尔索》一书，驳斥切尔索的反基督教思想。

② 公元 2 世纪时的柏拉图学派哲学家，具体生卒年不详。他在公元 178—180 年写作了《实话实说》一书，对基督教的教旨提出了批评。

时离开中国，去了西方。

2. 他们不总是互相恭维

罗马人和中国人之间的关系并非完全一帆风顺。他们虽然互相恭维，称赞对方身材高大、强壮、挺拔，为人诚实、民主、平和，还有长寿，等等，但彼此暗中却怀有某种敌意。

罗马人无法知道远方的中国人为什么有如此强烈的优越感，视外邦为蛮族，视入朝拜见的外国使者为进贡者。据中国史书记载，马可·奥勒留·安东尼皇帝于166年派遣的使者就被看作是纳贡的人，使者所献上的礼物是如此的微薄，以致中国人对这位使者是否为官方所派产生了怀疑。多少个世纪以来，阻碍西方与中国缔结正常邦交的因素之一，就是中国不派使节并视外国的使节为纳贡者。只是到了19世纪，中国的执政者才被迫改变了态度。

非常不幸，中国人对人冷淡，无意与他人建立和加强联系，对外国文化缺乏兴趣，这些常使西方人感受到一种怠慢。我们的祖先对此已经有所了解，他们视中国人的这一态度为其许多优点中的一个缺憾。普林尼用这样一句话概括说："中国人［……］表现得一如未开化的民族，逃避与其他种族的人结识，坐等商贩的到来。"[25]其他作者也有同感，例如索利诺，他进一步说："［中国人］逃避与其他种族的人结识，甚至拒绝与其他国家进行商业往来。"[26]

关于贸易往来，流传着一个说法，这在罗马史料和中国史料中都可以找到，通过这个传说，可以看出双方在做买卖时所持的同一态度。按照罗马人的说法，中国人不急于卖他们的货物，只将货物沿着他们的河岸摊开，等待外国人到那里购买，所支付的是货币，不是其他产品。议价以打手势的方式进行，中国人不爱多讲话，也不讨价还价：买就买，不买就走人，这是他们的方式。索利诺这样写道："那个国家的生意人越过河卖他们的货物，交易时双方不用语言交流，只对堆放在那里的货物做个估价。他们卖自己的货物，却不买我们的货物。"[27]记得听过不止一位从中国归来的本国商人抱怨与中国人做生意的困难。

同类的故事在中国史料中也有记载，内容大同小异，只是比罗马人的传说较晚一些[28]。说的是在"西海"的一个地方，交易在静默和示意中进行。卖方（此处是西方人）定出了货物的价格，买方只可接受，毫无讨价还价的余地。

显然，罗马和中国的这两个不同版本的传说，都暗指在一些中间地区——有可能在印度或者锡兰（今斯里兰卡）的某个港口——地中海沿岸的商人和远东的商人曾在那些地方接触。一如经常发生的那样，买方责备卖方出价过高或不打折扣，卖方则报怨没有将他们的货物卖出称心如意的价格。

罗马人抱怨他们的货物卖不出去，他们的传说证实了这点，因为商业的天平称出了他们的损失：中国丝绸的进口与罗马帝国特产的出口不平衡。贸易逆差是支付现金，或如我们今天所称的强势货币所造成的。普林尼算出罗马帝国的金库年年拨出大笔款项花费在奢侈品购买上，如丝绸："每年至少有一亿银币支付给印度、中国和阿拉伯半岛。奢侈和女人让我们付出昂贵的代价。"[29]遗憾的是，根据罗马史料，正是几位皇帝做出了坏榜样，如埃里奥加帕罗

（Eliogabalo）肯定不是位好皇帝，他"鄙视希腊和罗马的传统服装，说这些服装是用羊毛做的，没有价值，只欣赏中国的丝绸"[30]。

罗马和中国之间的贸易，虽然使罗马变得日渐贫困，但这并不是说中国就变得富有了，真正富有的是地处中间地区的安息帝国，他们借助地理位置控制了交通要道，对过境的两个帝国的商品征收巨额的关税。他们对促进罗马和中国之间的直接关系毫无兴趣。

后汉书记载[31]："其王常欲通使于汉，而安息欲以汉缯彩与之交市，故遮阂不得达。"

对于那些在财政上打击他人或别国的人，肯定谁也不会与之交朋友。罗马人与安息人进行了几个世纪的战争，其目的之一就是渴望打破后者对贸易的垄断。因为这种垄断使罗马帝国在财政上日益困难，这一目的要是达到，罗马人意欲征服出产昂贵丝绸的中国之美梦也就实现了。但非常不幸，罗马人从未能取得决定性的成果。罗马诗人已经征服了中国，尽管只是在口头上。例如卢卡诺（Lucano）①在诗句中痛惜罗马人在内战中自相残杀而未能去攻打东方；倘若他们这样做了，那么"中国人和阿拉斯河流域的人以及那些晓得尼罗河在何处发源的人（要是他们存在的话）便早就被制服了！"[32]

在卢卡诺之后，贺拉斯（Orazio）②在他颂扬民族主义精神胜利的诗句中也扯上中国人，认为中国人曾威胁和陷害罗马，也要

---

①　卢卡诺（39—65），古罗马诗人，他最著名的著作是史诗《法沙利亚》（Pharsalia），描述凯撒与庞培之间的内战。

②　贺拉斯（前65—前8），古罗马诗人、批评家，代表作有《诗艺》等，是古罗马文学"黄金时代"的代表人物之一。

被征服：

> 不是那些喝多瑙河水的人要破坏朱莉娅王室的法令，不是
> 盖塔人（Geti），不是中国人和不可靠的安息人，不是诞生在
> 顿河（Tanai）边的民族[33]。
>
> 你，文学艺术事业的保护者……正在为罗马城的命运而忧
> 虑，伤心那些被居鲁士统治的中国人和安息人以及内部不和的
> 叔提雅人（Sciti），他们正在做着准备。[34]
>
> 无论是正在威胁着拉奇奥的安息人，还是远在东方的中国
> 人和印度人，他，奥古斯都大帝必胜，将他们统统征服。[35]

3. 罗马人和中国人从未兵戎相见？

倘若罗马人和中国人真的在战场上厮杀过，那么后果将会如
何？谁会是赢家？我们在此完全是凭空想象，因为我们确切地知
道，为本国荣誉而战的罗马正规军和中国正规军从未在战场上动过
干戈。尽管罗马人对中国人的军事能力不以为然，阿米亚诺斯甚至
判断中国人"不会诉诸武力和战争"[36]，然而，只在罗马军团必胜
上下赌注，那是有风险的。在冲突中，步兵在当时是双方军队的主
要力量，因为骑兵只是中亚地区游牧民族的精锐。罗马人可以利用
最好的武器，钢制的短剑，在近距离较量中让人看到他们铁一般纪
律的厉害。中国人有颇具威力的弓箭和石弩，可以远距离攻击他们
的敌人。无论如何，胜负则取决于谁能将中亚的游牧民族拉到自己

的阵营并利用他们的骑兵作战。

一位著名的美国汉学家根据中国史料大加发挥，说是罗马人和中国人之间真的发生过一场冲突[37]。那是在公元前35年，在中亚康居（今哈萨克斯坦）境内塔拉斯（Talas）河畔的郅支（今塔拉兹）城附近发生的，该地区离罗马和中国两个帝国的疆界都相当遥远。事情的起因是当地的首领（匈奴郅支单于——译者）发动叛乱，中国军队前往讨伐。城被围困期间，其中一道城门由上百名步兵防守，他们布成"像鱼鳞一样"的严密阵型：这使人想到"乌龟阵"这一术语，因为这是罗马军队在防御战中所采用的典型阵势。此事令人猜测，这些于公元前54年躲过了卡莱战争灾难并逃脱了安息人追杀的罗马帝国军人，投到了当地叛军首领的麾下，充当雇佣军，与中国军队作战。

我们从普鲁塔克（Plutarco）的记述[38]了解到，那场使罗马军队惨遭不幸的卡莱战役是如何展开的。克拉苏（Crasso）的军队有4万精兵，步兵占绝对多数。这支军队被安息人的骑兵包围并歼灭，似乎只有少数支队，大概占全体的八分之一，由克拉苏的儿子率领逃脱出来，不过，他也很快就被击毙，残部近万人都做了俘虏。他们中有的也许被安息人充作田间的劳动力，有的也许被编入了安息人的军队，此后多年再也没有他们的消息。只是到了公元前20年，罗马人和安息人达成一项协议：归还罗马帝国军队的旗帜，遣返战俘。只有那些因羞愧或怕受处罚，或已经在安息另寻到出路的人留了下来。贺拉斯怒斥道："认敌寇为老丈人，做蛮族女人的丈夫，无耻的家伙们，你们就老死在他们的怀抱里吧！"[39]

那位美国汉学家在其文章中说，在那次战役中突破包围的数百名罗马军团将士曾落入敌手，后又逃脱羁押，并未合乎逻辑地直奔西方，抵达帝国的疆界：正相反，他们却一直往东北方向走去。穿过卡莱和塔拉斯河中间的辽阔无边地区和人迹罕见的地带，越过敌对民族居住的高山峻岭。这一切不大可能。无论如何，即便对他们出现在塔拉斯的猜测是正确的，但卡莱战役已经过去了20年，罗马军团中最年轻的人也已40岁，况且，多年来遭受到艰难困苦的折磨，他们变得精疲力竭、年老体衰，活下来的人并不多，难以名副其实地体现罗马帝国军队的本色。

根据上述所谈，我们有充足理由将其搁置一边，不去管它，尽管文章写得十分吸引人。但是，正是因为这篇文章已经引起众多人士如此大的兴趣和好奇心，并成为他们获取考古发掘所需资金的好借口，以致几个国家的业余考古学家自1980年起重新拾起这篇文章，他们是俄罗斯人、澳大利亚人、奥地利人，也有中国人。这些人认为，中国人攻克郅支城后，把俘获的上百名士兵与其他上千名该城的居民迁往甘肃省，在那里为他们建了一座城，名叫骊靬。这个名称与过去中国人送给罗马帝国的称呼有如此离奇的相近之处，这便证实了这些被俘的士兵正是过去罗马兵团的军人。该城原是一座罗马城的推论也得到考古发掘的证实：城中街道成直角交叉，如同罗马兵营内的路（不过，中国古城也呈现相近的平面图）；令人更奇怪的是邻近村庄的一些居民的身体特征：金黄色头发，蓝眼睛，他们很可能是那些军人的后裔（当然，也不排除他们有土耳其人或斯拉夫人的血统）。[40]

4. 正在消失的神话和还在流传的神话

　　到目前为止，我们曾提到的在罗马和中国两个帝国之间从未有过直接接触的时期所形成的那些神话，究竟相传了多久呢？那些神话说中国人身材高大、体格强壮并品行端正，罗马人也同样身材高大、体格强壮、为人诚实；说中国人不好战，罗马人特别讲求民主。随着各民族之间的接触逐渐增多，他们彼此间有了更多的了解，一些神话便很快消失了；其他的（我们以后还会谈到）得到了加强并世代相传，或者有了新的演变，为古代罗马人和古代中国人所不知。"人离得愈远愈受敬重"这句谚语所反映的事实，渐渐让位于英国谚语"关系太密切了反生不敬"（Intimacy breeds contempt）所反映的事实。

　　当西罗马帝国灭亡时，我们尚未与中国建立联系，这只有留待东罗马帝国去完成了。这时在中国史籍上，他们不仅以我们所熟悉的"大秦"来称呼罗马帝国，更以"拂菻"相称，这个词或许来自希腊语"polin"或"rùm"。双方接触更加频繁了：《唐书》[41]提到拜占庭的多起使节访问中国；贸易往来日益增加，但丝绸不再是交易中的主要商品，因为狡猾的拜占庭人终于从中国人那里获得了生产丝绸的秘密。且看事情的来龙去脉：

　　　　几个来自印度的僧人凭着一片虔诚得知查士丁尼（Giustiniano）皇帝正竭力阻止罗马人从波斯人手中购买丝绸，便谒见皇帝，承诺负责生产丝绸，以使罗马人不再从他们的宿敌波斯人或任何其他民族那里购买那种商品。这些僧人曾在许多印度部族之外的一个称为赛林达（Serindia）的地区生活了很长时间，他们悉心学习了能够在罗马人的国度生产丝绸的技艺。皇帝再三追问并想知道他们所说的是否真实。僧人们解释说，丝是由蚕吐出来的，蚕天生就有这种技能，终生不停地工作。他们又说，无法将活着的蚕（从赛林达）带来这里，将蚕子带来倒是方便容易。蚕子由大量卵子组成，存放很长时间后，人们将它们覆盖上草食牲畜的干粪，取得足够时间的温度，蚕就生了出来。听了这些话，皇帝许给他们重赏并催促他们将所说的付诸实施。这些僧人返回赛林达，将蚕子带到拜占庭：他们终于成功地用桑树叶喂养起蚕来，从此以后，在罗马境内便可以生产丝了。[42]

从前西方人在利用丝绸方面必须依赖中国人和安息人的局面终于结束了。普林尼要是活着，一定会很高兴。然而，中国人也许就不会那么高兴了。这个摘自我们前面引证过的公元 7 世纪的道家文献记载的故事，为我们叙述了罗马皇帝为在其帝国能生产优质蚕丝如何的自豪，以及中国商人如何担忧再也不能将他们的丝绸卖给罗马人了。

　　昔，中国人往扶南。复从扶南乘船，船入海，欲至古奴国。而风转不得达，乃他去。昼夜帆行不得息，经六十日乃到岸边，不知何处也。上岸索人而问之，云是秦国。此商人本非所往处，甚惊恐，恐见执害。乃诈扶南王使，诣大秦王。

这个故事用了很多笔墨描述罗马皇帝与伪使者互通见闻以及皇帝请那个伪使者带给扶南王诸多珍珠、琥珀和其他贵重礼品。伪使者启程回国之际——

> 以船中所有彩绢千匹奉献大王。王笑曰：夷狄彩绢耳，何猥薄，物薄则人弊，谅不虚耳，非我国之所用。即还不取。因示使者玉帛之妙，八彩之绮，流飞苍锦，玉缕织成之帛金间孔文之碧。白则如雪，赤则如霞，青过翠羽，黑似飞乌，光精耀辉，五色纷敷，幅广四尺，无有好粗。而忽见使者凡弊之躬，北地之帛，真可笑也。自云大秦国无所不有，皆好。中国物永无相比，方理矣。至于灶炊皆燃熏陆术，为焦香芳郁，积国无秽臭，实盛国者也。使既归，具说本末如此。自是以来，无敢往复至大秦者。商旅共相传如此，遂永绝也。[43]

于是，对罗马人来说，或者最好是对拜占庭人来说，关于中国<u>丝绸</u>——这是从前最难弄到手、价格极为昂贵豪华的奢侈品——的神话，已经消逝了；对于中国人来说，从前具有的那种以任何价钱都能将他们的<u>丝绸</u>卖给罗马人的自信心，已一落千丈，在新基础上建立起来的贸易在东西方两个世界之间形成了一定程度的敌意。使他们受损失的，是罗马人和中国人在贸易方面的关于极端诚实和公平的神话。在唐代的史籍中再也找不到这种迹象，可见，彼此之间已经有所了解。

大秦的君主有民主意识的神话，在中国却很难消逝。大秦的君主为环境所迫能够退位，这与拜占庭君主的独断专行恰恰相反[44]。对罗马皇宫的惯常描述仍能在中国史料中见到；大部分的细节描写都是在称赞那些建筑物的豪华和它们的精美绝伦：水晶圆柱、青金石柱、黄金地板、象牙门扇、香木栋梁。皇帝戴的帽子有如飞鸟的两翼，穿的锦袍镶嵌着宝石，坐在烫金的御座上。身旁的坐垫上立着一只身披绿色羽毛的鸟，有如一只鹅，每当食物中放入毒药时它就鸣叫起来[45]：这指的也许是关于坎皮多里奥之鹅的传说（罗马古城建在七座小山丘之上，坎皮多里奥是其中之一。山上建有古祭坛和朱庇特神庙，现为市政府所在地），很可能是指君士坦丁堡觐见大厅里的铁树，树枝上安装了鸟状的自动器，每当觐见者来到国王的面前时，它就鸣叫起来。[46]

中国史书也对大秦或"Rùm"帝国的首都做了热情洋溢的描述：城墙极高，用石头砌成，城墙非常长，东边一座经过装饰的城门，从远处望去闪闪发光。其他华丽的内城城门都开着，其中的一座门上装了计算时间的仪器，上面有 12 个金属球，与一座铜制的人像连在一起，每隔一小时，一个球就会落入一个小槽里。夏季住宅内的防暑系统也令人惊叹。水顺着管道上升到建筑物的最高层，再从那里溢出，润湿屋顶，然后如瀑布似地落下：此处显然指众所周知的我们先人建喷泉和睡莲池的才智[47]。

最后，《唐书》中也不乏对东罗马帝国居民的风俗习惯的描写：男子剪发，披帔右袒，此处确指罗马人所穿的外袍。妇人则以织锦为头巾。他们出门代步的工具是用白布遮顶的马车[48]。国内有医术高明的医生，能开颅治失明症；有魔术师，嘴能喷火，口中吐旗，脚下流出珍珠、宝石[49]。总之，在唐代的中国人眼中，东罗马帝国是一个人民富裕、生活愉快的国家，所以那些家资万亿、官运亨通的人，皆获封上位[50]。

　　从公元4—10世纪的希腊文和拉丁文资料中可以看出，人们对中国的兴趣已经很淡薄了。那里老生常谈的是中国人生产丝绸，住在遥远的地方，不善交往。古代罗马人，如普林尼，至少能想象中国人身材高大，体格魁梧，可能有金黄色的头发和蓝眼睛[51]；现在却看不到任何对中国人身体外貌的描述。只在塞维利亚的伊西多罗（Isidoro di Siviglia，560—约636）的著作中可以读到："我们对中国人的外表一无所知，却对他们的丝绸非常熟悉。"[52]罗马人应努力前往中国，看看中国人究竟如何并对他们作出确切描述的时刻已经到了。可惜，在跨出这一步之前还需要等上许多个世纪！

第二章

初次接触：意大利人、中国人和蒙古人

1. 蒙古"和平"时期之利

公元13—14世纪，在欧洲和中国发生了一个惊天动地的事件，这就是将势力扩展到整个亚洲的蒙古大帝国登上了世界政治舞台。当它进行对外征服时，没有任何国家或民族能够抵御其军队的强大攻势。他们四处出击，乘胜前进。蒙古骑兵神速得有如流星闪电，铁蹄踏灭每一处抵抗的烽火，到处制造死亡和破坏。不过，经过无数的战乱之后，当亚洲的北部和中部全部臣服于蒙古帝国的统治之下，"和平"时期终于到来。长期以来一直阻碍罗马帝国和汉代中国进行直接接触的漫长地理距离，好像一下子缩短了。商旅终于可以自由通行，货物也可以自由流通了，不必担心强盗，无须缴纳买路钱，不再蒙受中间大国的敲诈勒索了。

在蒙古人大力扩张的初期，欧洲人和中国人都视他们为该当被击退的侵略者、不共戴天的敌人，是帝国文明的威胁。然而，在欧洲，除了俄罗斯以外，这种威胁并未蔓延开来，虽然许多时日以来欧洲人都在做着噩梦，中国在历史上首次被少数民族统治：这种非常令人痛恨的统治竟是由一个未开化民族强加在汉族人头上的！这是大草原上游牧民族的一次胜利，其文明的基础源自马上生活和畜牧业，并吸收了中国北方农业社会的文明。这也是蒙古人作为少数民族的一次胜利，这和在一些大帝国里所发生的事情没什么两样。蒙古统治全中国的时间很短，不到一个世纪（1279—1368），其统治有以下几个特征：

将占统治地位的蒙古少数民族与占人口大多数的汉人分开治理，目的是防止蒙古人被汉化：施行种族歧视政策，对南部汉族人施行的法律尤为严厉，因为他们是最后被征服的。

在被征服的地区任用外族人来管理，让他们监督当地人，因为蒙古帝国是由众多民族组成的。

对各种宗教采取宽容政策并方便宗教人士在帝国各地的活动。

如果说，这一切非但没能使汉族人接受蒙古人的统治，反而增加了仇恨，加剧了民族主义和排外倾向的话，那么也无可否认，在此期间从欧洲来的旅行者、商人和宗教人士终于能够大批抵达远东，东西方之间的首次接触得以真正实现，这都归功于蒙古人。

当时，欧洲正处于深刻变革的阶段，先于工业革命数个世纪的那场商业革命，不但提升了欧洲大陆的生活水平，并且将其政治和经济影响力扩展到了欧洲以外的地区。不过，要是没有蒙古帝国，马可·波罗和许多其他人也许还留在故乡，或到别的地方发挥他们的冒险精神去了，因为他们无法在不安全的条件下完成穿越亚洲的长途跋涉，也无法为他们的商业活动或传教活动在中国找到必要的条件。因此，虽然中国人将蒙古帝国时代视为自己历史上最忧伤的时代，但实际上这是人类最有魅力的一个时代。当时欧洲所充满的活力和只有世界性的帝国才能提供的安全保障，才使得人员易于往来，思想易于交流，货物易于流通。

蒙古人不仅是与汉族人，也是与居住在中国北方的其他游牧民族打了多次硬仗之后才征服了中国的。中国于 960 年再度统一，建立了宋朝，那是中国整个历史文明中一个光彩夺目的朝代，不久却不得不先与建立大夏国和辽国的通古斯人和契丹人交战；然后又对付女真人。女真人灭了辽国后，于 1141 年夺下了北部中国的大片江山，建立了金国。

当最野蛮也是最强大的蒙古帝国崛起之际，中国已处在一分为二的局面：北方是金国，南方是宋朝，它们继续对峙着。蒙古人在其势不可当的扩张过程中向南征服，先后打败了两个封建政权：1227 年灭西夏，1233 年灭金。宋朝据守江南地区，那里多山地沼泽地，蒙古骑兵甚难开展军事行动；而且气候潮湿，令人疲惫不堪，蒙古人多不适应。此外，城市有坚固的防御工事。宋朝就是凭借这些有利的地势和气候条件、防御工事以及军民人等的赤胆忠心，进行着顽强的抵抗。但是，宋朝仍不得不屈服。1279 年，宋朝最后一个皇帝在一次战斗中被杀，抵抗最终被镇压下去。蒙古人征服了全中国，并使之成为幅员辽阔的蒙古大帝国中各汗国的中朝，其疆域变得空前辽阔，这是中国历史上任何一个朝代都未曾达到的。大汗忽必烈（1215—1294）按照中国人的模式建立了新的帝国，定国号为元，取其吉祥之意[1]。

起初，蒙古人对以儒家学说为主要特征的中国传统文化及其代表文官持敌视态度，犹如后世西方人之对清朝官员"满大人"（Mandarini）。随着时间的推移，蒙古人的尚武精神逐渐减弱，统治阶级也在退化，这就促进了中国文化的重要性在帝国政府内的持续增长。还有，经济上的困难和蒙古统治者后期对治理经济所表现出的无能，也加速了帝国的崩溃进程。很快，处在高压之下的农民起义一夜之间在全国各地爆发，看来蒙古人要大难临头了。1368年，北京落入起义者的手里，元朝末代皇帝逃回蒙古避难。蒙古大帝国的一场梦在不到一个世纪后，就这样破灭了。假如这场梦做得再长些，注定会出现一个由中国人治理而由蒙古人防守的两头政治局面。

这便是在一个半世纪里的中国情况，从中可以看到蒙古统治的初期、极盛时期和衰落时期以及我们的同胞抵达远东时的背景。

2. 西西里岛：中国文人笔下的意大利第一个地区

在西方商人和传教士抵达中国的前夕，中国人一般对欧洲，特别是对意大利都有哪些了解呢？只据《宋史》[2]来判断，可以说是知之甚少，无论如何也没有我们在前一章中所谈及的汉代中国和罗马帝国时代了解得多。不过，在官修史书中并不总是看到有趣味和令人惊奇的消息。这需要到由个人写的和往往被人遗忘的著作中去寻找，比如宋朝的那位海关小吏，1255年，他把任职期间收集到的有关外族和外国的所有消息以及国际贸易中主要产品的资料编成书[3]。这是手册性质的一本书，对负责进出口贸易工作的人很实用。这位勤快的官员名叫赵汝适，在福建的泉州港任职。那里，来自近

东和中东的商人络绎不绝，一派繁荣景象，为他收集令其感到好奇
的外邦消息提供了一个理想的环境。

　　此书中所引述的许多内容，诸如图表和尽人皆知的资料等，都
可以在过去的历史书上查到，不过，有一段文字令我们惊喜，它犹
如一颗璀璨的明珠：那段对斯伽里野岛的简短描述，毫无疑问，指的
就是我们的西西里。文章称它"位于芦眉国附近"，"芦眉"可以放
心大胆地译作"罗马"，虽然书中的其他部分指芦眉坐落在小亚细
亚。在一篇中国人写的文章里首次提及意大利的一个地方乃绝无仅
有，他的根据一定是熟识这个岛屿的人提供的消息。值得将原文全
部翻译如下[4]（以下是中文原文——译者）：

　　　　斯加里野国，近芦眉国界，海屿，阔一千里。衣服、风
　　俗、语音与芦眉同。本国有山穴至深，四季出火，远望则朝烟
　　暮火，近观则火势烈甚。国人相与扛异大石重五百斤或一千
　　斤，抛掷穴中，须史爆出，碎如浮石。每五年一次，火从石
　　出，流转至海边复回。所过林木皆不燃烧，遇石则焚爇如灰。[5]

　　中国过去没有活火山，更早期的作者在他们的著作中很少谈
及，即使提到，也多是二手资料，而且所描述的是位于南部海域中
无法考证的一些火山。上述引文也是对遥远西方的火山所作的首次
描写，或许是斯特龙博利岛（Stromboli）火山，也有可能是埃特纳
火山，据其活动的特点，该火山属混合类型：斯特龙博利岛火山山
口外的岩石变作碎石，如同浮石，夏威夷火山（hawaiano）岩浆一
直流入海中。遇火山岩浆而不燃烧的林木，似乎暗指石棉[6]。在中

国人看来，石棉是源自西方的一种物质；其属性如何，无论中国人还是我们的祖先都知之甚少。也就是说，它可能是像西方大多数学者所认识的那样，是矿物质[7]，也可能像古希腊时代的西方所普遍信奉的那样，认为它是植物[8]，而特别是在中国人中间，他们也不排除它源于动物的可能性。

3. 新奇而怪异的称呼

在蒙古统治时期的中国人写的著作里，每当提及遥远西方国家的使节来到时，总是称他们来自拂郎（Fulang）国。蒙古统治时期，这样的使节似乎不止一位[9]，但其中只有一位于 1342 年来到北京，我们以后还将对他作长篇论述，我们很清楚这位使节受谁派遣以及目的何在。用拂郎和其他异体字如 Folang、Falang 来分辨使者的派遣国，过于笼统。拂郎，显然是波斯语的 furang 进入了汉语，这是中世纪的阿拉伯人对欧洲人尤其是对地中海人的称呼，意思是"法兰克人"。在蒙古统治时期，中国人则用它来指遥远西方的民族和国家，与称东罗马帝国为"拂菻"有相似之处，这个称呼源自芦眉（Rùm）或罗马（Roma）。在他们眼里，两个称呼没有区别，这正如我们看东方人。从欧洲来到中国的旅行者，在中国人的眼里全一个样，好像都是意大利人、法国人、德国人或斯拉夫人。这些旅行者中的一些人很为自己的国家而自豪，他们不常愿意听到自己被称为"法兰克人、法兰西人"。据此便可以解释，我们的若望·马黎诺里（Giovanni de Marignolli）于 1312 年率领使团抵达北京时所做出的反应了。他的报告中很在意"拂郎"这个称呼："称吾辈为法兰克人，非自法兰西，乃原于佛兰克国也。"[10]

如此说来，当时曾为宋国臣民而又被蒙古人最后征服的南部中国人，要是知道我们的几位旅行家，如马可·波罗，在游记中用"蛮子"来称呼他们，会有何感触呢？汉语中的"蛮子"，是北方人尤其是鞑靼人和蒙古人对中国南方人的蔑称。南方人也不示弱，回敬以"臭鞑子""北呆子"[11]。不过，我们的旅行家们如此之快地记录了"蛮子"这个称呼，却未提到"臭鞑子"和"北呆子"的说法。

欧洲的旅行者们前往中国旅行大多数走的是陆路，首先遇到的是最北部的居民：蒙古人、鞑靼人、契丹人（Kitan）、北方汉族人，而 Kitan 或 Kitai 这一称呼则源自这些民族中的契丹人（Catai，Cataio，Cattaio）。这个名称曾风行一时：最初指的只是北部中国，契丹人曾在那里建立政权，后来，我们文艺复兴时期的作者用它来指称整个中国。这种称呼至今仍可在俄语、希腊语、波斯语中找到，一般来说，那些民族从前都是通过陆路与中国有过接触。

4. 蒙古时代在中国的意大利人：商人

假如去过那些地方的几位热那亚人和其他一些人的话是可信的，那么可以十分肯定，一位门第显赫、富贵无比的人到过契丹的一些地方，他的名字叫 Natan。[12]

短篇小说集《十日谈》开头的这几句话为我们证实了，在薄伽丘写作的那个时代，有不少人经过长途跋涉，从欧洲来到中国。这些人中，有他所提及的热那亚人和没有被提到名字的威尼斯人，也许是因为作者不愿意[13]，但是，无论如何他们在与远东的贸易活动中并不亚于别人。

我们长期以来所熟悉的马可·波罗不是游历中国的唯一一位欧洲人，许多与这个国家做生意的商人都去过那里，有的在成家后还在那里留了下来，也并非只有马可·波罗叙述了自己的经历。他是写下游记的唯一一个商人，这倒是真的，以后我们将会看到他的竞争伙伴们为何不去效仿他。除了他，几位宗教人士也记述了他们在中国旅行期间的所见所闻。我们的同胞以及欧洲人，对在蒙古时期前往中国和远东的任何论述都不能排除一个事实：在那里生活的欧洲人都是些商人和宗教人士，他们受两种不同文化的熏陶，所肩负的任务和所要达到的目的各不相同。他们在中国的生活成了汉学家们深入研究的对象[14]。在此，我只提出几个人的名字并作简略介绍，在欧洲特别是意大利与中国的首次接触中，他们都是一些较重要的人物。

在意大利，我们的旅行家留下来的关于这第一次重要的接触之书证，实在很多，在此我认为没有必要一一赘述。中国人所写的则少得令人沮丧，书证不足，至少意大利人不很熟悉。有鉴于此，我要谈一谈这些见证，这是为强调在意大利和中国正当如此重要的历史时刻，"我们"和"他们"所持态度之不同。

我们先从商人说起。对那些最早从欧洲到中国旅行的人来说，无论走陆路还是南部的海路都是不容易的。当时，处在蒙古"和平"时期，安全有保证，人们大多走的是陆路。那时候，没有银行、旅行社、旅行支票和今天旅行者们所能享受的舒适生活。要是一位商人决定带上足够的钱，用于旅途和在中国的生活开支以及抵达目的地后购买货物上，那他就得随身携带沉重的巨额硬币，冒着在旅途中被偷窃的风险。通行证可以一直用到黑海的港口，那里有热那亚侨民，万一有事会得到他们的帮助。那么以后呢？出发前就计算好随身携带哪些货物准备在第一段行程中卖掉，再买其他的货物，在随后的行程中以更高的价格卖出去，这样一路来到中国时，所赚就会数倍于本金。这样的算计可不那么容易，太难了，只有一些极为精明的人才会成功。

一位银行职员为那些打算到中国做生意的人提供了方便，他就是生活在 14 世纪的佛罗伦萨人，叫巴尔杜奇·佩戈洛蒂（Francesco Balducci Pegolotti）。值得注意的是，他是银行职员，不是商人。他把自己和同事们积累的宝贵经验写成一本手册[15]，为前往世界各地的商人介绍如何旅行，其中包括他从未到过的契丹（当时欧洲对中国的称呼——译者）。这与我们前面所提到的赵汝适有相似之处，但更胜一筹。赵汝适也不是商人，而是一名海关官员。

对打算从塔那（Tana）[16]出发取陆路去契丹的人，佩戈洛蒂真的提供了不少建议和消息。看了他精心列出的"商人旅行必备之物"，我们几乎要笑出声来。他甚至劝告旅行者"留长胡须，不要刮去"；至少雇用一名土库曼人、两名男仆，最好还有一个女人，"带上她比不带上她情况会更好"；"自备面粉和咸鱼，其他的食物，特别是肉，那里则有很多。"他请旅行者们放心，"从塔那到契丹的这条路，据走过的商人们说，那里昼夜都很安全"。他建议事先算好来回路程的费用，并提醒那些银钱带得过多的人，因为他们抵达契丹时，"国君将会把他们的银钱收去装入自己的钱柜，然后换给印有国君印鉴的票子，商人可以用这些纸币购买想要的丝绸和各种其他的货物"[17]。

为了谈成一笔好生意，只靠这本简明手册是不够的，除了具有并非能从书本上学到的特别的精明之外，尚需实践经验、对当地情况的了解、与当地商人建立的信赖关系以及行政当局的必要支持，即所谓的关系，没有它，将一事无成。当时的商人对所有这些信息都守口如瓶，既不向他人谈自己的经验，也不听他人的议论，目的是不使竞争对手们从中获益。

马可·波罗是个例外，严格地说，他在中国期间的身份并不是商人，因为按照他的说法，自己曾在元政府中任职。他在热那亚坐牢时构思并撰写的那本书中，很少有其他商人感兴趣的贸易方面的信息，或许是怕引起威尼斯人的老对手热那亚人的注意。因此，马可·波罗的书之所以能写成，好像"是比萨的鲁斯梯谦（Rustichello）的执意要求和纯粹出于文学兴趣的结果，他利用被迫坐牢的空闲，让这位伟大的旅行家讲述自己的经历"[18]。

在威尼斯档案馆特别是热那亚档案馆的卷宗里，除了名字就是名字，再就是马可·波罗在中国期间的活动日期，其他诸如婚姻证书、司法诉讼、遗嘱等，都可以查到，从传教士写的短文、有关宗教活动的文件，或是传教士们的外交活动中可以作出推论，这就是我们对那些在意大利和中国商贸往来中的先驱者们所知道的一切。一位名叫达萨维尼奥内（Andalò da Savignone）的热那亚人，他也许是所有这些人中最有权威的，我们在以后还要说到他。另一位名叫德·维寥内（de Viglione）的热那亚人，1340 年左右成家，娶了可能是当地的一个女人。姓波罗的兄弟二人是威尼斯人，他们曾两次到达中国：第一次是在 1261—1269 年间；第二次是在 1271—1295 年间，这一次，他们带上了年轻的马可。卢卡隆哥（Pietro Lucalongo）也是威尼斯人，被称为"最出色的商人"（magnus mercator）[19]，于 1305 年到了北京。此外，还有杜多（Luchetto Duodo）、乔瓦尼·洛雷丹（Giovanni Loredan）、弗兰切斯基诺·洛雷丹（Franceschino Loredan）和其他人，他们都是威尼斯人。正如所有在国外的团体那样，住在北京的意大利人中不幸也出现了败类：一位伦巴第的外科医生于 1303 年来到中国，驻北京的主教只要有机会就想将他打发回国，因为此人自到达的那天起，别的什么也不做，只在那里用"令人难以置信的谬论诋毁罗马教廷、方济各会和西方局势"[20]。

　　所有这些人，中国的史料中都只字未提。既然这些意大利人有的可能结交了中国朋友，有的与当地的商人谈成了生意，他们甚至也遇到了一些有学识的人，那么怎么可能没有一位受过教育的中国人，对这些从遥远国度来的、身体外表和处事方式与当地人如此不同的外国人存有半点好奇心呢？怎么可能没有一位作家感到有必要在他的日记、杂记、方志中记载这些外国人中的几位呢？特别值得思考的是，所谓的笔记或杂文是中国文学的一个特色，从多少有点好奇性的消息到没有特别意义的事件，包罗万象，无所不有。原因也许是有的，那就是在元朝时外国人来得太多了：有阿拉伯人、波斯人、土耳其人、斯拉夫人、印度人，也许中国人把我们的商人同这些人混为一谈。中国人对蒙古统治者的仇恨也终于殃及那些为元政府服务的外国人，或者就是因为在蒙古人统治期间，外国人享受着比受奴役的汉族人更好的待遇。冷淡、无兴趣、沉默，是中国人表达敌对情绪的一种方式。

尽管中国人保持沉默，但有一种等同于文字的证据为我们证明了意大利商人曾在中国的事实，它不是写在纸上，而是镌刻在石头上。在扬州发掘的两块墓碑就是实证。一次，地方当局作出不够审慎的决定，要拆除古老的城墙，结果发现了墓碑。原来这里有一处坟场，不知在什么年月被毁掉了，墓石便被用作建筑材料，砌入城墙之中。现在，墓碑被陈列在市内的博物馆里，生动地讲述着一个意大利家庭曾在遥远中国生活过的故事。碑上还有不知姓名的石匠们留下的艺术作品，石匠很可能是中国人，他们在坚硬的黑色石体上雕刻出工整的哥特体碑文，上面有圣母抱着圣婴耶稣的图像，一块石碑上有圣女加大利纳（S. Caterina）殉教图，另一块石碑上有死者的复活及末日审判的图像。碑文如下：

> \+ In Nomine Domini, Amen.
>
> Hie jacet Katerina filia quondam domini
>
> Dominici de Vilionis, quae obiit in
>
> anno Domini millesimo trecentesimo
>
> quadragesimo secundo, de mense Junii +[21]

> \+ In Nomine Domini, Amen.
>
> Hie jacet Antonius filius quondam domini

Dominici de Vilionis, qui migravit

anno Domini millesimo trecentesimo

quadragesimo quarto, de mense Novembris +[22]

5. 蒙古时期在中国的意大利人：宗教人士

商人之中，除马可·波罗外，未有一人将其在中国的所见所闻记录并流传下来。宗教人士的态度则不同，他们赴远东一方面传播福音，救人灵魂，另一方面也肩负着外交使命。他们全是过着俭朴生活的方济各会士，写的旅行回忆录不是用当时流行的语言写下的带有奇异色彩的故事，如用法语写就的《马可·波罗游记》（*Milione*），而是用简单的拉丁文写给他们上级的信件和报告，与文学作品相距十万八千里。

人们自然会问，那些年代为何有那么多的宗教人士不远万里从欧洲赴远东，并且大多是方济各会士呢？对第一个问题，可以这样回答：哪里有基督信徒，宗教人士就要到哪里去；而在远东的欧洲人团体是那么多，传教士自然要去那里净化他们的灵魂。那么，为何又多为方济各会士？因为当时的方济各会士在遥远地区从事传播福音工作较为合适。方济各会的创始人随第五次十字军远征来到异教徒中间的时候，他是带来福音书的第一人，并在1219年试图改变回教国家君王的信仰，但未能成功。于是，方济各会士们带着他们的信仰前往中国，同时还有可能领受了某种微妙的外交使命，他们成了执行这一新任务的最佳人选。

促使宗教人士远东之行的，还有一个绝对属于世俗性的动机，这就是欧洲对蒙古这个神秘民族及其势不可当的征服运动的恐惧和思考。崛起于辽阔大草原上的蒙古大帝国不断地向外扩张，一个一个地征服了将它与欧洲隔开的国家，灾难已经降临欧洲人的头上。欧洲一方面将此视为无所不在的威胁，是神对它的诅咒，是因它的敌对、仇恨、堕落而给予的惩罚，面对这极大的危险，欧洲各国要准备迎战，要是能在远方的中国找到同盟军就更好了；另一方面，欧洲认为，在抗击其宿敌穆斯林时，蒙古有可能成为一种可资利用的潜在力量。

所有这些，就促使那些比任何人都更关心当时欧洲政治的宗教领袖们派遣使节，带着任务去拜谒蒙古大汗，尽力了解他的意向，了解蒙古人军事上的实力和这个民族的习俗，还企图使他们皈依基督。这一任务只能派宗教人士去完成。

那么，谁是到过大汗宫廷的教皇使节呢？传教士和在中国的城市任主教的又是哪些人呢？略过那些陪伴他们的下属宗教人士的名字，或那些曾启程前往远东却在半途病倒甚至死亡而从未抵达的人，我只提及他们中的主要人物。他们是 6 位方济各会士：若望·柏郎嘉宾（Giovanni dal Pian del Carpine）①、鲁布鲁克（Guglielmo da Rubruck）②、

---

① 方济各会士，1245 年受教皇英诺森四世派遣前往东方觐见蒙古大汗。他于 1246 年 7 月抵达蒙古上都和林，觐见了贵由汗。回欧洲后，写下了《蒙古史》，中文译为《柏郎嘉宾蒙古行纪》。

② 法文名纪尧姆·德·鲁布鲁基斯（Guillaume de Rubruquis），意为来自鲁布鲁克的威廉。1253 年受法王路易九世派前往蒙古传教。1254 年 1 月觐见了蒙古大汗蒙哥，7 月带着蒙哥致路易九世的国书西归。1255 年回到以色列，向路易九世递呈了他的出使报告，中文译成《鲁布鲁克东行纪》。

约翰·孟德高维诺（Giovanni da Montecorvino）①、安德烈·佩鲁贾（Andrea da Perugia）②、鄂多立克（Odorico da Pordenone）及若望·马黎诺里，除了第二位是弗兰德人（Fiandre）外，其余都是意大利人。他们都是些出类拔萃的人物，进行了漫长和艰辛的旅行。当时他们都是成年人，甚至是上了年纪的人，不再有像马可·波罗那样的年轻人的充沛精力了。

1245年柏郎嘉宾启程的时候已经60岁，并且他长得肥大笨重，鲁布鲁克也同样肥胖，同约翰·孟德高维诺及鄂多立克一样，都是四十开外的人。安德烈和若望·马黎诺里的年龄没有提到，但后者于1339年离开意大利的时候该是成年人了，因为他在博洛尼亚当了几年二品修士。除了约翰·孟德高维诺和安德烈以外，其余人都回到了欧洲并在欧洲去世。可见，这些人有强壮的身体，具备在外国生存和传教的能力。他们在工作中的身份和分工有所不同：柏郎嘉宾和若望·马黎诺里负有教皇授予的官方使命，主要负责外交工作；约翰·孟德高维诺和安德烈任主教；鲁布鲁克受法国国王之托，担任半官方性质的使节；鄂多立克真是个有福之人，可以单独行动，他的旅行最令人钦羡，在某种意义上可以说是更有一种神秘的色彩。

我们先从柏郎嘉宾说起。他启程的时候，蒙古仍处在扩张阶

① 孟德高维诺（1247—1328），1294年抵达汗八里（今北京），得到元成宗接见，获准在京传教。1298—1318年间，先后兴建了三座教堂。1307年被教皇克雷芒五世任命为汗八里总主教兼东方最高主教。1328年，在北京去世，享年80岁。

② 安德烈·佩鲁贾，方济各会士。1307年他与另外6位同会主教受教皇克雷芒五世之命，前来中国为孟德高维诺祝圣，并协助他在中国的传教。但7人中只有安德烈、哲拉德（Gerardo Albuini）和裴莱格林（Pellegrino da città di Castello）到达中国。三人协助孟德高维诺在泉州建立了天主教在中国的第二个主教区，并先后担任泉州教区第一任、第二任和第三任主教。1332年，作为第三任主教的安德烈逝于泉州。

段，欧洲陷入一片恐慌之中。1242 年蒙古人攻到了离维也纳不远的地方，眼见他们集中在匈牙利平原上的骑兵就要对欧洲发起进攻了，不料，他们突然调转马头，折回蒙古大草原。到底发生了什么事？1241 年 12 月 11 日，蒙古大汗窝阔台逝世，所有蒙古将领都赶回朝廷，听候对大汗继任者的任命。然而，蒙古人重返欧洲的危险依然存在，对欧洲的入侵随时都会发生。因此，需要寻找逃脱这场灾难的出路，那最好就是派使节去拜见大汗，劝他信奉天主教并放弃对欧洲的进攻。

在所有派出的使团中，柏郎嘉宾率领的使团是唯一成功进入大汗宫廷的。他是在欧洲充满恐惧的气氛中展开工作的。欧洲对蒙古这个神秘的民族缺乏了解，不知是有意还是无意，竟将这个民族中的一支"鞑靼"（Tatar）读成"地狱"（Tartaro），视他们有如地狱出来的魔鬼。

柏郎嘉宾的第一个目的终未达到：新可汗不仅不改变信仰，反而以傲慢的态度答复教皇的邀请。从另一方面讲，柏郎嘉宾这次出使蒙古的准备工作做得不好，他两手空空前往，没有带任何贵重的礼物，而礼物却正是蒙古外交礼仪中外国使节所必备的，这引起了可汗的反感。

柏郎嘉宾的第二个目的，是收集关于蒙古人的消息并向欧洲汇报，这个任务倒是完成得很圆满。柏郎嘉宾在他的《蒙古历史》（*Ystoria Mongalorum*）[23]中准确地记述了这个民族的生活和习俗，目的在于提醒欧洲人要警惕蒙古人企图统治世界的危险："鞑靼人的企图是征服全世界。"[24]他还写道："他们要征服全球，不与拒绝投降的民族讲和。"[25]那么，欧洲人只能联合起来，摒弃不和，准备进行一场大规模的反击。字里行间流露出的气氛，就好像是在鞑靼人那荒无人烟的大沙漠上，危机四伏，恐怖事件随时都可能发生，直至入侵。"因为在这个世界上，除了信奉基督教的国家，他们谁都不怕，他们正在准备对我们发动战争呢！"[26]如何抵御这场灾难呢？柏郎嘉宾没有说，但几乎可以猜想：与其他民族结盟，比如中国人，共同对蒙古人作战。

在中国尚未全部被蒙古人征服之前，柏郎嘉宾曾有机会遇到中国人，可能是中国的北方人。他对他们很有好感，说他们"温和，善良"[27]，但当长篇大论地谈及中国人的文化和宗教时，却将那时在远东流传的景教与孔子学说和道家学说混为一谈。他写道："他们拥有《新约全书》和《旧约全书》，有圣父和先贤的传记，有类似我们教堂的庙宇，他们在那里祈祷。他们敬奉上帝，……也信奉耶稣基督，相信永生，不过极少接受洗礼。他们尊敬我们的经书，爱护教友并施舍财物。"[28]

柏郎嘉宾非常兴奋地告诉他的读者：中国人有极大的可能成为我们的同盟军，他们在文化和信仰方面与我们相似。他很可能将儒家的"五经""四书"认作是《旧约全书》和《新约全书》。将许许多多的道教神仙传记等同于我们的圣人行传。总之，他相信中国人祭天的传统就是他们信仰一神教的证据。在这么众多的传教士中，他是第一人。

蒙古人对欧洲的全面进攻终未发生，征服欧洲大陆的唯一机会也一去不返。1233 年蒙古人征服北部中国后，又将全部力量集中在向南部中国的推进上，终于在 1279 年完成了对全中国的征服。从此以后，对蒙古人杀回欧洲的恐惧逐渐减弱，Gog 和 Magog（西方民间传说里两个恶魔的名字——译者）的世界末日思想所造成的噩梦也随着恐惧的减少而变得无影无踪。然而，有一种愿望却变得更强烈了，那就是要更好地了解蒙古人，幻想着要改变他们的宗教信仰。这个任务由鲁布鲁克和约翰·孟德高维诺继续来完成。鲁布鲁克于 1254 年在哈剌和林（Qaraqorum）受到蒙古大汗蒙哥（宪宗）的接见。孟德高维诺则以教皇尼古拉四世的特使身份前往中国，他于 1290 年从意大利出发，经海路到达中国，1294 年在北京获元世祖忽必烈的继承人成宗铁穆耳的接见。

作为教皇的特使，孟德高维诺颇受优待，走遍中国，劝人信奉天主教，一位蒙古首领原是景教教徒，在他的开导下皈依了天主教。他虽然在朝廷中深受礼遇，却未能使大汗改变信仰。当他有成效的传教活动以及在中国组织教会的消息传至欧洲时，教皇便决意任命他为北京的总主教，他 80 多岁时在这个城市逝世。任命孟德高维诺为主教的消息是由三位副主教带给他的，这三位是七人代表团中的幸存者，于 1309—1313 年来到北京。安德烈便是这个使团中的一位，1323 年被任命为刺桐（Zayton，今泉州）的主教，1332年在那里去世。

无论是孟德高维诺还是安德烈，他们写下的东西都不多，只有几封信，我们从前者的信中知道他学会了鞑靼语，估计是蒙古语，并全文翻译了《新约》和《圣咏集》[29]。

两位从欧洲远道而来的贫穷会士对蒙古帝国的辽阔、强大、富饶和文明深感震惊，尤其令他们感动的是，无论是教皇的特使，还是外国宗教人士，均受到了蒙古帝国的慷慨礼遇。这种待遇远远优于身处奴隶地位的广大汉人所受到的待遇，他们被迫在卑贱和屈辱中生活，似乎并未察觉上述情形。

令人惊叹的是蒙古官员对宗教所表现出来的宽容。看来，他们也赞赏这种宽容态度，因为他们对其他宗教没有任何敌视的表示，在他们身上似乎看到了文化积累过程的开端，尽管很有限。否则，孟德高维诺的这些话该如何解释呢？"这些地方有许多崇拜偶像的（宗教）教派，其信仰也不同；有许多不同教派的宗教人士，他们的服装迥异，他们比我们罗马天主教会的宗教人士严格得多。"[30]安德烈说：

> 在这个辽阔的帝国中有各种各样的民族和教派。与其说是信仰，毋宁说是谬误在他们中间传播，因为他们中的每个人都是根据自己那个教派的信仰来进行修炼的。我们可以自由安全地布道，但没有一位犹太人或撒拉逊（Saracino）人改变信仰；许多崇拜偶像的人接受洗礼，但受洗之后并未正确地沿着基督信徒所应走的路继续走下去。[31]

鄂多立克于1320年起程前往中国，他没带任何国书，也没有任何官方职务，只身一人，他有自己的办法，令人感到神奇，要知道，他是不从事商业活动的！也许，他时而依靠基督信徒商人，做他们的神父；也许，他在船上做过船员的工作，因此他选择了南线，从海路抵达中国。不能排除他肩负着一项秘密的使命，是为他的修会服务：考察在中国的传教工作并进行汇报。一切假设都有待证实，但无论如何，都在证明一个道理，即一项卓越的事业，只有拥有卓越才能的人才能将其进行到底。

鄂多立克在返国后所写的报告[32]证实了这一点。他是一位比马可·波罗更为专心精细的观察家，与同会的会士相比，他的报告也更具可读性，他的运气不错。他很少谈及自己的传教工作，好像没怎么做事一样。1325—1328 年，他待在北京，然后起程回国，这一次走的是陆路。1330 年在帕多瓦（Padova）口述他的报告。一年后，与世长辞。

若望·马黎诺里是这些杰出的方济各会士中的最后一位，我们以后将会多次提到此人。在此，我们还要重提这些宗教人士与那些商人的共同命运：到目前为止，在凡能找到的关于当时的中国史书或文学作品中，仍未发现他们曾在中国驻足的迹象。为了证实他们中的一些人确曾在中国停留过，不是到出版物中去寻找证据，而是在他们墓碑和墓石上寻找。在蒙古帝国灭亡的时候，有些教堂和坟墓在中国人的排外行动中被毁掉，墓碑、墓石被当作建筑材料使用了。事实上，所发掘的墓碑和墓石无论有无文字，都以独具风格的雕刻证明着那是属于宗教人士的坟墓。其中一块墓碑是 1964 年在泉州发现的，上面的文字模糊得几乎无法辨认，据推测就是安德烈坟墓上的。石上有少数几个字，借助丰富的想象可以译解出来，如"Andreas perusinus"这个名字和"MCCCXXXII"这个日期，很显然后者就是他死亡的年份[33]。但愿将来能够发现其他墓碑，以证实许多意大利商人和宗教人士曾在中国驻足。

6. 马可·波罗

马可·波罗真的到过中国吗？

　　这个问题总是不时地被一些或多或少还算是严肃又或多或少有点儿追求广告效应的学者们不怀好意地提出来，已经有一段时间了。指责马可·波罗和为他执笔撰写游记的鲁斯提谦似乎成了一种时髦，说这一切或几乎一切都是编造的，就如某些惊险小说的作者把故事安排在遥远的大陆而自己却从未去过，从未离开过故乡。也许使马可·波罗感到心情沉重的，正是他这本书所取得的卓越成就而成为我们中世纪的畅销书。作者以才华横溢的文笔描绘了一个童话般的世界，它离我们是那样遥远，土地是那样辽阔无边，既文明又富庶，远远超过了他所生活的那个时代的欧洲。吹嘘自己事业的成功，或许有道理，但确实不够谦虚，这反而为后人留下了热烈谈论的话柄：

　　　　自从天主创造了我们的祖先亚当，直到今天，没有一位基督徒，没有一个异教徒或撒拉逊人、鞑靼人，也没有任何时代的一个人，像马可·波罗先生那样看到并找到那么多的绝妙事物。[34]

　　为自己和书做宣传，倒没什么不好。不过，随之而来的，人们就要问，所有那些奇妙的事，马可先生是否真的都看到了？都寻找到了？还是仅仅听说或看了别人所写的书之后，摘取其中的某些事物加以描写的呢？当然，他在书中已事先声明："有些事情没有见过，而是从值得信任的人那里听来的。因此，那些见过的事即说见过，其余的都是听来的。"[35]

　　不过，有太多"令人惊奇的事物"不能不使任何一位到过中国的人引起注意，包括那些最心不在焉的人，而这些事反而奇怪地被马可置之不理。正是由于这些原因，人们近期对他关于中国的叙述的真实性引起了怀疑[36]。不过，这些只是怀疑和推测。因此，要是没有明确地显示他的著作中关于中国的章节是从其他书里抄袭来的，或是从别处听来的，那么我们就只能存疑，接受他说自己到过中国的善意。

最早起疑的是但丁，他对马可及其书抱有成见，在其著作里从未提到马可及其书。1321 年，他和马可都在威尼斯：但丁以使节的身份去那个城市为拉文纳家族（Ravennati）的案件辩护，马可则以"社会贤达"的身份被委任为大陪审团的成员。马可有可能知道在这一如此重大的事件中的辩论情况，以致促使波伦塔（Guido da Polenta）请诗人做他的私人代表。奇怪的是，这两位在当时最有名望的旅行家，竟从未在一条人群拥挤的狭窄街道上相遇：但丁随着幻想按垂直方向漫游，马可则在现实中沿着水平方向旅行，至少他是这样叙述的。也许，正因为是旅行家，他们彼此都显得很冷淡：但丁让马可更感兴趣的可能是他的使节身份，而不是诗人；而马可在但丁的眼中是个不值得一提的人物，这是因为他自幼就养成了酷爱真理的品格[37]。正因如此，他与许多同时代的人一样，对游记的可靠性提出了疑问。结果，在地理方面但丁未能从马可的经验中获得有益的知识，因此他宁愿遵从教义和当时普遍流行的观点，保持沉默，以此含蓄地拒绝和谴责了马可所说的一切。这一方面是因为马可的见闻与教义、传统原则相抵触，另一方面，在但丁看来，马可所说的显得幼稚、难以置信[38]。

从马可·波罗时代到今天，时间越是向前推进，马可·波罗著作中明显的疏忽遗漏就显得越突出：过去和现在所有去过中国的人都看到了的事物，他在那里生活了那么多年却没看到、没注意、没经历过，他在其书中只字未提，这是无法解释的。对他所忽略的每个事物，我们都尽力找出一个多少能站住脚的说辞。我们概括几点，以便给那本荷马史诗般的著作的读者一个概念，姑且称它为"马可·波罗问题"。

我们先从马可·波罗没有提到长城一事开始。这个古迹的宏伟令现在凡是见到它的人都印象深刻，它是如此出名，以致罗马人都知道它[39]。马可在书中没提到长城，实在令拜会中国皇帝的以乔治·马戛尔尼勋爵（Lord Macartney）为首的使团成员感到惊讶，他们问道，为什么马可在他所说的中国境内的多次旅行中从未察觉长城的存在呢？其中的一位成员写道，也许他走的是另一条路，是在更遥远的南方，但没有指出是哪条路[40]；也许下面这个解释较有根据，我们今天所见到的长城是在明代建造的，那时马可已经离开中国。在他那个时代，长城并没有那么宏伟，这便解释了他为何没有提到它。

其次，马可在书中没有提到中国人的典型饮料——茶。在中国那么多年，他一定喝过茶。喝茶必须用开水，从纯属卫生角度来看，这在今天的中国仍是一种避免肠胃疾病的明智之举。他在这方面只字不提，很难说得过去，虽然传教士们也未长篇大论地提及这个问题。有人推测，马可仍旧依恋其本土的习惯，在这种情况下，他在中国逗留期间也许继续喝酒。那么，在那么长的岁月里，他怎么能够总是为自己找到酒呢？

再者，马可没谈到中国的文字。汉字与其他民族的文字比较起来是那么的不同，足以引起任何人的注意，即使是观察事物比较肤浅的人也该注意到。不过，其他传教士也未提到中国文字，只有鲁布鲁克除外，而他只到过蒙古[41]，没有去过中国①。这一点暴露了马可对知识缺乏兴趣，不是个有学识的人，是可以理解的。

最后一个疏漏，较为严重：在中国的那些年中，设想他也会接近异性，当然也包括中国人，马可竟未发觉中国女人的小脚！我们知道，中国女人的小脚并未逃过传教士们的眼睛。关于这个遗漏，也可以找出一个说辞：马可和蒙古人一起生活，蒙古女人并不缠足，他不注意汉人，也许不愿意与汉人有任何往来，有点像 20 世纪上半叶的欧洲人那样，住在各国的租借地及北京的使馆区里，过着一种与世隔绝的生活，与当地人没有任何交往。

最后，我们提出那些情有可原的方面：第一，在环境方面，真的不理想，不利于回忆和查阅资料，《马可·波罗行纪》便是在这种环境中写成的（1298 年，在热那亚的一所阴暗的牢房里）；第二，掺杂进了并非马可本人的思想：《行纪》由马可口述，最后由鲁斯提谦编辑而成，后者的思想肯定占主导地位，他以新闻记者的思维方式，根据读者的兴趣对内容做了取舍，有的地方浓墨重彩，有的地方轻描淡写。倘若中国的史料能够证实马可·波罗确在中国生活过，特别是书中提到的在他生活中所发生的那三个重要事件和日期留下记载，那么任何疑问和批评都会烟消云散。这三个重要事件和日期是：

一、两次拜见大汗：第一次是波罗兄弟，尼科洛（Niccolò）和马蒂奥（Matteo），大约在 1265—1266 年间；第二次是波罗兄弟和

---

① 鲁布鲁克于 1253 年到达蒙古，1254 年西归，并未踏足中原。虽然蒙古联合南宋，于 1234 年灭金，但南宋直到 1276 年才正式降元。

年轻的马可，他们于 1275 年抵达北京。

二、马可以品级不低的蒙古政府官员身份在扬州待了三年，根据他本人所说[42]："马可·波罗先生治理这个城市三年。"[43]

三、马可及其父亲、叔父目睹了围困襄阳的战役，城墙在遭到弩炮发射的石弹重创之后，全城向蒙古人投降。马可·波罗把弩炮的成功制造归功于父亲、叔父和自己[44]。

遗憾的是，这三个事件无一在中国的史料中得到证实。

至于使节，中国的史料证实，从欧洲来过三个使团：第一个在 1261 年（波罗兄弟抵达之前），第二个在 1314—1320 年间，最后一个在 1342 年。我们只知第三个使团是由谁派遣的，对其他两个几乎一无所知，只有中国人有记载。

关于马可·波罗在扬州任高官（欧洲人称他是那座城的总督）一事，当地的方志上都未留下记载，要是他曾担任过如此重要的官职，他的名字不会不被提到。要是他真的为元朝政府工作过，那他本人也一定会谈到自己在那个城市三年的一些消息。然而，前边引证的那句话，只是一笔带过，这会令人们想到，文中的"治理"（seigneuries）最好读作"居留"（séjourna）[45]。不管怎么样，值得一提的是，1865 年一位法国汉学家[46]相信，一个名叫勃罗（Boluo）的人在蒙古政府内任高官，他的名字记载在《元史》上[47]，此人有可能就是马可·波罗。他在其编辑出版的《游记》扉页上，甚至称马可是"大汗忽必烈的私人顾问和皇室特派员"。当时中国史书上所引证的所有这些"Polo""Bolo""Boluo"，等等，显示出这个名字明显地源自阿尔泰语"bolod"（"钢"的意思），有蒙古语和土耳其语血统[48]。在此之前，他的这一立论在很长一段时间里得到学者们的赞同。

最后，中国的史料否认关于马可和他的亲属在襄阳城被围困期间曾经在场的说法，理由很简单：那座城在 1273 年被蒙古人攻陷，那是他抵达中国之前两年发生的事[49]。

鉴于上述种种，不知为什么中国史料对当时意大利其他的旅行者，无论是商人还是传教士都只字不提，而对马可情有独钟？对其他人缄默和冷淡，对他也应同样如此，更何况他夸口说自己担任过什么什么职务，事实上或许他从未任过职，吹嘘自己做了什么什么事业，实际上也许什么也没做过。他使中国人如坠五里雾中，看不到事情的真相。摆在面前的事实是：他为外国统治者效过劳，与他们合作过，也许当过蒙古人的秘密警察或间谍，对中国文化表现出冷淡，也不会中国语言。这便可以解释为什么最近一些中国学者对他及其作品展开了猛烈的批评[50]，为什么中国人对"马可·波罗问题"反应冷淡；相反，在我们这方面，无论是国家领导人会见、官方演讲还是外交宴会，马可·波罗总是不可或缺的话题。

7. 男人丑陋，女人漂亮，而且漂亮极了

收入 14 世纪画廊的远东男人画像寥寥无几，而中国画家特别喜爱画的西方纳贡者的画像则数量较多，人们可不敢恭维这些画中人物美丽：有些人面部扁平，塌鼻梁，褐色皮肤，眼睛如两条细缝；又有些人是鹰钩鼻子，络腮胡子，八字胡，眉毛粗大，眼神慌张。蒙古"和平"时期的直接接触，在艺术领域未能证实当初罗

马人和中国人互相称赞对方形体的那些话是准确的。在文学方面，各有其说，也许是欧洲的旅行者们在初到远东时将蒙古人、汉族人或中国其他少数民族的人都混淆了的缘故。初次印象并不好：最初见到的蒙古人和北部中国人实在丑陋。鲁布鲁克写道："我看到的这些真是畸形的人。"[51]这一不太讨人喜欢的评论也得到柏郎嘉宾的赞同[52]。后来，随着逐步深入中国内地，旅行者们的眼睛也终于习惯了，看到了那些人的美丽，尤其是中部的中国人，也就是当时西方人所称的"蛮子"。这是柏郎嘉宾的意见[53]，而鲁布鲁克则觉得中国人"矮小"[54]，也许是与他自己比较，他称自己[55]是个大胖子，重得以致找不到一匹可以让他骑的马。

要是说对中国男人的评价有不同的意见，那么对女人的评价则是完全肯定的，至少马可·波罗及鄂多立克能为我们证明这一点。他们两人，一个是商人，一个是传教士，他们在评论中国女人都非常美丽这一点上，意见完全一致。前者是个俗人，自年轻时就在中国生活，对女性一定会感兴趣，他十分细心地评论道："非常可爱，如天使一般。"[56]另一位是中世纪的会士，则以巨人般的洪亮声音喊出："她们是世界上最美丽的女人！"[57]我们似乎看到他边说话边打手势的样子。这位本不该在女人的腿上过分注目的会士，是唯一告诉我们中国女人自小缠足这一消息的人[58]。马可·波罗对此一言未发，他对这个不可能不被观察到的体形特征保持缄默，给人留下了话柄：说他从未到过中国。

因此，在西方人眼中，中国女人长得俊美，美丽极了［也许由此产生了契丹皇后——美丽的安杰利卡（Angelica）的神话］。不过，在中国人眼里，西方的女人也漂亮，1261 年中国有一篇文章[59]写道："女人十分俊美，男人一般说来都有蓝眼睛和金黄色的头发。"据我所知，这是那个时代赞赏遥远的西方国家居民形体美的唯一一篇文章，虽然写得有点儿笼统。

蓝眼睛，金黄色头发，体态轮廓比中国女人丰满，这正是西方女人亦即欧洲和中亚地区女人的外貌特征，特别吸引中国和远东地区的男子。

8. 若望·马黎诺里的出使：他的见闻

时间已经到了 1338 年。在西方，教皇和皇帝的权力争夺形成了政教分离的局面。教皇本笃十二世（Benedetto XII）是法国人，在阿维尼翁履行教皇职责，神圣罗马帝国皇帝路德维希（Ludovico）是巴伐利亚人，处处寻求建立他的皇帝权威，特别是在意大利，但成效甚微。意大利南部的那不勒斯和西西里则由安茹的罗伯塔（Roberto d'Angiò）国王统治。在远隔千山万水的遥远东方，大汗妥懽帖睦尔①则自 1333 年起统治幅员辽阔的蒙古帝国：由于扩张所造成的境内许多民族从语言到信仰上的差异，这个帝国已经开始瓦解，在以后不到 30 年的时间便失去了中国。不过，中国人所称的顺帝[60]妥懽帖睦尔在 1338 年时还是坐在北京的御座上等候着教皇的回信。两年前，他曾派遣使节带上他的信去见教皇。这封用拉丁文写的信已经到了西方，上面是这样写的：

---

① 即元惠宗（1320—1370）。

长生天气力里，皇帝之皇帝圣旨

咨尔西方日没处，七海之外，法兰克国基督教徒主人，罗马教皇：朕遣法兰克人安德鲁及从者十五人于尔教皇之廷。设法修好，俾以后时得通聘。仰尔教皇赐福于朕，每日祈祷时，不忘朕之名也。朕之侍者阿兰人，皆基督之孝子顺孙。朕今介绍于尔教皇。朕使人归时，仰尔教皇为朕购求西方良马，及日没处之珍宝，不可空回也。准此。

丙子年六月三日（1336 年 7 月 11 日），书自汗八里城。[61]

另一封信是由同行的四位阿兰人显贵[62]在同一天写的。他们信奉耶稣基督，抱怨在孟德高维诺八年前（1328）去世之后，再也没有人来指导和抚慰他们的灵魂，因此他们请求教皇满足其皇帝的要求，经常互派使节，现在要尽早派一位"良善、有才干和有智慧"的人到中国，以关怀他们的灵魂。

这个使团的主要目的，似乎是要说服教皇派遣自己的代表到北京指导少数基督徒的精神生活，就像蒙古帝国内的阿兰人那样。阿兰人原是高加索一带的土著人，13 世纪时迁入中国，现在作为皇家的御林军，他们是经过挑选的，所以受到信任，这便可以解释皇帝为什么对他们特别关心，虽然在他心中更重要的是让使团在回程时带上"美好的物品和马匹"。

也许正是为了保障这项使命的成功，法兰克人安德鲁被任命为团长，而他不是别人，恰是热那亚商人安德洛·达萨维尼奥内（Andalò da Savignone）[63]，他同家人一起与蒙古帝国通商已经有一段时间了。他在阿维尼翁蒙教皇接见后，与随行人员先去了巴黎，然后到了意大利。与此同时，教皇着手任命方济各会士若望·马黎诺里为使节。这位教皇的使节是佛罗伦萨人[64]，与 50 多位方济各会士在 1338 年 12 月离开阿维尼翁，去了那不勒斯。他们在那里等候安德洛和阿兰人显贵们，这些人正在包括威尼斯在内的北部意大利参观。1339 年 3 月 28 日，他们乘坐热那亚的船只从热那亚抵达那不勒斯。之后，全体人员一同启程赶往君士坦丁堡。

在那不勒斯停留期间，马黎诺里和其他人有可能拜见了罗伯塔国王，因为国王请他们带礼物给蒙古大汗。什么礼物呢？马黎诺里的报告上说得比较笼统，只说带上了马匹、教皇和罗伯塔国王的礼品。由此可以猜测，教皇的礼品是些祭礼用品，如圣像、敕书和降福，罗伯塔国王的礼品可能比较世俗化。我们可以设想，是他提供的马匹？这倒很有可能：那不勒斯王国的马匹颇为有名，在整个中世纪特别是在安茹的卡洛（Carlo d'Angiò）采取措施改良了品种之后，更加远近驰名。薄伽丘说"那不勒斯是马匹的好市场"，连马匹交易中的捎客安德烈乌（Andreuccio）不是也从佩鲁贾（Perugia）赶来买马吗？[65]关于那不勒斯马的推论，也可从另一则消息加以证明：1338 年 12 月 22 日，威尼斯参议院接受契丹的鞑靼人皇帝的使节安德洛的请求，准许他带 5—10 匹马和价值 2000 弗罗林的珠宝首饰到那个国家，只要这段旅行乘威尼斯的船即可（只是为了尊重威尼斯对地中海沿岸诸国的航海垄断权）[66]。而安德洛却在热那亚上了热那亚船，这证实与威尼斯人的交易没有谈成。因此，推测罗伯塔国王赠送的这些马匹是在那不勒斯上船的，是合乎逻辑的。

马黎诺里同阿兰显贵、众多的会上和马匹乘船到了黑海的喀法港（Caffa），再继续陆上旅行。这次旅行走了 4 年，中途停了几站：第一站是在钦察汗国向月祖伯可汗①献上一匹马和其他的礼物；另一站是在阿力麻里（Almaliq）城，在他们抵达的前一年，几位方济各会士在那里被杀；然后他们又去了戈壁滩上的塞洛斯卡干（Cyolloskagan）。

1342 年，一行人来到汗八里，即北京。从这个时刻起，要是谈论这个使团所取得的成功，就需要看看马黎诺里的报告上和中国人所留下的记载了，包括个人写的书和元朝官修的史书。

马黎诺里在报告中没有谈汗八里，也没有讲中国的一般情况，他只用热烈的词语描述了在宫廷举行的呈递国书和礼品的仪式，以及使团一行受到的接待。比起他那充满夸张而又庄重气氛的拉丁文报告，意大利译文就显得逊色了。

> 乃至东方帝国都城汗八里，其城之大，户口之众，军威之盛，吾将不复赘言矣。大汗见骥马硕大，教皇礼物国书，罗伯塔王书札及其金印，大喜。见吾等后，更为欢悦。恩遇极为渥。觐见时，皆衣礼服。余之前，有精致之十字架先行，香烛辉煌。至宫殿内，赋《天主惟一》之章。赋诗毕，余为大汗祈祷，加福于彼。大汗亦低首受之。
>
> 退朝至馆舍，舍装饰美丽。大汗命亲王二人，侍从吾辈。所需皆如愿而偿，不独饮食诸物，供给吾辈，即便是如厕所需之纸，皆由公家供给，侍候下人皆由宫廷派出。其宽待远人之惠，感人深矣。居留汗八里大都，几达四年之久，思眷无少衰。吾等衣服、馆舍、器具皆赠给上品，来此同事，共有三十

---

① 金帐汗国第九代大汗，也称月即别汗。

二人，总计大汗供给费用，达四千余马克。[67]

总之，这次出使确实取得了成功。只需读一读马黎诺里在报告中的描述就知道，可汗好像真的被那大十字架、灯笼、香烛、圣歌深深打动，准备皈依耶稣基督了。然后是教皇的大使及其随行人员所受到的王侯般的礼遇。马黎诺里对他受到如此这般的盛情款待（甚至连手纸[68]都为客人准备了），实在掩饰不住惊讶，显然这在那个时代的欧洲是罕见的，马黎诺里不能不在报告中有所记载，然而其他消息则少得可怜。

马黎诺里还提到他与其他宗教代表进行辩论并且取得成功的情况，提供了关于北京教会的一些消息，证实了孟德高维诺所汇报的情况。4 年以后，马黎诺里表示要回欧洲，大汗同意他离开，并请他带上给教皇的礼物（马黎诺里未提及有没有给罗伯塔国王礼物，他于 1343 年去世），还提供了交通工具和一队人马护送他返程。这一次他走的是海路，由南方上船。马黎诺里于 1346 年 12 月 26 日离开中国，正值将欲推翻蒙古统治的大起义爆发的前夕，这一局势的变化，使他行前向大汗作出将催请教皇派一位主教做孟德高维诺继任者的承诺也付诸东流。

9. 若望·马黎诺里使团：中国人见到的天马

能不知疲倦地奔跑万里，扛得住饥饿和草原上的寒冷，禁得住身穿盔甲的骑士的重量，这种纯种马一向是古代中国人所羡慕和梦寐以求的，他们视这种马为抵抗并战胜亚洲中部和北部游牧民族的主要工具。中国的整个历史记述了中国人为得到与他们敌人同样强大的骑兵而做出的努力，以便能够容易地调动一支既神速又强大的骑兵部队。蒙古人的马跑得快并有耐力，但个头小；西部地区居民养的马高大而强壮，正是这种马匹最令中国人羡慕。最好的马，被称作天马或神马，如龙似虎，是中亚藩属国所奉献的传统礼物。

有时，送来的贡物只是一两匹马，在这种情况下，只好供皇帝一人专用；不过，他也要考虑朝廷中持儒家思想的官员们的意见。这些人过于注重伦理，过分虔诚，怀有狭隘的民族主义，经常指手画脚说这些礼物太豪华，那些礼物太奢侈，应该拒收，甚至认为送礼的人别有用心。

元朝皇帝们的思想显然比他们的臣民要开放得多，并不被那些浮语虚辞所左右。妥懽帖睦尔就不在意这些，他看到送来的马很高兴，令宫廷画师为它画像，文人为之题诗作赋。所留下的诗有 15 首左右，内容大同小异[69]。我们可以从这些诗篇中知道马黎诺里所描述的典礼的日期和马的一些形体特征。据我所知，其中只有一首诗被翻译成了一种西方文字[70]。在此，我也将其中的另一首翻译成意大利文。在我看来，它更有意思，就是因为它出自一位典型的儒家文人之手。此人名叫揭傒斯（1274—1344），曾做过高官。诗中这样写道[71]：

　　皇帝御极之十年七月十八日，拂郎国献天马。身长丈一尺三寸有奇，高六尺四寸有奇，昂高八尺有二寸。二十有一日，敕臣周朗貌以为图。[72]二十有三日，诏臣揭傒斯为之赞。赞曰：

虽乾秉灵，维房降精。有产西极，神骏难名。彼不敢有，
重译来庭。东逾月窟[73]，梁雍是经[74]。朝饮大河[75]，河伯屏
营[76]。莫秣太华，神灵下迎。四践寒暑，爰至上京。皇帝临
轩，使拜迎称：臣拂郎国，邈限西溟。蒙化效贡，顾归圣明。
皇帝谦让，嘉尔远诚。摩于赤墀，顾瞻莫矜。既称其德，亦貌
其形。高尺者六，修倍犹赢。色应玄武，足蹑长庚[77]。回眸电
激，顿辔风生。卓荦权奇，虎视龙腾。按图考试，曾未足并。

到此为止。这首诗与在同一场合所作的其他诗，内容相近，诗
人只是泛泛地提到在宫廷举行的典礼、皇帝和使节所说的话。这些
话实在奇怪！马黎诺里去中国，肯定是希望使尽可能多的中国人，
甚至连大汗也都能皈依全能的天父。但在诗人笔下，却说自己的国
家归化于中国的文明并托付给了圣明的天子。在此，看问题的角度
不同。总之，无论在这首诗里还是在其他的诗里，主角不是马黎诺
里，他的名字连提也未提到，天马成了诗中的主角。

后来，大汗用这匹骏马去做什么了呢？我们无从知道。为了避
免给读者列出许多的引文和历史参考资料，我没有全译此诗。这首
诗的余下部分令人猜测，诗人试图说服大汗不要过分重视那件礼
物，劝他要永远把人放在第一位，而物则次之，即要更关心他的臣
民，而不是来自远方的马匹。

1370 年，元朝的统治已结束两年，明朝自 1368 年统治全国，
《元史》也撰写完毕。按传统做法，前朝的历史由下一个朝代编辑
出版：由皇帝任命的一班著名文人执笔，根据前朝的档案资料编纂
历史。一般而论，历史家们写出来的史书，不因个人的政治见解和

对前朝的批评而受负面影响，这一点实在值得钦佩。但《元史》
并非如此。汉族人对统治他们多年的蒙古人的仇恨，明代典型的对
外封闭和仇视一切外来事物的思维方式，以及与蒙古政权的国际主
义彻底对立的思想，都在一定程度上影响了《元史》。《元史》第
二册卷四十引述马黎诺里使节一行抵达的消息的方式，证实了这一
点：对这位可怜的教皇的使节并不十分热情，撰写历史的中国文人
也未在他身上多着笔墨。请看，这里是如何记载的：

> 秋七月庚午（朔）……是日，拂郎国贡异马，长一丈一
> 尺三寸，高六尺四寸，身纯黑，后二蹄皆白。[78]

　　这就是全部。而且，这不仅是唯一提到处于那段历史中的马黎
诺里使团的地方，也是在蒙元时期唯一提到中国与欧洲和意大利往
来的信息。对于那些撰写《元史》的中国文人来说，经过长途跋
涉来到中国的我们的许多同胞，如鄂多立克、安德烈、孟德高维
诺、马黎诺里等方济各会传教士，或如马可·波罗及其父亲、叔叔
那样的商人，就好像从来没有存在过。从欧洲，即从意大利来的唯
一值得他们记住的，只有那一匹那不勒斯马。

第三章

第二次接触中的耶稣会士和中国士大夫

1. 明朝：中国民族主义的胜利

中国人久怀积恨，团结一致，同仇敌忾，一举推翻了蒙古统治者，这也使得潜伏在中国人心中的民族优越感和排外倾向即时高涨起来。蒙古人退回大草原后，似乎又恢复了尚武精神。另外，日本海盗自14世纪起就不断侵扰中国沿海一带，而且越来越甚。由于担心蒙古人东山再起，也为了防御日本海盗的侵扰，明朝（1368—1644）决心闭关自守，自成堡垒。一方面，在"马其诺防线"这种思维方式的主导下，长城得以重建，成为我们今天所见到的那样，以便能阻断游牧民族从北方来犯的道路；在沿海地区建了大量的防御工事并实行"净土"政策，不让海盗有藏身之地。另一方面，民族主义情绪使中国传统文化得以重新评估，中国文人开始以严格正统的标准对其加以重新研究，以致失去了对外界的兴趣。在这种思想的推动下，在明初曾有过的短期远洋探险，后来也被放弃了，而正值这个时期，即从 16 世纪起，欧洲国家鼓励本国的船队前往远东。蒙古人被赶走后，外国人团体①也随之被驱逐或被迫汉化¹，中国人也不再欢迎新到来的外国人。这些便是当时的历史背景。

到了明朝，外国人要想进入中国并留下来，不再如元朝时那么容易。从此之后，外国商人一律被疏远，被迫待在帝国的边远地区。明朝末期，只有少数西方人被允许进入中国并来到北京直至留下来，他们大多是些宗教人士，其中尤以耶稣会士居多，又以意大利人为主。他们精通中国语言和文化，能够接近当地的知识分子阶层，他们带来西方文化尤其是先进的科学技术知识，与他们的交往者分享。正因为他们拥有科学技术知识，他们知道这肯定会派上用场的，且不说这些知识是不可或缺的；正因为他们以自己的文化引起中国士大夫的兴趣，在某些方面甚至引起惊奇，他们才得以在中国留下来，学习中国的文明并让中国人认识自己的文明。因此，他们在中国的存在不能不受到注意，无论官修史书还是民间作者不再对他们的存在闭口不谈，他们不再如元朝时期在中国的外国人那样遭到冷落。

明朝初期的显著特点是反对外国人，颂扬中国文化，推行最具排外倾向的民族主义和闭关锁国政策；而它的末期却是欧洲与中国第二次互相接触的时代。与第一次不同的是，这次以密集的文化交流为特征，两种文明的最有代表性的文人，即耶稣会士和中国士大夫成了主角，前者是当时欧洲文化领域的佼佼者，后者则是传统儒家文化培育出来的文人。

---

① 元朝将人分为四等，第一等级是作为统治阶级的蒙古人，然后依次为色目人、汉人和南人。色目人大多为来自西域的外国人。

2. 尼古拉：最后离开的一位

受到元朝政府优待居住在中国的外国人几乎已经全部跑光，商人和宗教人士一个接一个地离开，若望·马黎诺里也预感到风云变幻和元朝政权末日的临近，便赶紧打道回府。意大利人宁愿在政权更迭前离开中国，因为不难预见，胜利者们一定不会继续承认元朝政府给予外国人的特权，元朝使许多外国人在中国生活是那么的容易。

因此，除了一个人，其他所有的人都离开了中国。根据中国史料[2]，这人名叫捏古伦（Niegulun），是拂菻人。前面我们已经见过"拂菻"这一词语，它原指东罗马帝国和拜占庭帝国，随着时间的推移，也指信仰基督的欧洲[3]。至于捏古伦这个名字，很可能是尼古拉（Nicola）或尼科洛（Nicolo）的译音。他是在蒙元统治的末期来到中国的商人，也许不太清楚所要发生的事变，未在蒙古人统治下安全尚有保障的时候及时离开；或者，他想投机取巧，待大家都走了，唯他一人留在中国，那么生意就更好做了。现在，新政权的施政也许令他的希望落空，因此他也要离开。不过，此时一切都已经变得困难，回程更加困难，单靠他自己的力量无法办到。

明朝的开国皇帝朱元璋亲自过问此事，召他进宫[4]，委托他带信函给拂菻的国王。这是一份已经送达其他国家君主的普通国书，函告新朝的建立和新政权的和平纲领。尚未送达国书的国家就只有拂菻了，因为它距中国太过遥远，这一缺憾现在正好可以利用尼古拉返国的机会给弥补上，自然，朱元璋也为他提供了旅行的工具。不仅如此，他身边还有另一位使节，名叫普剌（Pula），另有其他官员陪同，使团将带上明朝的国书和献给拂菻王的礼物。

中国史料对这项使命的结果只字未提，仅说后来从拂菻国派来了一个进贡的使团作为回访，抵达中国的日期也不清楚。

尼古拉或尼科洛，何许人也？他真的是个商人吗？也许是我国同胞中最后一位到中国碰运气的人。他也可能是位宗教人士，称自己是商人，是为了能在中国留得久一些[5]？无论他是何身份，都不会是一位默默无闻的人物，否则，皇帝不会关心他的个案。正是这一事实令人想到，中国史料上的有关文字不见得全部符合事实：尼古拉也许真的是位宗教人士，在当初留在中国的基督信徒团体中有影响力，中国人很乐意交给他一项外交使命并让他永远离开他们的国家，而无须下驱逐令。至于普剌，也许他也是一位意大利人，名叫保罗（Paolo）[6]，或是我们曾提到过的许多 Polo、Bolo、Boluo 中的一个，这些名字在元朝的史书上常常见到。遗憾的是，在我们的编年史上却没有资料证实由尼古拉和普剌率领的使团曾来到欧洲。因此，一切推测，包括最具想象力的推测都是可能的。

3. 最早到的人：若望·达恩波利

瓦斯科·达·伽马（Vasco de Gama）成功地绕过风暴角，并将此地命名为好望角之后，于 1498 年抵达印度。此时，在印度洋上没有一个海上强国能与葡萄牙抗衡。在不到 15 年的时间里，葡萄牙人趁着这一权力真空，在阿方索·阿尔布克尔克（Alfonso di Albuquerque）的率领下打败地方霸权，沿着印度海岸建立了坚固的基地，占领了马六甲（1511）。现在他又准备北上，直奔中国。

这一切都可能是中国在同一个海域放弃了扩张政策的结果，而在 80 年前，中国在这里却取得了成就。自 1405 年起，中国船队屡次进入印度洋，一直抵达亚丁、霍尔木兹和索马里，使那些国家臣服于帝国的威权之下，其中一些国家如马六甲和锡兰沦为纳贡国。但是，在主张海上远征的永乐帝（1402—1424 年在位）驾崩后，扩张政策突然被放弃，中国船队不再南下南海和印度洋；纳贡国是否进贡全凭他们的意愿（锡兰进贡到 1459 年为止），然后就中断了。中国执政者的注意力已转移到他处，即抵御骚扰沿海地区的倭寇，防守北部边疆以免遭受游牧民族的侵犯。于是，葡萄牙人可以在这片海域自由通行了，从他们的马六甲基地出发准备去"发现"中国[7]。

人们要问，在航海初期，关于这些新的发现，那些葡萄牙人或西班牙人，他们有什么可以向世人报告的呢？他们都是优秀的士兵、勇敢的海员，但在接近、理解和欣赏异国进步文明并将他们的业绩传给子孙后代这两方面，都缺乏最低程度的文化知识和必要的容忍精神。但是，在阿尔布克尔克的船上，在麦哲伦（Magellano）的船上，或在东南亚的港口上，总是有几位有学识的人，他们或者记住了那些发生的事件，或者描述了新见到的世界，他们总是能够去发现新的东西。这些人并不少，而且从一开始就有我们的同胞：麦哲伦船队中的皮加菲塔（Pigafetta），没有他，我们便会对人类的首次环球航行所知甚少[8]；是阿尔布克尔克船队的安德烈亚·科尔萨利（Andrea Corsali）和达恩波利立即将首批葡萄牙船队抵达中国的消息传出来的；还有卢多维科·迪·瓦尔泰马（Lodovico de Varthema）、菲利普·萨赛蒂（Filippo Sassetti）等，在此不一一列举。

人们常常提出种种理由，诸如冒险精神、渴望了解新世界和发财致富，等等，用以解释我们的同胞为什么去参加探索大洋彼岸人民的事业。如果这种参与精神不被怀疑的话，那么这也许归因于人们对开辟新的贸易通道的渴望，他们想获取好处，不被孤立。

东方和欧洲之间的贸易长期以来都是在地中海进行，意大利坐享其利长达数个世纪之久。但美洲的发现，好望角也可以绕行，世界贸易新航路的开辟，标志着意大利海上贸易的垄断地位已经结束。16 世纪的意大利人，确实意识到了这一新的现实。这需要竭尽全力进行补救：要么参加进去，要么竭力阻止。威尼斯由于担心葡萄牙人进入印度洋后可能给自己造成损失，就千方百计地拖埃及的苏丹下水，利用葡萄牙人对印度穆斯林施加的暴力来激怒他，这终于使埃及的苏丹于 1506 年派出舰队在红海和阿拉伯海上开战，但依旧未能阻止葡萄牙海上帝国的形成。在此期间，我们的那些同胞一直在那里，时刻准备着向国内发回报告。他们也许是奸细，我们姑且称他们为威尼斯和佛罗伦萨等城市国家的情报员，或用更糟糕的说法——间谍。这些城市国家仍幻想着能在国际贸易中扮演积极的角色。

关于葡萄牙舰队抵达中国港口的最新消息，就是科尔萨利和达恩波利提供的。

科尔萨利[9]从未到过中国。他是位具有神秘色彩的人物，1514年从佛罗伦萨启程前往东方，在印度和东非做过漫长的旅行。除了将有关陌生地区的消息汇报给他所景仰的美第奇家族外，他似乎从未动摇过其对贸易活动的专注和对科学的兴趣。1515年6月6日，他在一封从印度马拉巴尔（Malabar）海岸的科钦写给朱利亚诺·美第奇公爵（Giuliano de' Medici）的信中，这样描述中国人：

> 他们非常勤劳，并具有和我们同样的特性，但面部丑陋，眼睛很小。和我们的习俗一样，他们也穿衣服，穿鞋袜。我相信他们有礼貌，许多人说他们有和我们同样的信仰，或者是他们中的部分人。去年，葡萄牙人航海到了中国，但是未被允许上岸，说这是中国人的风俗，外人不能进入他们的住宅。他们以很高的利润售卖自己的商品，他们说将辛香作料引入中国会有用，一如引入葡萄牙，因为这是个寒冷的地方，要习惯用这种调味品。从马六甲到中国要向北走1500英里。[10]

科尔萨利提到的葡萄牙人是一些在阿尔瓦雷斯（Jorge Alvares）指挥的船上的人，这条船于1514年停泊在屯门（Tunmen），也许是Tamâo或Veniaga岛，也以伶仃岛（Lintin）见称。若望·达恩波利（Giovanni da Empoli, 1483—1517）[11]也提到了这次航行，他是更为有名的人物，看来不是一位普通的商人。他给我们留下两封信，以热情洋溢的言辞谈及中国是如此富饶、幅员是如此辽阔，非常像我们的国家，他热切地盼望着亲自去看看。第一封信写于1514年，第二封则于1515年11月15日从科钦寄出：

　　请你们相信，这里的建筑非常壮观，极其高大，大城市的城墙都是用砖石砌就的；有经商和富饶的特征；习俗和生活方式不同，与之相比，我们不过是个零：印度比这里小，也比较穷，这里比别的地方富……[12]

　　此外，他们发现了中国，那里和这里都是我们的人，中国是世界上最富饶的地方……他们都是白人，同我们一样；穿衣如同日耳曼人，服装各式各样，戴有衬里的帽子，穿有领子的衣服。地面是砖铺的，和我们的一样；石头房子，也和我们的一样；他们有强大的国家机构和法律，是我们很好的朋友。这块土地盛产细白的丝，每坎塔罗（Cantaro，相当于150磅）价值三十铜币。那里来的东西令人惊叹；说老实话，这里有的都不算什么……从那里来的许多事物都是卓越的，令人惊叹；要是我不死的话，希望离开这里之前，去那里一趟，见见大汗（Gran Cane），他是国王，契丹的国王……今年使节将同重要的行政长官去拜见国王，我希望带给你们一驮子胡椒和其他东西；以后的一切，你们将会知道。[13]

　　若望·达恩波利所了解的有关这个国家（他也正想前去访问）的消息，与这番热烈的言辞并不相符，他所提及的大汗便证实了这一点，显然，这一称呼取自《游记》。1516年，他来到苏门答腊岛的巴赛（Pacem，Passai或者Passang），打算在那里开一家农场，从事胡椒贸易，将胡椒销往欧洲和中国。

　　一场大火使他放弃了这一计划。纵火事件也许与葡萄牙人有关，因为他们担心这项创举会使他们受到竞争的威胁。当时，佩雷斯·安德拉德（Fernao Perez de Andrade）指挥的一支葡萄牙小船队要去中国，船上有一位使节，达恩波利便利用这个机会，与使节一同上了船。根据葡萄牙历史学家们的观点，船队于 1517 年 8月 15 日抵达珠江湾上的屯门，在那里遇到一支中国船队，他们问是否可以继续开到广州。中国船长建议佩雷斯请求南头（Nanto 或 Nantou）负责边防的官员的准许。达恩波利是船上较有学问的人，委托与中国方面谈判并取得成功，于是船队得以开进广州，在当地的港口抛了锚。那时是 9 月底。达恩波利又被派到陆地上讨论派使节到北京的事宜。几天后，他得到地方当局的接见[14]。

这件事也得到港口的中国官员顾应祥（1483—1565）[15]的证实，他这样写道：

　　正德丁丑（1517），予任广东佥事，署海道事，募有大海船二只，直至广城怀远驿，称系佛郎机国进贡，其船主名加必丹[18]。其人皆高鼻深目，以白布缠头，如回回打扮。即报总督陈西轩公金，临广城。以其人不知礼，令于光孝寺习仪三日，而后引见。[19]

10 月，达恩波利还在那座庙里，一场霍乱传染病夺去了他和同伴的性命，一位探险家就这样消逝了。他老练、有文化素养，也许是与中国人谈判最适合的人，在他与地方当局有过的接触中已经表现出这些才能，要是冲突无法避免的话，也许只有他知道如何缓解，而这些冲突我们很快就会看到。

4. 葡萄牙人的霸道，中国人的诅咒

　　欧洲人与中国人的第一次接触，令人对贸易关系的未来发展心怀厚望：佩雷斯·安德拉德表现出的慎重和达恩波利的外交才干，为中国当局善待外国人开了一个好头，这样一来，可以预见准备前往北京的外交使节也会获得成功。不幸的是，这些乐观的期望未能实现。马六甲丢失的消息已经传回北京，这件事不利于谈判。马六甲原是中国的藩属国，现在被葡萄牙人霸占。此外，达恩波利死了，安德拉德离开了，后来的葡萄牙人举止粗野、贪得无厌、性情残暴，这使中国人最初对他们怀有的好感消失得无影无踪。冲突事件接二连三地发生，深受其害的是那位 1517 年在广州登岸的可怜的使节，他历经重重困难后终于能启程去北京，不过，他的使命在那里彻底失败。这位使节名叫托梅·皮雷斯（Thome Pires），1524 年死在监狱里，为他的同胞犯下的欺压罪行付出了代价。葡萄牙商人在中国沿海一带建立的基地也受到了损失，它们一个接一个地被拆除，只有一个保留下来：大约 1550 年建在珠江三角洲的一个小小半岛上，1557 年以后得到中国当局的承认，中国当局乐于在离首都遥远的地方与那些难以驯服的商业伙伴为邻。这就是澳门的来历，它成了欧洲在远东进行贸易扩张和扩大传教活动的主要基地之一。

　　后来，与葡萄牙人、西班牙人及荷兰人发生的不断冲突，激发了中国人强烈的排外情绪。从那时起，中国人先后给葡萄牙人、欧

洲人加上了辱骂的称呼："番鬼""洋鬼子""红毛"等，并且指责他们犯下了最恶劣的罪行，甚至拐骗儿童烹食。一些显然没有根据的类似指责，也出现在官方出版物或著名文人的著作里，对这些万万不该失去辨别真伪的能力。请看，官修的《明史》[20]上是如何写的：

> 佛郎机[21]，近满剌加。正德中，据满剌加地，逐其王。十三年，遣使臣加必丹末[22]等贡方物，请封[23]，始知其名。诏给方物之直，遣还。其人久留不去，剽劫行旅，至掠小儿为食[24]。

在一篇大概与以上列举的事件属同一时期的文章里，描写了外国人如何将儿童煮熟，令人毛骨悚然：

> 其法以巨镬煎滚滚汤，以铁笼盛小儿置之镬上，蒸之出汗，尽乃取出，用铁刷刷去苦皮，其儿犹活，乃杀而剖其腹，去肠胃蒸食之。[25]

托克马达（Torquemada，1420—1498，西班牙多明我会士——译者）和布里亚·萨瓦兰（Brillat-Savarin，1755—1826，法国美食家——译者）似乎对这段关于蒸熟儿童的极为恐怖的描写非常有兴趣。这种方式令人想到客家人[26]的一道名菜"白斩鸡"，它的做法与上述的描述相差不远。

5. 耶稣会士的抵达

1552 年 12 月 3 日黎明，方济各·沙勿略（Francesco Xavier）在珠江三角洲的上川岛（Sanciano 或 Shangzhuan）咽下了最后一口气，享年只有 46 岁。他来到这个岛上并没有多久（此前他在日本与当地的文人有过接触）就深信，要向远东传播福音，必须先从中国开始。这是因为许多个世纪以来，中国是邻近国家文化的发祥地，要是她能够皈依天主，周边的国家便会随之效仿。

现在，沙勿略死在广东省一个偏远的地方，未能如愿以偿地进入中国内地，但他坚信他的同会会士们迟早会成功的。他在去世前一个月还重申了这个信念。同年 10 月 6 日，利玛窦（Matteo Ricci）在数千英里外的马切拉塔（Macerata）诞生，正是这位后来者实现了沙勿略的梦想，为在中国的传播福音事业揭开了序幕。尽管这项事业未能按照沙勿略和利玛窦的初衷来完成，中国还远未皈依天主，然而各修会的传教士们，尤其是耶稣会士们朝着这个方向，在 17 世纪期间，在欧洲和中国的文化交流领域取得了极为显著的成绩，他们的奋斗是有其特色的。这一切要归功于这些宗教人士，他们都是卓越的人物，有深厚的学识和修养。他们中的多数人，尤其在初期，都是意大利人，是他们向中国展示了欧洲的形象，特别是意大利的形象，这个形象与其他国家的商人和船员给中国人留下的印象大为不同，而是更为高贵的形象。由于利玛窦和其他耶稣会士们的努力，意大利在 17 世纪的中国享有极高的声望。这一切不是来自武力，而是来自文化和"西方学者"的言谈举止所产生的力量，而这一点也正是耶稣会士们在中国所要竭力表现的。

从方济各·沙勿略去世（1552）至利玛窦进北京（1601）[27]的50年中，来到远东的传教士越来越多，澳门到处都建起了教堂、书院和各修会的住所。1565年耶稣会在那里建了他们的会院，成为一盏真正的文化灯塔。方济各会士们随后在1579年来到，奥斯丁会士于1584年来到，多明我会士们在1587年来到澳门。自1552年起的近30年中，传教士们屡次努力企图进入中国内地，直到1582年，耶稣会士罗明坚（Michele Ruggeri）和利玛窦才得以进入；而利玛窦直到1601年才进入北京，随即开创了他那非凡的事业。

6. 杰出的人物：利玛窦

要是在利玛窦和罗明坚之前没有另一位伟大的传教士于1577年抵达澳门的话，他们的这番事业也许就是子虚乌有。此人就是耶稣会士、意大利人范礼安（Alessandro Valignano，1539—1606），他堪称在中国传教的创始人。

范礼安在1574年被任命为耶稣会日本传教区的视察员，1578年9月来到澳门，在那里留住了10个月。其间，他一方面得以了解中国人民和欣赏中华民族的文化；另一方面也领悟到，以葡萄牙人和西班牙人的方式和思维行事，向中国传播福音的工作将永远不会展开，因为这两个国家的传教士深受国家利益、种族偏见、僵硬思维的左右，不易妥协，对研究中国人的语言和文化不感兴趣。这些传教士为能在中国立足，曾做出了种种努力，但终于失败，这便是一个明证。最后一位尝试的是西班牙籍耶稣会士黎培士（Juan Baptista Ribeira），他在两次失败后返回欧洲，坚信没有任何希望可以进入中国。在他和一些葡萄牙及西班牙传教士看来，诉诸武力，即用枪炮征服，似乎是进入中国唯一可行的选择。

范礼安立即察觉到，在中国传播福音所遇到的问题与传教士们在其他国家所面对的问题不同，进入这个国家，只有在传教士们学会了语言、了解了中国文化并以不同的态度，即以更为开放、包容的方式对待中国人，才可能办到。范礼安为在澳门竟找不到能流畅地说中国话的宗教人士，感到十分惊讶，于是立即主张至少调两名耶稣会士来学习语言。他将这个意见转告给果阿（Goa）会院的领导人，请求调派年轻的会士到澳门，并坚持要求他们必须是意大利人，因为他们的性情、文化背景和没有民族主义偏见，比较适合。就这样，利玛窦被派到澳门。这是范礼安的一项明智之举，或者说是利玛窦的运气，因为从未有人表现得比他更适合这项使命。

罗明坚是利玛窦的同学和传教同伴，比他先到澳门，也先进入中国。但罗明坚在远东的停留时间，到1588年被召回罗马的时候，也就结束了，而利玛窦则毕生留在中国，甚至进入了北京。因此，我们的注意力应集中在利玛窦身上。以下是他的非凡经历，鉴于篇幅有限，我只概括其主要的行程。

利玛窦生于1552年，1571年作为初习生进入耶稣会的罗马学院学习[28]。1578年前往远东，在果阿停留了两年，1582年抵达澳门，立即在那里学习中文。一年后进入中国内地，在肇庆住下，与罗明坚一起开设了第一所传教站。1589 年被赶出肇庆，却没有去澳门避难，他凭借才干和圆滑在韶州住了下来。1595 年开始北上，先是到达南昌（1596—1598）、南京（1599—1600），在那里接触了中国政界和文化界的人物。在他们的协助下，终于在 1601 年 1 月来到北京。他克服了重重困难，所完成的确实是一项卓越的事业。此后他在北京一直住到 1610 年去世，享年 58 岁。

以上是他一生的主要经历，由此可以看出，他与中国文化相遇的时候尚很年轻，能够成功地学会中国语言。除了在南京和北京这两座最重要的城市度过大约 10 年时间以外，1583—1599 年间足有 16 年的时间，他都是在小地方和城郊度过的。但这并不妨碍他与显要人物结交，这些人为他得到居留许可，在他遇到困难时，尤其碰上那些官僚和居心不良的太监的情况下，确实都出了不少力。

利玛窦在为最终进入北京做准备的 16 年间，其传教策略逐渐成熟，为日后传教士们传播福音的工作奠定了基础。转折点是在 1592 年，他决定脱掉袈裟，放弃他在中国头几年里的佛教僧侣身份。利玛窦深深地觉悟到，在中国的等级社会中，佛教和道教僧侣的地位低微，当然不如占据首要地位的儒家文人。他的直觉是，要以外国文人的身份出现在他们面前，让他们知道，自己与他们的地位是平等的，同他们一样是有学问的人，他的学问是在西方通过考试取得的，是有保证的，这种考试的严肃性并不比中国的科举逊色。

利玛窦的这一决定征得了范礼安的许可，但他在中国传教策略的后续发展却主要是他自己完成的。利玛窦以西方学者的身份出现在中国文人面前，他表示自己要传给中国人的教义与他们的礼教并无圆凿方枘之处，相反，这一教义接纳儒家思想。利玛窦恰到好处地视儒家思想为一种道德，甚至是建立"政治清明的国家"的哲学，是一种学说，它"本质上没有任何反天主教信仰的要素，天主教信仰也不妨碍，反而十分有助于国家的安宁与和平"[29]。无疑，接纳儒家思想不得不做出一些让步：将一些与敬祖和拜孔的礼节相关的仪式视作非宗教性崇拜，而只是一般的民间礼仪罢了。我们将会看到，其他修会的会士正是集中力量在这个问题上发动了进攻，在他们看来，上述仪式是敬拜邪神的行为。这样一来，利玛窦的计划失败了。事实上，利玛窦和他的对立派似乎均未意识到，儒家思想虽不是宗教，却是一种有深度的不可知论。因此，如与一种有教理的宗教，尤其是建立在信仰基础上的基督教协调不好，久而久之，不同的观念注定是会引起对立冲突的。

对利玛窦的另一个批评是，他先从社会上层改变中国人信仰的主张。他以为士大夫阶层和皇帝先行皈依天主之后，百姓定会遵命奉行。这多少有些乌托邦味道。这点也是与其他修会争论的一个原因，这些修会认为，传教活动应当从下层社会开始。不过，无论利玛窦还是其他人都未意识到，在 18 世纪，基督教既无力量说服中国上层人士改变信仰，也不具备呼唤大众另行他路的革命号召力。

利玛窦还是一位伟大的外交家、政治家，具有政治远见，能做外交上的妥协。因此，他的声誉主要是在文化界。他带来的西欧进步的科学知识吸引了中国文人并引起他们的兴趣，尤其是他人格中散发出的魅力感化了一些文人，他们不再拒绝他，而且接受了他的教义。他不仅用中文写了哲学和宗教方面的著作，如 1603 年写的《天主实义》[30]，中国文人由此认识了经院哲学的逻辑，他还特别用中文介绍了一些西方科学。在此值得一提的是，1607 年他将欧几里得（Euclide）的《几何原本》六卷翻译成中文。当然，他对中国人认识西方世界做出的最大贡献，也是最重要的作品，这就是《万国舆地全图》，这部作品仅在 1584—1609 年就至少出版了 6 次。在《万国舆地全图》中，他首次向中国人描绘了他们从不知道的五大洲，彻底改变了他们对地理的认识，同时也冒着一定的风险，即怕触及他们最敏感的问题。在世界地图上，中国不仅不再拥有在她周围多少有些野蛮的小国中最大帝国的地位，而且根据欧洲中心主义的标准，被放在右下方的一个角落里。利玛窦卓绝地解决了这个问题，他将中国的面积按比例缩小，这令中国人极为不悦，但他又将中国放在地图正中央，让欧洲失去了中心位置。

利玛窦的伟大之处，在于他使自己不但受到中国文人的欢迎，而且也让那些不接受他所宣讲的教义的人也对他表示出友好。如果详细完整地介绍 17—18 世纪的中国人对利玛窦的描述，将会超出本书的目的和界限。关于他对那个时代的中国社会的影响，用一整本书来介绍与他同时代的中国文人对他的评价都是不够的。这些评价中，有许多是赞扬他的，也有反对他宣讲的教义的，但对他本人从未加以攻击。介绍关于利玛窦的评论的任务，部分由德礼贤（P. D'Elia）神父完成了，他在介绍这位伟大的同会会士的著作中，广泛地收集了称赞利玛窦的评论文章。在此，我只引证几位著名文人的评价，这些评论要么是德礼贤未曾译成意大利文，要么是我认为他们也许能够提供一种不同的评述，但也希望是最好的评述。在所有这些文字中，可以察觉到中国人对利玛窦的语言天赋和真诚性格的敬佩。利玛窦有很高的语言天赋，因为他对中文的掌握常引起中国人的钦佩，从未有人在这方面批评过他。他由于性格好，受到了普遍的尊敬，人们对他都有好感。

引证的第一篇文章出自沈德符（1578—1642）之手，他是《万历野获编》的作者，其书首编和续编分别成于1606年和1619年[31]。

> ［利玛窦］性好施，能缓急人，人亦感其诚厚，无敢负者。
>
> 饮啖甚健，所造皆精好，不权子母术，而日用优渥无窘状，因疑其工炉火之术，似未必然。其徒有庞顺阳名迪义[32]，亦同行其教，居南中，不如此君远矣。渠病时，搽擦苏合油等物遍体，云其国疗病之法如是。余因悟佛经所禁香油涂身者，即此是也。彼法既以辟佛为主，何风俗又与暗合耶？利甫踰知命而卒。[33]

关于利玛窦的语言才能和谦恭作风，文人李日华（1565—1635）告诉了我们一些消息，他曾为这位耶稣会士题过一首诗[34]，他在《紫桃轩杂缀》[35]中这样写道：

> 居广二十余年，尽通中国语言文字。……见人膜拜如礼，人亦爱之，信其为善人也。……年已五十余，如二三十岁人，盖远夷之得道者。汗漫至此，已不复作归计。

利玛窦之后的张尔岐（1612—1678）也提到利玛窦的语言修养，他所写的该当是众所周知的事，但德礼贤和其他西方学者似乎对此没有留意。他在1670年的《蒿庵闲话》[36]中写道：

　　玛窦初至广，下舶，髡首袒肩，人以为西僧，引至佛寺，摇手不肯拜，译言我儒也。遂僦馆延师读儒书，未一二年，四子五经皆通大义。乃入朝京师。……所言较佛氏差为平实，大指归之敬天主，修人道，寡欲勤学。

我们见到的对利玛窦的正面评论，还可以引证许多，但篇幅有限，无法一一赘述。不过，仍有一篇值得全篇引述的，因为它是徐光启（1562—1633）的手笔，也许他是利玛窦认识的文人中职位最高的，也是那个时代信奉基督教的人中最显赫的。徐光启写的这篇文章是为利玛窦的《二十五言》作的跋。《二十五言》于1604年出版，是一本关于基督教教义的格言集[37]。

　　昔游岭嵩[38]，则尝瞻仰天主像设，盖从欧逻巴海舶来也。已见赵中丞[39]、吴铃部[40]前后所勒舆图，乃知有利先生焉。间邂逅留都[41]，略偕之语，窃以为此海内博物通达君子矣。亡何，贵贡入燕，居礼宾之馆，月给大官饩饯。自是四方人士，无不知有利先生者，诸博雅名流，亦无不延颈愿望见焉。稍闻其绪言余论，即又无不心悦志满，以为得所未有。而余亦以间游从请益，获闻大旨也。则余向所叹服者，是乃糟粕煨烬，又是乃糟粕煨烬之万分之一耳。
　　盖其学无所不窥，而其大者以归诚上帝[42]，乾乾昭事为宗，朝夕瞬息，亡一念不在此；诸凡情感诱慕，即无论不涉其躬，不挂其口，亦绝不萌诸其心，务期扫除净洁，以求所谓体受归全者。间尝反复送难，以至杂语燕谭，百千万言中，求一语不合忠孝大指，求一语无益于人心世道者，竟不可得。盖是其书传中所无有，而教法中所大诚也。

启生平善疑，至是若披云然，了无可疑；时亦能作解，至是若游溟然，了亡可解，乃始服膺请事焉。间请其所译书数种，受而卒业。其从国中携来诸经书盈箧，未及译，不可得读也。自来京师，论著复少；此《二十五言》，成于留都；今年夏，楚[43]宪冯[44]先生请以付梨枣，传之其人。是亦所谓万分之一也[45]，然大义可睹矣。

余更请之曰："先生所携经书中，微言妙义，海涵地负，诚得同志数辈，相共传译，使人人饮闻至论，获厥原本，且得窃其绪余，以裨益民用，斯亦千古大快也，岂有意乎？"答曰："唯，然无俟子言之。向自西来，涉海八万里，修途所经，无虑数百国，若行枳棘中。比至中华，获瞻仁义礼乐、声明文物之盛，如复拨云雾见青天焉。时从诸名公游，与之语，无不相许可者，吾以是信道之不孤也。翻译经义，今兹未遑，子姑待之耳。"余窃题其言。

呜呼！在昔帝世，有凤有皇，巢阁仪庭，世世珍之。今兹盛际，乃有博大真人[46]，览我德辉，至止于庭，为我羽仪，其为世珍，不亦弘乎？提扶归昌，音声激扬以赞，赞我文明之休[47]，日可俟哉！日可俟哉！

万历甲辰，长至日，后学[48]云间徐光启撰。

在这篇评论中，徐光启当然未忘记对利玛窦的赞扬，并且他认为，这番热情的评价会得到同他一样被利玛窦的人格、具有创见性学识所吸引的其他文人的赞同。多年之后，奉命为皇家图书馆编辑目录[49]的文人们却有不同的看法。他们不认识利玛窦，不曾感受过利玛窦的人格魅力。于是，他们对利玛窦的《二十五言》作了如下的评论：

> 明利玛窦撰。西洋人之入中国，自利玛窦始；西洋教法传中国，亦自此二十五条[50]始。大旨多剽窃释氏，而文词尤拙。盖西方之教，惟有佛书。欧罗巴人取其意而变幻之，犹未能甚离其本。厥后既入中国，习见儒书，则因缘假借，以文其说；乃渐至蔓衍支离，不可究诘，自以为超出三教上矣。附存其目，庶可知彼教之初，所见不过如是也[51]。

18 世纪末期，那些十分冷漠的儒家文人写下的这一评论，不再有称赞的成分。他们视基督教有如佛教，甚至比佛教还要等而下之。这一评判来自无知，不足为奇。事实上，那时有些中国人甚至把耶稣会士看作是道教徒。在前面翻译的那段短文里，沈德符甚至影射利玛窦是出于实用目的而炼丹。利玛窦本人也承认，自己多次被误认作是道教的炼丹术士，知道制造长生不老药的秘诀，能将劣等金属转换成贵重金属，如金和银。为了证实这些，在结束对利玛窦介绍的时候，我再引证一首诗，它不属于由赞扬利玛窦[52]的那些已经皈依了天主的文人或传教士的朋友所写的许多文章的系列。据我所知，这首诗尚未被翻译成西方文字[53]，是中国著名的戏曲家、文学家汤显祖（1550—1616）写的。1592 年，汤显祖在肇庆旅行期间曾遇到利玛窦和另一位意大利耶稣会士石方西（Francesco de Petris）：

二子西来迹巳奇，黄金作使更何疑？

自言天竺原无佛，说与莲花教主知。[54]

利玛窦和汤显祖肯定交谈过，也许是在某次宴会上，其间，他们讨论了哲学、宗教和科学这些重要的课题。无奈，利玛窦未察觉出与他谈话的是当时中国的一位大作家，在他的日记和书信中竟未提过他的名字。汤显祖则知道利玛窦并非凡夫俗子，不过，这个西方人留给他的印象有些神秘，令他稍起疑心，暗自思量那两个外国人来中国做什么呢？也许是向中国人传授西方炼丹术的秘诀？总之，他的印象是，利玛窦肯定是位强烈反对佛教的人，因为道教徒在中国是佛教徒的对立者，更何况这两位是外国的"道教徒"。

7. 最早的中国故事，以中国为背景的第一篇小说

16 世纪，从中国来的消息越来越多，不仅是学者们，就连一般读者大众对这个国家的兴趣也越来越浓。其实，自马可·波罗时代以来，这种兴趣就从未完全消失过。骑士诗中的那位奇特人物受到的欢迎，便证实了这点。这个奇特人物就是博亚尔多（Boiardo）所歌颂的"美丽的安杰莉卡"（Angelica）、"金发安杰莉卡"，她是"在印度统治着名为震旦的大片土地的加拉弗罗内（Galafrone）王"[55]的女儿。阿寥斯托（Ariosto）也在 1516 年发表的诗歌中对其加以颂扬。此前不久，葡萄牙船队摸到中国海岸，安德烈·科尔萨利写信将这一消息汇报给了朱利亚诺·美第奇。

美洲的发现和新航线的开辟，对于那些渴望获得消息、喜好听远方的奇闻轶事并欲找机会赚钱的大众来说，拉穆西奥（Giovanni Battista Ramusio）自 1550 年起发表的《航海旅行》（*Navigationi et Viaggi*）一书已经不再令他们感到满足了，因为里面只是一些早期旅行者们的书信和报告。人们要求能看到有关描述中国的作品，出版商们也愿意满足这个要求。不过，在等待某些"杰出人物"进入那个国家，掌握充分资料并以严肃认真的态度写出作品期间，读者市场早就被那些好心和博学的编辑或是那些投机文人们写出的二手货所占领，他们随时都可以写出一知半解的东西，他们对那些国家的了解非常肤浅。人们自然要问，在利玛窦进入北京之前，或更确切地说，在其拉丁文版的报告于 1615 年发表之前，对于一个极欲了解有关中国消息的读者来说，在意大利都出版了哪些可作参考的作品呢？正如我们所说，除了传教士的书信和报告外，所出版的都是些不能算作是消息首要来源的作品。其中一些是对马可·波罗和 14 世纪其他旅行家的作品的重新炒作，还有些是翻译葡萄牙和西班牙作者的作品或对上述作品加以重新编写。这些作品中的几篇值得一提，以便能更好地欣赏利玛窦作品的价值；若愿意与他的意大利文报告对照着读，便更能发现这一点。奇怪的是，直到 20 世纪，他的作品还仍旧是手抄本。

洛伦佐·达纳尼亚（Gio. Lorenzo d'Anania，约 1545—1609）的《宇宙构造》（*L'universa le fabrica del Mondo overo Cosmografia*）也许是第一部用很长篇幅介绍中国的印刷作品，1573 年在那不勒斯出版，在 1575 年和 1582 年至少又两次再版。这是一部百科全书性质的作品，"明晰地测量了天和地球，特别描述了乡村、城市、古堡、山脉、海洋、湖泊、河流和水源，介绍了诸多民族的法律和习俗"。作品分四部分，在第二部分讲到中国，描写了这个国家、它的政府及其国民，总的说来没有过多的幻想和编造，这也是因为作者参考了其他人的作品，他在书前列出了这些人的名字：马可·波罗、安德烈·科尔萨利、巴尔沃萨（Duarte Barbosa）①、德·巴罗斯（Joâo de Barros），以及《耶稣会士的书信》（*Lettere di Gesuiti*）和《中国回忆录》（*Commentarii della Cina*）；所有这些均可在上面提到的拉穆西奥的作品中读到。书中第 255 页对中国人的描写，出乎意料，所据并非书信，而是作者本人的直接经验。他说自己遇见过中国人，很可能是在那不勒斯，他们是从葡萄牙来的：

> 他们的身材同佛兰芒人一样高大，胡须稀少，在我所见到的从葡萄牙来的一些人中，他们的眼睛很小，说自己的语言，发音很像德语；身体很壮实，不会像我们老得那么快。他们勤奋地学习法律，如在那不勒斯所流行的那样，他们有导师在旁指挥一切，这些导师称作 Lotei[56]。虽然他们有自己的方言，但都用汉字[57]，这与我们在书本上学到的相同。书页的边上画满了鸟和金色的树木，颜色和谐细腻；贵族讲究排场，写字也分等级和条件：大师用金色的，其他等级较低的用银色，余下的根据他们的等级用蓝色和其他颜色。

---

① 葡萄牙作家，1500—1516 年（一说 1517 年）间曾担任葡萄牙印度殖民地的官员。其著作是葡萄牙最早的旅行文学作品。1519 年他加入其姐夫麦哲伦率领的环球探险，1521 年死于菲律宾的宿务岛。

1585 年在罗马出版了一本用西班牙文写成的中国历史书，书名使它成了同类书籍中的第一本畅销书，多次再版，欧洲主要语言的译本都有。书名是《中华大帝国史》（*Historia de las cosas mas notables ritos y costumbres del gran Reyno de la China*）[58]，由西班牙籍奥斯定会士冈萨雷斯·德·门多萨（Ioan Gonzales de Mendoza）著。意大利文版的标题是《中国历史》（*Dell' Historia della China*），1586 年在威尼斯出版。此后，我们将以它为参考。作者从未去过中国，此书是根据探访过中国南部沿海地区的传教士们提供的资料编撰而成，而这些传教士对这个国家及其语言的了解也只有个大略。此部作品虽然在出版方面硕果累累，作者在收集资料方面显然也下了一番功夫，但是，若用它来了解中国的话，其资料来源肯定是不可靠的，也不是第一手的。明显的是，书中出现的执政者或历史人物的名字所用的注音是如此糟糕，以致往往无法辨认。

总的来说，冈萨雷斯的历史书的弊病在于，对中华大帝国的权势过于热情，称赞得过分；另一本历史书在作评判时，则较节制、适中，资料的选择和处理也做得较好，这就是耶稣会士马费伊（Gian Pietro Maffei，1536—1603）的手笔，题为《印度历史十六卷》（*Historiarum Indicarum Libri XVI*），1588 年在佛罗伦萨出版，1806 年又在米兰出版了意大利文版本，书名是《东印度历史》（*Istoria delle Indie Orientali*）。作者的兴趣主要在葡萄牙人对亚洲的发现和征服上。书的第六卷讲中国，描述了这个国家的疆域、人民、政府和文化，以葡萄牙人的到来和皮雷斯使节的悲惨结局收笔。谈到政府时，他详细解释了中国的科举制度，突出了这些考试是以笔试方式进行的，这在欧洲尚属首次谈到这件事。又说，一个人只有通过科举才能担任国家公职，才能晋升，而公职在西方是继承的，因此，个人才是掌握自己未来命运的真正主人。

谈到中国文化的时候，重点讲述了中国书籍，他说曾在梵蒂冈图书馆见过几本。不过，他不是告诉我们这个消息的第一个人，因为蒙田（Montaigne）在 1581 年 3 月 6 日已经见过一本。一位于1574—1576 年间访问罗马的法国旅行者也提过同一件事，而我们的人文主义者焦维奥（Paolo Giovio）早在 1550 年就提到中国书籍甚至在 1513 年就到了罗马[59]。

博泰罗（Giovanni Botero，1544—1617）曾是名耶稣会士，36岁时退出，没有发过愿，但他的内心深处，也许还是个耶稣会士。他是反对改革政治的一位较有代表性的作家，写作政治题材的作品，与马基雅维利（Machiavelli）不同，他认为，政治不能撇开道德不谈：君王应是正直的人，但是行事不该幼稚或软弱，他的行为应当谨慎，"他的职责是寻求适中的方式来达到目的"，而不是马基雅维利所提倡的不择手段。在马基雅维利看来，只要能达到目的，任何手段都是好的。1591 年博泰罗在罗马出版了《世界关系》（Relationi universali）一书，其中收录了许多关于世界各国的地理、历史、宗教、经济生活、风俗习惯的信息。谈到中国时，他对这个国家的伟大作出了热情洋溢的评论，赞赏中国是"一个前所未有的大帝国"，与之相比，"意大利只是一个狭长的省"；还谈到其国民的勤劳、赏罚分明，谈到中国人没有帝国野心，以及中国结束在印度洋上扩张的决定。

中国已不再只是一个需要去发现、研究和了解的国家，而已成为需要效仿的国家，因为"以此方式治理的国家，目标只求平安和维护国家，因此，才能出现社会公正，而这正是国家安宁之源；出现政治清明，乃是因为有法制；人民勤奋，乃是因为有和平之结果：用古代统治方式或用现代统治方式的国家，都没有比这个国家治理得更好的"。

现在，我们同博泰罗又回到了"中国热"的最强烈的初期，它在 18 世纪时达到了顶峰，其实，这种狂热在欧洲早就存在着。赞扬中国人爱好和平成了新的神话，从罗马时代以来，"赛莱斯人，即中国人，就爱好和平……不骚扰他们的邻居"。这是一个很难消失的神话，但愿这个长久以来就存在于欧洲人脑海里的神话，日后能得到中国真正谋求和平的对外政策的证实。

关于中国是一个由贤明、正直和爱好和平的政府人员管理的正派国家的神话，曼多瓦（Mantova）的阿里瓦贝内（Lodovico Arrivabene，约 1530—1597）[60]总司铎写了一本以中国为背景的长篇小说《黄帝》（*Il magno Vitei*），于 1597 年出版，但他并不具备前面引证的著作和其他一般著作[61]所提供的有关知识。这是第一本以中国题材进行写作的小说，过去从未有人用西方语言写过。它是所有同类小说的鼻祖：它们有的是历史小说或伪历史小说（如这本），有的是冒险小说或侦探小说，好小说或坏小说，等等，今天仍有人在书写并继续出版。此书长长的标题提前告诉了我们这本小说的内容，在此只选取一部分：

> 曼多瓦人阿里瓦贝内在《黄帝》一书中，不仅叙述了中国第一位帝王光荣的 Vitei 和英勇的 lolao 可歌可泣的侠义事业，也刻画了 Ezonlom 的形象，他是最优秀的君主和十全十美

的统帅……[62]

小说叙述了两位主要英雄人物，Vitei 和 Ezonlom 与印度支那人和日本人作战的事迹，他们被描绘成智慧和道德的典范，欧洲的君主应该从中得到启发。受"中国热"的影响，作者在写作中运用了夸张手法。请看：

> 最好的老师是中国人：据知，世界上没有一个国家推行道德。手册上所言出人意料，他们优于任何人，如同太阳的威力和光辉胜过每一颗星星。

阿里瓦贝内对中国的了解太少了，以致也用受古典作品影响的情节，即亚历山大小说或骑士叙事诗里的典型故事来塞满书中的500 多页。结果，小说内容冗长，全是些逗趣的事。不过，我们不能同意对这本书提出的所有严厉评断，例如，有人认为"叙述毫无历史根据，连间接根据也没有，作者写到的地名、人名、风俗、异国风光，均无真实之处"[63]。

首先需要说明的是，小说是有一些历史根据的。事实上，书中所描述的与印度支那人、日本人的战争，尽管笔锋不受拘束，但那些战争在中国历史上确实发生过。其中包括元朝军队企图在日本登陆，却未能成功；而在阿里瓦贝内的笔下，这一事件却获得了胜利。此外，一些人物的名字，如 Vitei 和 Ezonlom，则取自冈萨雷斯·德·门多萨 1586 年出版的意大利文版本的作品。从冈萨雷斯对他们的评语来看，可以了解到他们的原名，虽然需要费一点力。

Vitei 不是别人，就是黄帝，即传说中的中华民族的祖先，福建方言称他 Wongtei；而 Ezonlom 则是神农氏，医士、药师和农耕者的保护人、黄帝的父亲（Padre di Huangdi，原文如此——译者）。浙江方言将他的名字读作 Zangnung，往往也读成 Zanglung，因为中国人（应该说操当地方言的人——译者）对"n"和"l"的发音分不清。

可见，小说中勇士的名字和他们生平中的一些传奇事迹并不是捏造的，而是取自中国古老的历史。这部作品虽不起眼，却在我们的文学上首次出现。

8. 首次自费环球旅行

弗朗切斯科·卡莱蒂（Francesco Carletti）不是人文科学方面的学者，到过中国和远东国家，在文化方面也没有特别的修养，却写下了一篇引人入胜的探险小说，那些冒险故事是他亲身经历的，而不是从书本上读来的。他是完全凭借个人本事完成环球旅行的第一人，被载入史册。在他那个时代，做这样的旅行并不容易，理由很简单，人们对新近发现的土地了解得还很少。我们在谈到蒙古时代从欧洲到中国的旅行者时，就已经提到这些困难，而在卡莱蒂的那个时代，像今天这样方便的旅行措施（旅行社、旅行支票、领事馆等）都还没有，况且，对那些打算取道美洲和太平洋前往中国的人来说，蒙古"和平"时期理想的安全条件，都已不复存在，这些条件曾经给穿越中亚地区的人和物资的流通带来了很大的方便。不错，麦哲伦和皮加费塔的先例确实有过，他们在 80 多年前进行了首次环球旅行，不同的是，他们从欧洲启程时身负官方使命，与船员和士兵同在战船上，船上有充足的储备，用完后可以再买，有足够的金钱，还有火炮，在不得已的情况下可用武力设法得到物品或进行自卫。可即便如此，麦哲伦还是半途丧生，皮加费塔只带领少数伙伴勉强返回欧洲。

以上所述，是为让人了解卡莱蒂这次旅行的特殊性：他是个什么活计都干过的人，在有的方面不很体面，如贩卖黑奴的行当，他也是个探险家，也许是费尔迪南多·德·美第奇（Ferdinando de' Medici）公爵的密探。总的来说，他很聪明，讨人喜欢，他把自己的旅行写成一本书，这本书无疑是我们的文学作品中最受欢迎的旅行类书籍之一，要是全部是他自己写的，当然就更好了[64]。

卡莱蒂 1573 年出生在佛罗伦萨，父亲安东尼奥在 1591 年被派往塞维利亚，在一家意大利商行做买卖。之后，他找到父亲，两人于 1594 年一起离开了塞维利亚，乘一条小船去了佛得角群岛。那时，这些岛屿是贩卖奴隶的中心市场。他们买了 75 个奴隶，包括税在内，每人 170 个银币。同年 5 月，他们去了哥伦比亚的卡塔赫纳（Cartagena），他们非常沮丧地发现，那里奴隶的价钱很低。他们只能低价出售：除了途中死亡的 6 人外，4 人有病卖不出去，余下的奴隶只卖到每人 180 个银币，勉强维持不赔本。于是，他们将这笔钱投在当地产品上，从卡塔赫纳又去了秘鲁的利马（Lima），他们于 1595 年 1 月到达那里，在那里他们又惊奇地发现：奴隶在秘鲁的价格极高，每人可卖到 800 个银币，他们后悔当初没有把奴隶带到利马来。他们将身边剩下的 4 个奴隶赶快卖出，赚得 1600

个银币；又将其他的货物卖掉，所得收入全部投在银锭上，然后从利马去了墨西哥，在那里从 1595 年 6 月住到 1596 年 3 月，过着富裕的生活。一条四桅大帆船开往菲律宾的消息又将他们引到船上，他们希望去西班牙帝国征服的最后一个地方，那些最遥远的岛屿上碰碰运气。1596 年 6 月到 1597 年 5 月在菲律宾停留期间，卡莱蒂告诉我们的消息极少，只字未提他和父亲在马尼拉的一年是如何生活的，这令人猜测，父子二人为勉强维持生计不得不做各种工作，即便是最卑微的也不在乎。

他们在菲律宾未能发财，于是决定先去日本，然后再到中国碰碰运气，因为在欧洲受欢迎的许多货物都是从这两个国家来的，因此那里会有赚大钱的机会。当时，葡萄牙人垄断着与中国和日本的海上交通，将一切外国人都排除在外，在菲律宾的西班牙人更不必说了。为了抵达日本，卡莱蒂父子二人必须偷偷去，以非法偷渡客的身份坐上了一条日本船。他们于 1597 年 6 月在长崎上岸，在那里逗留了几乎一年，直到 1598 年 3 月，我们仍无法了解他和他的父亲在日本的这段时间是如何度过的。幸好，他对日本的描述也许是全书中最精彩的部分。

日本令卡莱蒂着了迷：那是他离开欧洲以来所遇到的第一个文明进步的国家，虽然它的文明与西方的截然不同。日本社会的一些方面尽管与我们的生活观念差距甚远，却深深地打动了卡莱蒂的心，可以说他几乎是在欣赏它们：激烈的武士道精神，严刑峻法，男人和女人都一样轻生。他喜欢日本的一切，尤其令他喜欢的是每件东西都很便宜，还有那些女孩子。姑娘们都"漂亮极了，很白，但白得适中；眼睛极小，但在他们看来，小眼睛比大眼睛要好看"。他以这方面的行家身份告诉我们，可以花"三四个银币"领来一个十四五岁的少女，留在身边一段时间，然后再打发她回家，不会有问题。总之，日本是一个寻欢作乐和赚钱的真正"乐园"，"从世界的一个地方航行到另一个地方，日本是一个既美好又适合赚钱的地方。但必须以我们的方式引导这条战船，使用我们国家的船员，这样，就会奇迹般地很快富起来"。

我用过多的笔墨介绍了卡莱蒂对日本的描述，因为他对中国的描述与此刚好相反：比较冷淡，有所节制，较为书本化。这或许是因为他在澳门的时候，与中国人的接触很有限，他打过交道的少数中国人都是些下层商贩，随时诈骗缺乏经验的外国人；也许是因为卡莱蒂有过不愉快的经验，因此未能忘记他的批评：

> 他们买卖每件东西都称重量，甚至活母鸡也称，这些母鸡的重量虽对，但是假的，因为他们喂的是糠拌沙之类的东西；在鱼的肚子里常能找到石子，是故意放在里边的。他们想方设法在各种事上作假，尽一切可能骗人，胜过吉卜赛人，他们还以此沾沾自喜，因为这是他们的精明。他们不以作假为耻，反而认为，善于作假而又不会被抓住，那才是聪明能干的人。

1598 年 3 月，卡莱蒂和父亲来到澳门，不久后，安东尼奥因旅途劳累而病倒，于同年 7 月 20 日去世，只剩下卡莱蒂一人，于是他决定回国。不过，他没有立刻离开。1599 年，他在澳门住了整整一年，其间认识了一位同乡，名叫内雷蒂（Orazio Neretti），此人与中国、印度和日本人做生意。他还结交了一位耶稣会传教士郭居静（Lazzaro Cattaneo，1560—1640），这位传教士曾在南京和北京协助利玛窦，1599 年 8 月来到澳门。郭居静肯定是卡莱蒂所传述的许多消息的提供者，这些消息涉及中国的政府、组织管理、社会、文化等。事实上，卡莱蒂书中的这些章节令人感到他所叙述的不是亲眼见过的事，而是听来的。例如，在描写中国女人的时候，他只能大致说说听过的消息：

> 据说，女人非常美丽，会打扮，但都是小眼睛，在她们中眼睛小更受人喜爱。男人们都很小心翼翼地爱护着自己的女人，不让人看，只有近亲才能看到。若出门，就乘封闭的椅子（应该是轿子——译者），那里不用双轮马车和四轮马车。国家法律禁止使用，看不到马车。

中国男人在卡莱蒂的笔下则相当丑陋，他足可以以亲身经验这样说："男人的面孔可不太好看，小眼睛，塌鼻子，没有胡须或胡须很少，大概只有 30 或 35 根黑毛，稀疏，长短不齐，下巴的胡须和嘴上的小胡子难看地下垂着。"

1599 年 12 月卡莱蒂离开澳门前往果阿，并于 1600 年 3 月抵达，在那里高价出售了随身携带的货物，立即又买了他所知道的在欧洲特别受欢迎的其他商品。当他在 1601 年 12 月 26 日登上开往里斯本的"圣地亚哥号"四桅大帆船的时候，他已经是一位富有的绅士了。他独占一座船舱，三个仆人：一个日本人，一个高丽人[65]和一个马达加斯加人；有 100 只鸡准备在旅途中作为新鲜肉吃掉，还有一箱箱的货物堆在舱面上。这些货物在欧洲出售后能让他在余生过上富裕的生活。这便是他梦寐以求的财富，为得到它，他敢于冒险，在此之前没有一个人成功过。可是，命运与他作对。四桅帆船在大西洋上航行时，遭遇了荷兰船队的袭击，成了荷兰人的战利品。卡莱蒂因为是中立国佛罗伦萨大公的属民，最终保住了性命并被放行，但行李被没收了，他失去了一切。他对荷兰政府采取的法律行动也无能为力，过了许多时间，才得到 13000 个弗罗林的象征性赔款，仅够支付律师费用。只有极少几件东西带到了佛罗伦萨：其中有一本中国地图册，显然没有被荷兰"海盗"抢走。卡莱蒂将它献给了大公爵。今天，这本地图册成了佛罗伦萨国立图书馆的珍贵书籍之一[66]。

卡莱蒂因为大公爵执行过外交使命而被赐予终身年俸，1636 年 1 月 12 日去世，享年 63 岁。

9. 一代巨人

有人称，17 世纪在中国传教的耶稣会士是"一代巨人"[67]，的确，这些传教士在体格和学识方面也真的显示出了非凡的毅力和才华。他们经受住了无数次灾难和劳累的考验，包括从欧洲到中国的那段艰险的长途旅行；他们能够入乡随俗，尤其能在一个陌生的地方生存下来，因为总不能依靠从欧洲来的资助；在文化领域取得了巨大成就，有些甚至是辉煌卓越的成就。那个时代在中国的耶稣会士中，有天文学家、数学家、地理学家、神学家、哲学家、画家、音乐家、水利专家、发射专家，确实可谓"群贤毕至"，各类人才皆有。他们能推算日月食，能铸造大炮，能绘制地图，能建造浑天仪，能用拉丁文写作让欧洲人了解中国，又用中文写作让中国人了解欧洲。

这些耶稣会士不全是意大利人，汤若望（Adam Schall von Bell，1592—1666）是德国人，南怀仁（Ferdinand Verbiest，1623—1688）是比利时人，他们与利玛窦堪称三大"柱石"，在北京的耶稣会士墓地里，至今仍保存着的墓碑便证实了这一点：它们高出其他墓碑许多，凸显着他们三人比其他宗教人士更显要的地位。由于本书中我们所涉及的主要是意大利人，我们可以将他们与三大"柱石"对照，这些17世纪在中国抛头露面的意大利耶稣会士是：罗明坚、龙华民（Nicolò Longobardo）、郭居静、熊三拔（Sabatino de Ursis）、艾儒略（Giulio Aleni）、罗雅谷（Giacomo Rho）、潘国光（Francesco Brancati）、利类思（Ludovico Buglio）、卫匡国（Martino Martini）、殷铎泽（Prospero Intorcetta）、闵明我（Filippo Grimaldi），等等。他们在明朝的时候抵达中国，其中的一些人在改朝换代的艰难时期更是活跃，在清朝建立后才离世。上面谈到的这些人中，有许多人在17世纪的前半叶鞠躬尽瘁，50年来在中国传教的耶稣会士中，意大利人占了大部分，他们活跃在文人阶层中，这在后世也是绝无仅有的。

人们自然要问，这些传教士是如何用如此有难度的中文来撰写那些大部头的重要著作的呢？问得有道理，尤其考虑到他们来到中国后，在30来岁的年纪才开始学习中文；其次，他们的著作一律用文言文写成，学文言文即使对一个中国人而言也需要年复一年地努力啊！显然，他们得到了有学识的中国人的帮助，这些中国人把传教士用较为简单的中文口语的讲解写成漂亮的文字，然后再由传教士检查他的中国助手所写的是否确切，是否符合自己的思想：这个任务也不简单，需要一个外国人下很大的功夫研究中国语言，方能胜任。

这些协助传教士的中国人的名字很少被提到：作品好像是传教士自己用中文写成的；这样做，除了将殊荣留给传教士外，也是要他承担与出版相关的一切风险。要是作品上署中国人的名字，作为著者或译者，所冒的风险会很大。一位名叫李祖白的皈依者的个案就是一个典型的例子。他以自己的名义出版了一篇著作，驳斥中国天文学家和回教徒对基督教的攻击——这些人被免去由耶稣会士汤若望负责的钦天监中的职务后怀恨在心，对耶稣会士和基督教进行了一系列诽谤性的指控。

他们中的一位名叫杨光先[68]，1658 年他在《辟邪论》[69]一文中概括了这些指控。李祖白于 1664 年写了《天学传概》[70]予以反驳。显然他根据传教士们提供的资料并怀着他那新入教者的一片虔诚，尽情地颂扬基督教，这显然为杨光先发起新的更猛烈的进攻提供了借口。他们开动审判机器，对传教士们进行了轰动一时的审判，指控他们传布邪说，煽动反朝廷的暴乱，最终目的是准备以澳门基地为起点用武力征服中国。

反驳这些指控的任务自然落在了利类思（1606—1682）的头上[71]。杨光先趁对他有利之时机另著一书，名《不得已》[72]，于1664 年出版，利类思于 1665 年以《不得已辨》[73]尽力予以辩驳，但收效甚微。于是，汤若望和一些中国教徒或协助过耶稣会士的人被判死刑，其他传教士充军，利类思也在其中。就在此时发生的天灾人祸使判决得以延后执行，接着，皇太后的介入促使判决得到了修改，这样一来，除李祖白和其他四个中国人被斩首外，在中国居住的多数传教士被押往广东，汤若望免受一死，获准与利类思和南怀仁留在北京。

大风暴已经过去，对传教士们活动的限制也逐渐取消。杨光先被任命为钦天监监正后不久犯下的错误，使皇帝相信了耶稣会士在推算上的准确无误以及对他们的指控没有根据。1666 年与世长辞的汤若望也被平反昭雪，钦天监监正一职由南怀仁接伍；在广东充军的传教士们在 1671 年返回了各自的岗位。

耶稣会士和包括其他修会在内的所有传教士所面临的，乃是培养本地神职人员的问题。一位中国司铎为了能在文化阶层胜任自己的职务，除了必须具备良好的中国文化素养外，还应通晓拉丁文，以便研究神学，但这是个难以克服的障碍。实际上，一个人修完文言文需要很多年，这时已步入中年，然后再开始掌握有同样深度的拉丁文，这几乎是不可能的[74]。因此，唯一的解决办法就是将《圣经》以及神学哲学书翻译成中文，我们的意大利同胞利类思担负起了这一任务。他走在时代的前头，成为坚决主张培养本地神职人员的少数人之一。出于这个目的，他致力于翻译礼仪和神学书籍的工作，未来的中国司铎便可以按照这些书本接受培训了。

利类思翻译了《神学纲要》，并将之命名为《超性学要》[75]，不幸的是，这个翻译版本未得到教会当局的青睐。这部著作首次向中国人揭示了基督教义的坚实逻辑，要是传播开来的话，一定能对 18 世纪的中国文化产生影响。然而，它只被少量印刷，如样品那样被藏在图书馆里近两个世纪，绝大多数的传教士甚至都不知道它的存在。倒是有少数中国文人知道这本书，其中一位是陆陇其

（1630—1692），1675 年夏天他曾数度拜访北京的耶稣会士，他在
日记中写道：

> 游天主堂，见西人利类思，看自鸣钟。利送书三种，曰
> 《主教要旨》，曰《御览西方要纪》，曰《不得已辨》。又出其
> 所著《超性学要》示余，其书甚多，刻尚未竟。[76]

利类思显然有意吸引陆陇其对这部著作的注意，希望能使他皈
依。他没想到这位彬彬有礼的访客几天之后在日记中写道：西方的
科学无疑是严谨的，但"不能相信西方人讲给我们的关于亚当、
夏娃和耶稣降生为人的故事"[77]。

儒家文人的唯理论和不可知论的思维方式，一如既往是向中国
传播福音真正难以逾越的障碍；这个障碍，传教士们丝毫未能给予
足够的重视，也许是被许多文人对他们的善待所蒙蔽。令这些文人
感兴趣的，主要是传教士们的先进科学知识和他们卓越的文化，在
某些方面，不但是好奇，甚至是被迷住。

10. 艾儒略和卫匡国

在上面提到的许多耶稣会士中，有两位是曾为欧洲和中国做出
贡献并为人所共知的杰出人物，这就是艾儒略和卫匡国。在此略去
他们的生平事迹和传教事业，只谈谈他们的著作，其中几部成了地
理认识方面真正的里程碑。艾儒略主要是用中文写作，卫匡国则是

用拉丁文写作，他们两人几乎有意进行了分工：前者面向中国读者介绍欧洲的地理和社会，后者则面向欧洲的读者介绍中国的地理。

"西方孔子"，这似乎是中国人送给艾儒略（1582—1649）的雅号[78]。果真如此的话[79]，那便是一种极不寻常的恭维，因为只有孔子在中国一向受到尊敬和崇拜；而其他传教士从未领受过这一恭维，连利玛窦也没有过。

确实，在艾儒略之前，未曾有哪一位传教士用中文写过数量如此可观的著作，让这个国家的读者得以了解西方世界的各个方面，诸如地理、体制、社会、宗教、哲学、艺术，等等。与他用中文写出的如此丰富大量的文学创作相比，他用西方语言的写作却几乎是个空白：没有书信，没有报告，没有能让欧洲人了解中国的拉丁文或其他西方语言的书，好像他故意将这个任务交给了其他人，以便自己能竭尽全力为中国人效劳。

艾儒略用中文写就的 23 本著作中，有 3 本尤其引起我们的注意，因为从某种程度上说，这 3 本书为利玛窦的《万国舆图》作了补充。利玛窦首次向中国人揭示了大陆和海洋的存在，中国人本来并不知道这些。不过，他只画出了这些地区的轮廓，寥寥数语，并未多加解释。艾儒略的著作则填补了利玛窦留下的空白，描述了每个国家的自然面貌、主要城市、特产，增加了引起读者好奇的细节，介绍了欧洲大陆的社会制度、政府运作、慈善机构和文化机构。

地理和描述部分是其著作的重要内容：在 1623 年的《职方外纪》[80]中，艾儒略介绍了职方之外的地方。"职方"是收集向中国纳贡国家消息的部门。一个国家，在历史上即便只进贡过一次，也会引起该部门的"兴趣",值得记上一笔,并有可能加以研究:这是一个限制性过强的标准,不利于中国人增加地理知识。艾儒略的著作分为 6 卷[81],每卷介绍一个大陆:亚洲、欧洲、非洲、美洲和南极洲,第六卷则介绍海洋及其他奇闻逸事。在介绍欧洲时,他先描述了所有欧洲国家的概况,试图给那个时代的欧洲生活一个过于美好的印象:"没有战争,也没有敌对冲突";"从不严刑逼供";"没有必要设置收税官员,因为国民自觉缴税,税务不超出所得的 10%";"遗失物品若找到原主,必定归还";"有设备极好的医院";"学校体制完善";等等。

所有这些消息在其他两本著作中也重新提到:一本是《西学凡》[82],也于 1623 年出版,重点介绍欧洲的学校体制;另一本是《西方答问》[83],1637 年出版,分上、下两卷,概述了前两部著作。艾儒略写作的目的,显然在于宣扬西方的生活品质及详细讲述欧洲的学校体制。在这两方面,他都要表明,欧洲丝毫不比中国逊色,欧洲的文明并不比中国文化低等。其次,在描述欧洲学校体制时,他有意为利玛窦当初向中国文人说他是外国学者的那番话提出证据。利玛窦因其个人的才能被承认了,现在需要提供必要的文字证据,让中国人了解所有耶稣会士都是西方学者,要告诉他们,"西方蛮子"获得学历的过程与中国人一样严格,同样花费时间和气力。这便是艾儒略承担的任务。总体上说,他出色地完成了这项任务。事实证明,18 世纪出版的同类作品,都广泛地从他的著作中吸收了有益的东西;到了 19 世纪,他的书仍是准备探访欧洲的中国人(参阅第五章和第六章)了解欧洲的主要信息来源。

不过,他将宗教宣传写进这些推广文化的作品中的做法,效果并不好，不仅对他不利，对那些采取同样写作方式的传教士们也不利。儒家文人不常接受把宗教与世俗混在一起的做法，因此艾儒略的著作不免受到批评：对头两部著作的批评比较温和[84]，第三部著作《西方答问》则受到了严厉的批评；批评并非直接针对这部著作，而是针对1669年利类思、安文思和南怀仁三位耶稣会士重写的《御览西方要纪》[85]。这本书实际上是艾儒略作品的概要，除了三位耶稣会士添加进去的一小部分外，其文都是艾儒略自己的话：好似外交部官员们的工作笔记，他们不断地记录各国的情况，以供"部长先生专览"；部长从不愿意费过多的力气去阅读，为此要求简短、扼要、概括。康熙帝在1669年时只有15岁，很有可能他也不愿花费时间阅读，这便可以解释为何《御览西方要纪》是个"概要"了。尽管如此，威严的目光却落在它的头上，儒家学者无法平息盛怒，他们要表达意见：

> 专记西洋国土、风俗、人物、土产及海程远近。大抵意在夸大其教，故语多粉饰失实。[86]

还有，负责出版1650年作品文集的张潮也发行了《御览西方要纪》并写了序言，正如惯常所说，谁也不得罪，两面讨好：

> 夫泰西之说，诚胜于诸教。惜乎以天主为言，则其辞不雅驯，流于荒诞，搢绅先生难言之。[87]

多明我会士闵明我（Domingo Navarrete）[88]说卫匡国（1614—

1661）[89]也不受其同会会士的欢迎①。他们称他是"圣饼模子"[90]，暗示他的做事方式有点过于拘谨，过于德国式。他虽然四处重申自己不是德国人，也不是意大利人，只是特兰托人[91]，却也无济于事。人们对他没有好感，这也许是因为对他惊人的事业和活力、首屈一指的做事方式和完全是德国人的效率，怀有嫉妒和厌恶。不过，只有凭着这么高的效率和活力，他才能在一生中做那么多的事，与他同会的许多会士的长寿相比，他的生命是短暂的，他把生命都投入于旅行和繁重的事业上了。

1643 年，29 岁的卫匡国来到中国，住了 7 年，从事中国研究，也在明朝的最后一批拥护者中间展开外交斡旋；另有 9 年是在欧洲度过的，访问过罗马、挪威、汉堡、阿姆斯特丹和安特卫普，拜会学者和出版书籍。最后，又回到中国杭州，两年后在那里去世，只有 47 岁。那么，他是如何挤出时间并找到安宁的环境写这么多中文和拉丁文著作呢？两种语言的著作都具有先驱性，它们是在欧洲最早出版的介绍中国地理和历史的书籍。在他短暂的一生中，能在欧洲被誉为那个时代的中国专家和最好的汉学家，这一点为他招来了不少的嫉恨和恶意攻击。

纵然他的性格没能使他在传教士圈子里引起好感，但他的著作却使他在去世后的学术界享有盛名。

在他的拉丁文著作中，《中国新地图集》（*Novus Atlas Sinensis*）

---

① 在华传教士中有两位闵明我。这位闵明我（1610—1689）是西班牙人，多明我会传教士。另外一位闵明我是 Claudio Filippo Grimaldi（1639—1712），意大利耶稣会士。在前者离开中国后，后者冒用前者的名字进入北京，担任执掌钦天监的比利时耶稣会士南怀仁的助手。

使他获得最高的声誉。1655 年由布劳在阿姆斯特丹首次发行，从那以后多次再版并被翻译成其他语种，全书 171 页，先对远东作了概述，然后详尽描写了中国的各个省份，最后写的是日本。书末有目录和附录。地图共 17 幅，其中 1 幅是中国概况图，15 幅是中国各省地图，1 幅是日本地图。这些首次绘制的中国分省地图，使卫匡国在欧洲获得了"中国地理研究之父"的美称，因为地图的绘制和对各省的评注是如此精确与详细，人们自然要问，卫匡国所根据的是哪些中国地理作品呢？回答这个问题不太容易，尽管他承认利用了中国书籍和地图，但所提供的消息无法查考。《中国新地图集》的取材仍是学者们讨论的课题。

第二部值得一提的拉丁文著作《鞑靼战纪》（*De Bello Tartarico Historia*），1654 年在安特卫普出版，也多次再版并被翻译成其他语种。这是一部对现实非常敏感的著作，卫匡国记述了从满族入关至 1651 年的事件，那一年他去了欧洲，之后又将其他耶稣会士提供的消息写成附录，截至 1654 年。这部著作是研究那个时期历史的珍贵资料，因为这是卫匡国根据其亲身经历、其本人收集的材料和同会会士们提供给他的消息写成的。

第三部拉丁文著作《中国历史·第一部十卷》（*Sinicae Historiae Decas Prima*），1659 年在阿姆斯特丹出版，首次向西方介绍了中华民族起源至公元初年这段时期的历史。卫匡国在这部著作中也参考了不同的中国史料，采用最多的当属朱熹（1130—1200）的《通鉴纲目》。

卫匡国的所有这些著作都是在荷兰和比利时出版的，因为他在欧洲旅行期间，曾在这两个国家停留数月。他的旅行自 1651 年被任命为中国传教区的代理人后开始：访问罗马是要去介绍困扰在中国传教的问题①，而在北欧的停留则令他有机会接近关心中国的学者。这些人对中国了解不多，只能根据手里的几本书来了解它。其中有一位与卫匡国有过长谈，此人就是戈利乌斯（Jacobus Golius，1596—1667），是莱顿大学数学和阿拉伯语的教授。在那次长谈中，该城的市长也在场[92]。在北欧期间，卫匡国向学者们解释了汉语的结构，写了一本文法书，这是一本学中文的实用手册，而不谈理论。这本手册很可能印了多本。我们知道，德国一位著名的大学问家曾参考了这本手册，他就是圣彼得堡科学院的拜尔（Theophilus［Gottlieb］Siegfried Bayer，1694—1738），他在所著的《中国大观》（*Museum Sinicum*）[93]一书中大量地引用了卫匡国著作的内容。

可惜，卫匡国留下的文法书至今仍是手抄本[94]；否则，它会是以西方语言出版的第一本中文文法书②。虽然如此，卫匡国在这方面仍可称为先锋。

在他用中文写成的著作中，值得一提的是《逑友篇》[95]，分两卷，于1661年他去世后出版。卫匡国的这本书是为补全利玛窦写的一部同类著作《交友论》，但他所写的比利玛窦的更加广泛，因为他引证了更多的作者，包括古代的异教徒和基督信徒。这部著作可被看作是用中文写成的第一本希腊—罗马文学选集，虽然它仅限

---

①   卫匡国被派往罗马，为耶稣会推行的尊重中国礼仪的传教路线辩护。

②   后来的考证发现，卫匡国的《汉语文法》曾被收录于1696年版《泰夫诺文集》第二册中出版。白佐良的学生陆商隐（Luisa Paternicò）后来在莫斯科国立列宁图书馆和波斯顿公共图书馆、纽约公共图书馆都找到了被印刷出版的《汉语文法》。

于谈论友谊这个主题。卫匡国尽管有意写一部宣传宗教的著作，但他的书传播了文化，与基督信徒作家相比，他更重视古典或"异教徒"作家。

从著名文人撰写的序言中可以看出，他们对卫匡国的赞赏与日俱增，这与他的一些同会会士或闵明我的恼恨言辞大不相同：

> 济泰卫先生……甚乐与贤人君子为友。故必须同志者，相为感应，相为气求，庶几可以广其益，一其理也。……先生大德大智，从显析微，心静如镜，情平如衡。[96]
>
> 先生伟仪修体，而神明慈烨，望之犹天神，所谓至人也。[97]
>
> 西洋卫先生……揽远洞彻微。为学，穷内外之际；析理，得天人之旨。尤不忍私其身而欲与人为友。……得数从先生游息。[98]

尽管我们承认，这些评论是由认识他的人直接写的，并且他与这些人很可能有密切的友好交往，但我们也必须承认，卫匡国是能够使自己受到中国人爱戴的。他受人爱戴，以致在他去世后的一段时间，也得到非基督徒中国人的敬仰和祭祀[99]。

卫匡国是个出类拔萃的人物，即使死后也是如此。"一代巨人"中的其他任何一位耶稣会士死后，都从未受到过人们这么长久的发自内心的敬仰，这证明他给中国人留下了多么美好的回忆。

11. 艾儒略向中国人介绍的意大利

艾儒略的《职方外纪》中记述意大利的那段文字[100]，我在此只译出其开头和有关罗马的部分，在第二卷。此书是他用中文写的首部著作，它成了日后直到整个18世纪记述我们国家的范文。1747年奉敕（乾隆）编修的《清朝文献通考》[101]中关于意大利的记述，实际上几乎逐字逐句地重复了艾儒略书中的话，另有几段补充文字，也是从卷二欧洲总说中摘取来的。

拂郎察东南为意大里亚，南北度数自三十八至四十六，东西度数自二十九至四十三，周围一万五千里。三面环地中海，一面临高山，名牙而白，又有亚伯尼诺山横界于中。地产丰厚，物力十全，四远之人辐辏于此。旧有一千一百六十六郡，其最大者曰罗玛，古为总王之都，欧逻巴诸国皆臣服焉。城周一百五十里[102]，地有大渠，名曰地白里，穿出城外百里，以入于海。四方商舶悉输珍宝骈集此渠。自古名贤多出此地。曾建一大殿，圜形宽大，壮丽无比，上为圆顶，悉用砖石，砖石之上，复加铅板。当瓦顶之正中，凿空二丈[103]余以透天光，显其巧妙，供奉诸神于内。此殿至今二千余年尚在也。[104]

耶稣升天之后，圣徒分走四方布教，中有二位，一伯多琭，一宝禄，皆至罗玛都城讲论天主事理，人多信从。此二圣之后，又累有盛德之士，相继阐明。至于总王公斯珰丁者，钦奉特虔，尽改前奉邪神之宇为瞻礼诸圣人之殿，而更立他殿以奉天主，至今存焉。教皇即居于此，以代天主在世主教，自伯多琭至今一千六百余年，相继不绝。教皇皆不婚娶，永无世及之事，但凭盛德，辅弼大臣公推其一而立焉。欧逻巴列国之王虽非其臣，然咸致敬尽礼，称为圣父神师，认为代天主教之君也，凡有大事莫决，必请命焉。其左右尝简列国才全德备，或即王侯至戚五六十人，分领教事。

此罗玛城奇观甚多，聊举数事：宰辅之家[105]有一名苑，中造流觞曲水，机巧异常，多有铜铸各类禽鸟，遇机一发，自能鼓翼而鸣，各有本类之声。西乐编箫，最有巧音，然亦多假人工风力成音。此苑中有一编箫，但置水中，机动则鸣，其音甚妙。此外又有高大浑全石柱[106]，外周画镂古来王者形象故事，烂然可观。其内则空虚，可容几人登隮上下，如一塔然。伯多琭圣人之殿悉用精石制造，花素奇巧，宽大可容五六万人，殿高处视在下之人如孩童然。城中有七山，其大者曰玛山[107]，人烟最稠密，第苦无泉。迩来造一高梁，长六十里，梁上立沟，接其远山之水，如通流河也[108]。有水泉，饮之其味与乳无异[109]，汲之不竭，蓄之不溢。

12. 中国文人眼中的意大利

《明史》中有关外国部分[110]介绍了几个欧洲国家：西班牙、荷兰、葡萄牙和意大利。

对意大利的介绍在 326 卷的末尾[111]，编撰历史的儒家文人根据与传教士们的接触并阅读其著作，写下了对我们国家的评述。他们从不特别善待其他国家和不同的文化，对我们的国家也不例外，尽管他们尽力将在华的意大利人（在此指传教士，他们所认识的唯一族群）及其宣讲的学说区分开来。他们似乎只欣赏意大利人的才干，对意大利人的学说则毫不留情地予以批评。

这些文字给人的印象是，在对待传教士的态度上，上层官僚和朝廷存在着分歧：前者极度仇视他们，恨不得将他们赶出中国；后者较为温和，因为朝廷意识到这些传教士所掌握的科学技术知识对其有用。由于在算学推算上的卓越才能，作为天文学家和弹道学专家的传教士都做出了宝贵的贡献。在天文学方面，他们准确地提前算出农业季节的更换，或丝毫不差地预测出日月食的发生。在中国人看来，这些事件预测和解释得准确与否，会对国家的决策产生正面或负面的影响。在弹道学方面，明朝正受到满族入侵的威胁，一门有效的火炮用于防御是至关重要的。

这就是意大利被描写成优秀天文学家和才华出众的算学家的国度的原因，而且这个国家又有能力铸造最好的火炮。尽管实际上这些火炮从澳门运来，并很有可能是由葡萄牙人铸造的，但这些都不重要：那个时代的中国文人对外界的一无所知，往往使他们作出错误的判断。关于意大利的叙述，整篇都是误解：在《明史》编撰者歪曲的眼光下，那个时代的意大利纯属地理上的一种表达，实际上是个教会国家。在那些文人的眼里，这个教会国家是个奇怪的超国家的大帝国，边界并不很清楚，由一位宗教首领统治，受到其他欧洲国家君主的尊敬，他派遣自己的臣民到中国。这些使者是才华横溢的文人，在科学方面极有学问，表面上不注重财富和名誉，一般地说都很正直，道德行为良好。但无法解释他们为什么要传布一种荒谬、迷信、幼稚的学说，他们的意图何在？他们为何这样做？因此，中国文人的脑子里就有了这样的怀疑：那个学说无非是一种腐蚀中国民众单纯头脑的武器，是为征服中国铺路。由于不了解，这些中国文人竟将葡萄牙人和西班牙人扮演的角色与"意大利"人（即传教士）的角色混为一谈，认为前者之所为是代表着他们本国政府的意志的，而后者则充任前者的密探。这些误会持续了很久，对向中国传播福音工作肯定是不利的。

现在，我们来看看这篇描写意大利的文章中的几个段落，其中对引证不多的艾儒略提供的关于我们意大利的消息的理解是：儒家文人认为这篇作品中有过多的夸张，故只引证了它的标题。

意大里亚，居大西洋中，自古不通中国。万历时，其国人利玛窦至京师，为《万国全图》，言天下有五大洲。第一曰亚细亚洲，中凡百余国，而中国居其一。第二曰欧罗巴洲，中凡七十余国，而意大里亚居其一。第三曰利未亚洲，亦百余国。第四曰亚墨利加洲，地更大，以境土相连，分为南北二洲。最后得墨瓦腊泥加洲为第五。而域中大地尽矣。其说荒渺莫考，然其国人充斥中土，则其地固有之，不可诬也。

大都欧罗巴诸国，悉奉天主耶稣教，而耶稣生于如德亚，其国在亚细亚洲之中，西行教于欧罗巴。其始生在汉哀帝元寿二年庚申，阅一千五百八十一年至万历九年，利玛窦始泛海九万里，抵广州之香山澳，其教遂沾染中土。至二十九年入京师，中官马堂以其方物进献，自称大西洋人。

礼部言："会典止有西洋琐里国[112]无大西洋，其真伪不可知。又寄居二十年方行进贡，则与远方慕义特来献琛者不同。且其所贡天主及天主母图，既属不经，而所携又有神仙骨诸物。夫既称神仙，自能飞升，安得有骨？则唐韩愈[113]所谓凶秽之余，不宜入宫禁者也。况此等方物，未经臣部译验，径行进献，则内臣混进之非，与臣等溺职之罪，俱有不容辞者。及奉旨送部，乃不赴部审译，而私寓僧舍，臣等不知其何意。但诸番朝贡，例有回赐，其使臣必有宴赏，乞给赐冠带还国[114]，勿令潜居两京[115]，与中人交往，别生事端。"不报。八月[116]又言："臣等议令利玛窦还国，候命五月，未赐纶音，毋怪乎远人之郁病而思归也。察其情词恳切，真有不愿尚方锡予，惟欲山栖野宿之意。譬之禽鹿久羁，愈思长林丰草，人情固然。乞速为颁赐，遣赴江西诸处，听其深山邃谷，寄迹怡老。"亦不报。

已而帝嘉其远来，假馆授粲，给赐优厚。公卿以下重其人，咸与晋接。玛窦安之，遂留居不去，以三十八年四月卒于京。赐葬西郭外。

其年十一月朔日食。历官推算多谬，朝议将修改。明年，五官正周子愚言："大西洋归化人庞迪我、熊三拔等深明历法。其所携历书，有中国载籍所未及者。当今译上，以资采择。"礼部侍郎翁正春等因请仿洪武初设回回历科之例，令迪我等同测验。从之。

自玛窦入中国后，其徒来益众。有王丰肃者[117]，居南京，专以天主教惑众，士大夫暨里巷小民，间为所诱。礼部郎中徐如珂恶之。其徒又自夸风土人物远胜中华，如珂乃召两人[118]，授以笔劄，令各书所记忆。悉舛谬不相合，乃倡议驱斥。四十四年，与侍郎沈㴶、给事中晏文辉等合疏斥其邪说惑众，且疑其为佛郎机假托，乞急行驱逐。礼科给事中余懋孳亦言："自利玛窦东来，而中国复有天主之教。乃留都[119]王丰肃、阳玛诺[120]等，烂惑群众不下万人，朔望朝拜动以千计。夫通番、左道[121]并有禁。今公然夜聚晓散，一如白莲、无为诸教。且往来壕镜，与澳中诸番通谋，而所司不为遣斥，国家禁令安在。”帝纳其言，至十二月令丰肃及迪我[122]等俱遣赴广东，听还本国。令下久之，迁延不行，所司亦不为督发。

四十六年四月，迪我等奏：“臣与先臣利玛窦等十余人，涉海九万里，观光上国，叨食大官十有七年。近南北参劾，议行屏斥。窃念臣等梵修学道，尊奉天主，岂有邪谋敢蹈恶业。惟圣明垂怜，候风便还国。若寄居海屿，愈滋猜疑，乞并南都诸处陪臣，一体宽假。”不报，乃怏怏而去。丰肃寻变姓名①，复入南京，行教如故，朝士莫能察也。

其国[123]善制炮，视西洋更巨。既传入内地，华人多效之，而不能用。天启、崇祯间，东北用兵，数召澳中人入都，令将士学习，其人亦为尽力。

崇祯时，历法益疏舛，礼部尚书徐光启请令其徒罗雅各[124]、汤若望等，以其国新法相参较，开局纂修。报可。久之书成，即以崇祯元年戊辰为历元[125]，名之曰崇祯历。书虽未颁行，其法视大统历[126]为密，识者有取焉。

其国人东来者，大都聪明特达之士，意专行教，不求禄利。其所著书多华人所未道，故一时好异者咸尚之。而士大夫如徐光启、李之藻辈，首好其说，且为润色其文词，故其教

---

①　改名为高一志。

骤兴。

时著声中土者，更有龙华民、毕方济、艾如略、邓玉函诸人①。华民、方济、如略及熊三拔，皆意大里亚国人，玉函，热而玛尼国人，庞迪我，依西把尼亚国人，阳玛诺，波而都瓦尔国人，皆欧罗巴洲之国也。其所言风俗、物产多夸，且有《职方外纪》诸书在，不具述。

---

① 毕方济（Fancesco Sambiasi, 1582—1649），意大利耶稣会士，1610 年抵达澳门，1613 年抵达北京，1649 年逝于广州。邓玉函（Johann Schreck, 1576—1630），德国籍耶稣会传教士，1619 年抵达中国，曾在杭州传教，后到北京，在历局任职。

第四章
第二次接触中的教皇和中国皇帝

1. 清朝的黄金时代

明朝覆灭的原因并不全是外在的，即满人在军事上的优势，也有其内部原因，即朝廷腐败、宦官专权、军事将领的背叛和皇帝的无能。

一般认为，清朝自 1644 年开始。这一年，北京被本该抵抗入侵者却背叛了朝廷的总兵攻克，明朝的最后一位皇帝自缢。事实上，17 世纪下半叶，中国几乎一直处在动荡之中，满人发动了夺取全国政权的战争，矛头指向那些先是出卖明朝后来又割据称王的蕃王们；指向那些在中国江南领导反清的明朝的最后一批官僚；指向那些自称是明朝的拥护者，其实不过是些海盗的势力，他们在沿海省份和台湾地区抵抗的时间比任何人都长久。

1644 年之后的战争以清军的胜利告终，这是因为满人知道在汉人面前如何以秩序恢复者的姿态出现；再有，他们的政府更有效率，不受宦官大权的支配；因为当时不少的官僚地主都纷纷投靠了他们，并且他们也令所有人看到了恢复以儒家为基础的中华文化传统价值的可靠保障。简而言之，满人取得了胜利，他们知道如何得到汉人的协助，创立一个多民族帝国，由满人、蒙古人和汉人等几个主要民族共同治理，而使自己保持绝对的主导地位。

完成统一大业后，清朝开始进入所谓的黄金时代，它是中国历史上最辉煌的朝代之一。由于两位伟大的皇帝在位时间特别长，从而确保了帝国统治的连续性：康熙帝 1661—1722 年在位，共 61 年，乾隆 1736—1796 年在位，共 60 年。在整个 18 世纪，由于这两个皇帝，中国在国外，特别是在欧洲享有较高的威望，与欧洲继续保持着明朝末期的文化交流，并且越来越频繁。

然而，在中国传播福音的工作却缓慢下来，究其原因，要归咎于罗马的教皇而不是北京的皇帝，教会内部在看待中国人某些礼仪的价值上，陷入了对立甚至冲突。耶稣会士早在明朝时已来到中国，他们了解这个国家的现实，故以自己的方式开展在中国的传教事业，不受罗马干涉。他们与中国士大夫在彼此妥协的基础上达成了一种默契：他们宽宏地认可了中国人的许多礼俗，以使传教不受阻碍；中国士大夫们也宽宏地接受了基督教义，为了能得到传教士们带来的科学。当各修会间发生争论并获教廷批示时，耶稣会士的地位也随即减弱了，直到 1773 年耶稣会被取缔。对话也就不再在耶稣会士和士大夫之间展开，那是教皇与皇帝之间的事了。结果，再也没有妥协的余地了，当时的两位至高无上的君主当然不会降低自己的尊严，或让自己的主权遭到干涉。那场不可避免的争论的后果，就是传播福音的工作停顿了下来。

　　18 世纪时，在北京活动的意大利耶稣会士的人数逐渐减少，但法国的宗教人士在增加，他们中既有耶稣会士，也有外方传教会（1663 年创立）的会士，这是他们得到了争名好胜的国王给予的鼓励和资助的结果。他们出版了关于中国文化的书籍以及属于其他国籍的同会会士们寄往欧洲的信件和关于中国的报告，并且自 1702 年起，这些文字按年份被收录在袖珍卷集内。所有这些作品促进了西方对中国文化的了解，比 16 世纪我们的人文作家所描述的更加广泛。于是，关于中国完善的组织结构及其官员拥有高度智慧的神话，也在这种背景下形成。公开录取帝国官员的考试制度，甚至也令伏尔泰兴奋起来。他所欣赏的是，即便如大臣、宰相、大监察官、大学教师等最高职务的人，也都是由通过了科举考试的人来担任，凭借的是他们的能力，而非贵族出身、军功或财富。

　　借着这些耶稣会士所写的东西，伏尔泰和后来在法国发动革命的百科全书派便成了崇尚中国、孔子和按他的思想建立的国家体制的热情分子。孔子不久前在中国还被视为保守派，甚至是恶意的反动分子，而经常受到同样指责的耶稣会士们竟成了 1789 年的几条"不朽原则"的间接启示者。事实上，我们的一位耶稣会士马费伊（Maffei）第一个指出，在中国，人人是自己命运的主人，因为不存在贵族，而且公职不得继承[1]。他的话，在 100 多年后又被另一位耶稣会士，即法国人李明（Le Comte）拾起，他写道，在中国，贵族并非世袭，除了担任的职务不同外，国民之间没有区别[2]。这话似乎荒唐，但在《人权与公民权宣言》的第一条中可以见到，只是形式不同，上面写道："人生下后便是自由平等的。公民的区别只能在于其社会分工的不同。"

不过，这种对中国的一时热情，这种表现在各个领域（文学、戏剧、艺术）的地地道道的"中国热"，不是所有人都赞成的，著名文人反对的声音并不少。此外，如此理想化、如此光辉的中国形象，随着19世纪发生的事件开始暗淡下来，蔑视取代了赞美，冷淡取代了热情。关于中国的神话是如何以及因何破灭的，将是之后章节所要讨论的主题。此处只说一句，欧洲人对中国改变态度的时刻，可能与乾隆的逝世（1799），或更准确地说，与几年前马戛尔尼率使团（1793—1794）到北京的事件巧合在一起。从那以后，一个新角色即英国进入了远东的政治舞台，它比起在中国人眼里曾轮流代表欧洲的意大利、葡萄牙、西班牙和法国，更加注重实效，更加活跃，更加强大。前三个国家，尤其是意大利，在19世纪与中国的关系中，退到了次要地位，它在文化、经济和政治方面都被其他国家（如英国、法国、德国）超越。

2. 礼仪之争

在中国传播福音的历史上，1583年和1632年是两个重要的年份。

1583年，利玛窦和罗明坚在中国定居下来。从此之后的大约50年间，耶稣会士几乎占据了垄断的地位，他们按照利玛窦指出的路线贯彻改变这个国家宗教信仰的计划。这项计划以后是否会成功，即耶稣会士是否能够应用他们的妥协策略使中华民族皈依，我们无法知道，这也是因为他们没有足够的时间去践行。不过，我们可以肯定的是，这项计划没有成功，因为它在实行中受到了阻碍，其原因不在于耶稣会士，也不在于中国人，而是其他修会传教士的过错。

1632 年，首批多明我会士进入中国并准备留下来，接着到来的是方济各会士。这两个修会的会士都不赞成耶稣会士向中国人传教方式的主张。不同观点间的对立引发了所谓的礼仪之争，其唯一的后果就是，改变中国宗教信仰的梦想彻底破灭。其实，利玛窦指出的方式也好，多明我会士和方济各会士的护教路线也好，都并不重要。事实上，一切都毁于那场争论：耶稣会士、多明我会士、方济各会士、基督信徒，他们在 17 世纪和 18 世纪本来是有能力改变中国的宗教信仰的，虽然这个国家完全不同于西方，且拥有既复杂又进步的文明。

如果深入研究各修会辩论家们发表的许许多多不同观点的文章，以及重述礼仪之争过程中的全部事件，我们将会离题太远，超出本书的主题，并且会令人极其厌烦。因此，我只大略地介绍争论的重点。在这场争论中，宗教人士之间出现了不和，这不仅因为他们在对"中国礼俗"的解释和传教方式等方面存在分歧，而且还有民族间的竞争和较为庸俗的物质利益在作怪。竞争和利益，一般而论，我们的传教士少有这些倾向，他们在辩论中也不会采取不容忍和极端的态度。

争论的重点是如何界定"中国礼俗"的价值，即那些祭祖和尊孔的礼仪。中国人祭祖是孝敬和热爱祖先的表示，有纪念意义，仪式本身在家庭、氏族、国家活动中占据着神圣地位。耶稣会士深知中国人对祭祖所怀有的强烈情感，因此接纳这些礼仪，视它们与基督教相容；同样，他们对中国人每年的祭孔礼仪也采取宽容态度，将它看作是对一位伟大人物的单纯民间敬仰。中国人不把孔子视为神，只尊他为"至圣先师"。而多明我会士和方济各会士则认为，这些礼仪是敬拜偶像的表现，因此无法接受。

争论的另一个原因是如何用中文表达"造物主"（Dio）这个名称。除去音译拉丁文"Deus"这个选择之外，还剩下两个可供选择的名称："天"和"上帝"。中国人自古以来就经常用它们来指神明。利玛窦选择了"天"，将它加以修改，成为"天主"，但也赞成"上帝"这个称呼。多明我会士和方济各会士，甚至也有一些耶稣会士，只接受"天主"的称呼，认为"天"和"上帝"应该绝对禁止使用。

另外，多明我会士和方济各会士对耶稣会士采取的妥协政策，以及接受当地习俗、改穿当地人服装的做法提出了批评。耶稣会士这样做，是为了不致过多地引起中国人的敏感，使基督教易于被接受。

这些纷争后来变得很尖锐，那是因为葡萄牙、西班牙和法国的宗教人士很难摆脱民族主义情绪，未能在各自国家利益面前优先考虑传教事业。葡萄牙人和西班牙人将那股狂热和不宽容的情绪带入传教工作之中，这对改变南美洲单纯的土著民族的宗教信仰也许适合，但在中国人那里休想成功。法国人在路易十四登基后，患上了好大喜功的情结。意大利人则较少有民族主义情结，同时还能意识到，他们在中国国土上代表着整个罗马教会。因此他们最适合在中国传教。这一点，范礼安已经深有感触，当初他就主张派往中国的首批传教士应当是意大利人。不幸的是，这些意大利人往往成了同会会士沙文主义的牺牲品，不得不处处随机应变，以防不测。

　　葡萄牙由于有澳门殖民地，几乎垄断了与中国的通商活动并控制了进入中国大陆的传教士，让这些传教士绝对是耶稣会士，以葡萄牙人和意大利人占多数。1608 年，教皇保罗五世（Paolo V）发布圣谕，任何一位宗教人士都可以进入中国而不论取道何处。西班牙人因此感到有了靠山，他们打破了葡萄牙人的垄断，让第一位多明我会士于 1632 年在福建省登岸。他们选择的正是一位我们的同胞，叫高奇（Angelo Cocchi，1597—1633）[3]，因为身为意大利人，较有可能被中国当局和在当地传教的葡萄牙耶稣会士接纳。不过，高奇在受到各方的盛大欢迎后，不到两年的时间便去世了。他的后继者，是一位多明我会士和一位方济各会士，他们都是西班牙人，很快就与耶稣会士发生了冲突。这位多明我会士在 1640 年回到罗马，陈述了他的批评，礼仪之争由此拉开了序幕①。争论的一方是受葡萄牙人支持的耶稣会士，他们经验丰富，在中国人当中赢得了好感；另一方是多明我会士和方济各会士，受西班牙人支持。当时，葡萄牙殖民帝国逐渐走向衰落，西班牙帝国仍旧相当强盛，足以使自己的声音也能在罗马被听得到。因此，争论的结果是可以预见的。一些耶稣会士，当然不是葡萄牙人，而是法国人，他们甚至意识到，依靠葡萄牙的保护和帮助可能越来越少，于是寻求在北京建立一个不依赖澳门的传教势力，但可以依靠法国国王的保护，他愿意慷慨地支持法国在中国的传教事业。

　　各修会内部的对立冲突不断，争论没完没了，不停地发表诽谤

---

①　这位多明我会士为黎玉范（Juan Bautista Morales，1597—1664）。

性的文章，各方纷纷赴罗马为自己的立论辩护，攻击对手的观点，如此一来，教会在中国的统一阵线终于四分五裂。耶稣会士采取弥补措施，出版关于中国历史、哲学、社会的珍贵著作，期望人们了解中国人祭祖尊孔礼仪的真正意义，但都无济于事。教皇得到的是一些不准确的消息，他听到的建议更加糟糕，他们采取了有时自相矛盾的措施，局势更加恶化。一般来说，这些措施对多明我会士和方济各会士的立论有利，似乎在故意冒犯中国人。

1645 年，教皇意英诺森十世（Innocenzo X）颁布训令，禁止信教的中国人参加敬拜孔子和祭祖的仪式[4]。1687 年，教皇英诺森十二世（Innocenzo XII）委托当时任福建宗座代牧的巴黎外方传教会的法国人颜珰（C. Maigrot）[①] 调查"礼仪之争"事件[②]。颜珰在 1693 年利用这个机会严禁所有的传教士用"天"和"上帝"以称真神（Dio），唯一能够使用的称呼是"天主"；他还禁止所有中国基督信徒参加祭祖尊孔的活动，强令中国信徒取下他们家中的祖先牌位，等等[5]。

1701 年，教皇克莱门特十一世（Clemente XI）任命皮埃蒙特人、年轻的高级教士多罗（Carlo Tommaso Maillard de Tournon, 1668—1710）[6]为主教、特使和教廷巡视员前往中国，其任务是解决已经根深蒂固的"礼仪之争"。多罗不但没有解决这场争论，反而使局面恶化到无法挽回的地步。他受了耶稣会士对立派的影响，这

---

　　① 颜珰（Charles Maigrot，1652—1730），一般误作严裆或阎当，巴黎外方传教会传教士。

　　② 不知何故，白佐良先生在此处跳过了卫匡国受耶稣会中国副教省的委派，于 1653 年从中国启程回罗马，为尊重中国礼仪的传教路线向教庭辩护的历史。

令康熙帝感到震惊和愤怒。皇帝震惊的是，要求他的臣民信奉的那个宗教的代表们，竟意见不一致并彼此攻击；使他大怒的是，多罗竟要在中国文化中祭祖尊孔的问题上发号施令，而多罗和他的顾问们甚至连中国字都不识，竟敢指手画脚地规定该当用哪个汉字来称呼天主（Dio）。多罗在 1705 年 12 月 31 日受到康熙帝隆重热情的款待后，于 1706 年 8 月 28 日离开北京，他未能消除分歧。以下是康熙皇帝在他离开前写给他的一封信：[7]

> 请你郑重地转告教皇，我们在中国已经信奉儒家学说两千余年。所以，利玛窦神父到帝国四十多年，又将近两百年里，欧洲人在我们中间一直很安分，没有什么错误和罪过。如果将来你们欧洲人哪怕有一点点反对儒家学说，那就很难在中国待下去。[8]

此外，康熙还谕令，凡愿意留居中国的传教士须得到特别许可，即领票。实际上，凡领到票的，都是那些愿意接受利玛窦主张的传教士。

要是多罗 1707 年 2 月 7 日在回程途中没有异想天开地颁布一道通令的话，争论也许会随着时间的过去而平息下来。这道通令重申了对中国礼仪的谴责，并命令所有传教士在申请领票之前应服从他的命令，否则将被开除教籍。康熙一见如此，感到不能再坐视他的臣民听候教皇的命令，即使宗教上的也不许，便下令将多罗扣留，转往澳门。站在耶稣会士一边的葡萄牙当局收留了他，将他半拘禁起来，直到 1710 年 6 月 8 日他去世为止。在几个月前，教皇刚擢升他为枢机主教。

受教皇克莱门特十一世派遣，嘉乐（Carlo Ambrogio Mezzabarba）率领的第二个使团到北京拜见了康熙[9]，但也未能解决礼仪之争。因为 1715 年 3 月 19 日颁布的法令，教皇重新肯定了对中国礼俗的严禁，并否认了利玛窦和耶稣会士所从事的事业。1720—1721 年，嘉乐滞留在中国，虽然他表现得比前任手腕圆滑，却也是一事无成。

多罗和嘉乐出使中国，标志着利玛窦构思的一项伟大实验的结束。这一实验由他的同会会士们（其中多数是意大利人）在认真评估和研究了中国现实的情况后付诸实践，可能在时间上过于超前了，结果它在修会间狭隘的竞争中受到了威胁。究竟用哪几个汉字表述一个宗教术语最为合适，如何评估中国礼仪的价值，在这些问题上进行的无谓争执和进行堪称拜占庭式的最为糟糕、极其烦琐的探究，终使这场实验流产。其实，这些礼仪不过是人们对祖先表示孝顺和对杰出人物孔子表示敬重的一种形式罢了。最后，它终于被两个使节犯下的许多过错葬送，令我们惋惜的是，这两个特使和派遣他们的人都是意大利人。

3. 一个死在中国监狱的人

高廷用（Giovanni Borghesi，？—1714），在中国坐过牢并死在监狱里。但在中国坐过牢的，绝对不止他一人，并且他也不是第一个。元朝时来往于意大利和中国的许多意大利商人中，有的成家后也可能留在了中国，他们中一定也有人犯过法，尝过那个帝国的监狱的滋味。只要想想1304年来到中国的那位外科医生，他给北京的总主教孟德高维诺添了很多烦恼就够了：不能排除他或早或晚也进了监狱的可能性。不过，我们没有那个时代的意大利人有过行为不端或遭到这种不幸的消息，我们只能做个推测。但是，在明清时代有不少意大利传教士坐过牢，遭到过迫害。他们有着类似的经历和类似的痛苦，他们所冒的风险也成了他们传教活动的一部分，是"职业带来的意外"，甚至可以看作是一种考验，一个宗教人士应该愉快地对待这种考验，不能抱怨过多。但是，倘若一个没有殉道精神的俗人进了监狱又该如何呢？这就是我们要讲述的一位同胞的个案。他是个医生，这令我们想到，我们的医生与中国最初的关系是多么的困难，因为到目前为止所遇到的两位医生，头一位也许进了监狱，但不能肯定，而第二位进了监狱却是毫无疑问的。

高廷用[10]是皮埃蒙特人，1701年在罗马行医时被说服跟随也是皮埃蒙特人的多罗去北京执行使命。于是，他以私人医生的身份随从多罗经过长途旅行，到达北京。他是那场争论与冲突对立的见证人，那场争论导致多罗在1707年离开了中国[11]。高廷用却未陪他返程，而是寻求留在北京，希望做皇帝的御医。这个愿望未能实现，他将这一失败归咎于耶稣会士。

不管怎样，他总算在北京一直逗留到1710年7月，同年9月被驱逐到广州，在那里坐了40个月的牢，1714年5月1日死亡。按中国当局的验尸报告，说他死于中风；不过，头上的一块伤痕使人们对他死亡的真实原因产生诸多怀疑，那可能是摔倒后碰撞导致的，也可能是被硬物击伤留下的。在他留下的遗物中有一封信[12]，是 1711 年 1 月 1 日在监狱里写的。这封信对他在北京的经历和在广州遭受的折磨作了悲伤的描写，也是对耶稣会士的一个控告，他将自己的一切遭遇怪罪在他们身上。他这样描述在中国监狱的生活：

> 1710 年 7 月 4 日离开北京，9 月 10 日主教去世三个月后抵达广州。我被关在监护所的一个上无棚顶下无地板的马圈里，里面不进阳光，没有一丝风，潮湿得很，如同一个岩洞。水井比地面只高出两拃，里面有数量可观的各种各样的癞蛤蟆和老鼠，成群结队的大蚂蚁，以致我防不胜防。里面的空间能容纳两头驮货物的牲口，谁看到它都会承认，每头大驴只要在里面待 30 天或 40 天就会死去。气候是世界上最潮湿的，我被 9 个哨兵看守着，夜间两人轮流看门，每小时敲一次鼓，不许我说话或给任何人写信。总之，他们将我活埋了，因为我不愿意做耶稣会士，正如我所说的，我让他们一年有三千块银币的收入[13]。
>
> 30 天后，我的腹部、头部和双腿都肿起来。
>
> 目前我好些了，只是腿还肿着，我心烦意乱，不愿做任何事，有时我不愿是个医生，我不能长期这样下去。主教的亲属和遗嘱执行人从一开始就向审理我的官员支付了二十五枚八块的钱币，好让我离开这个岩洞或至少在地面上放几块木板，为这事已花去了八块钱，他答应做，但到现在三个月过去了，他们什么也没做，也不会再做，因为与他们交情极好的神父们不愿意。四年来，他们对我说，我将会在这个岩洞里腐烂，如果

真的以这样的方式结束，我的行为将是光荣的。但是，皇帝不会满足他们所希望得到的一切，然而他们无法从皇帝那里得到的，却能设法从士大夫那里得到，他们遵照欧洲的兄弟们和上级的指导行事。

高廷用被葬在广州方济各会士的墓地。虽然这是个极普通的个案，但我还是把注意力放在他的身上而不是其他更重要的人物身上，这是因为他的不幸非常典型，这种不幸可能降临到每个国人的头上。他不是传教士，不是外交家，也不是商人，却在 18 世纪的中国被卷入了比他个人的更大的事件之中。

4. 是维多里奥·里乔，不是维多里奥·利奇

到目前为止，我们谈了 13—17 世纪在中国的意大利传教士，我们提到几位方济各会传教士的名字、许多耶稣会士的名字，却从未提到多明我会士的名字。现在到了提一提他们中的一个人的时候了，此人在历史上与其他人同样重要。

他原姓利奇（Ricci），与著名的耶稣会士利玛窦同姓，据说还是利玛窦的一个远亲呢，但是他一来到远东，就立即改姓里乔（Riccio）。① 他不愿意与利玛窦有任何瓜葛，因为他不赞成后者关于中国的见解，不同意利玛窦的妥协和接纳中国礼俗的策略。他所

---

① 据韩琦、吴旻校注《熙朝崇正集熙朝定案（外三种）》第 436—437 页，此人系利胜（Victorio Riccio，或作 Victorio Ricci，1621—1685）。

属的修会对那种策略发动的激烈论战已有一段时日，要是保留利奇这个姓，就会冒与"利玛窦派"同流合污的风险，被看作是耶稣会士的拥护者，也许会在历史上被嘲弄为"小利奇"或"利奇第二"。确实，他在历史上也占有一席之地：他往返于中国和远东地区，生活中充满了冒险精神，为中国人、西班牙人和荷兰人进行外交斡旋。

维多里奥·利奇（Vittorio Ricci, 1621—1685）是佛罗伦萨人[14]。年纪轻轻就进了多明我会，1646 年离开欧洲，并于 1648 年先到了菲律宾，然后又来到中国厦门，1655 年在那里定居下来。从那以后一直到 1666 年，他都在中国的福建省、台湾岛以及菲律宾之间往返，是当时所发生事件的见证人，在我们知道的众多人物中，他给我们留下了第一手资料，可惜也是手抄本，用西班牙文写成，书名是《多明我会在中华帝国所建立的事业》（*Hechoes de la Orden de predicatores en el Imperio de China*）[15]。

厦门是他开创传教事业的城市。那时，这里是拥护明朝的郑成功（1624—1662）在中国南部沿海各省建起的政治中心，郑成功领导军民抵抗清兵的入侵。欧洲人把郑成功称为 Coxinga①，其父是个有名的海盗，母亲是日本人，他虽然未能如他父亲那样皈依基督宗教，但对传教士十分友善。利奇为我们勾勒出的郑成功的肖像是这样的：

> 由于他有一半日本血统，因此性格刚强、勇敢、好复仇并且残忍，擅长使用任何类型的武器，尤精于操作火炮、长矛、

――――――――――

① "国姓爷"的音译。

戟、剑、大刀、弓箭、火绳枪和滑膛枪。用火炮击中目标，他犹如最高明的炮兵专家。他有非凡的勇气，常出现在抗击敌人的第一线，因此全身布满了伤疤。他手下的将领和朋友们常在他左右，生怕失去他们的主人，他们明白：只要有他在，他们就有一切，就有武器。他身材匀称，皮肤比纯种中国人要白，表情严肃，说话如同狮子吼。[16]

他也严厉残忍至极，仅在他掌权的五年中就处死了 50 多万人，许多人的罪过微不足道，这尚未算上在作战中丧生的人，他们不计其数。他盛怒时不斥责不威胁，而只用狡诈和冰冷的目光看人。[17]

虽然郑成功对基督信徒表示友好，理论上他在明朝覆没后的中国战争中也可能成为赢家，但利奇是否要与这位暴君合作，尚在选择中。在最终结局未能确定的情况下，与他交个朋友总是值得的，于是利奇选择了合作，从 1662 年 4 月起开始了他的传教和外交活动。1662 年 2 月，郑成功赶走盘踞在中国台湾岛的荷兰人、收复整座岛屿后，派利奇出使菲律宾奉劝西班牙人称臣纳贡。这项使命不仅没有成功，反而与马尼拉华人团体起了冲突，利奇遭到拒绝，被迫离开菲律宾。所幸的是，他可不必向郑成功禀告这一切了，因为郑已经过世。但利奇继续被卷入其他的外交斡旋中，对这类使命他似乎有特别的喜好。1663 年 4 月，他再度回到马尼拉，这一次是作为子承父业的郑经的使节，任务是恢复与菲律宾由前一次出使所中断的“邦交”。这次使命获得成功，利奇受到热情的接待[18]。

利奇返回中国后，在厦门目睹了荷兰人和清军在 1663 年 11 月对该城发动的进攻，双方联合起来攻打郑经的军队。最后城池陷落，清兵屠杀城内居民，利奇最初做了俘虏，后来逃到一艘荷兰人的船上，才勉强保住性命，经由这艘船来到福州。鉴于郑经和其他明朝的拥护者大势已去，利奇应该已经察觉到自己在中国大陆是站不住脚了，因为他为了不受阻碍地继续传教工作而与清朝的敌人做了过多的妥协。留在福州期间，他与荷兰商人保持往来，甚至穿他们的服装，目的是使自己不被清军认出来。荷兰人再度占据了中国台湾最北端的基隆，在那里留守一支驻军，需要得到供给。正在想方设法极欲离开中国大陆的利奇也许出于善意，极力使荷兰人相信他的外交才干，于是自告奋勇：如果把他送到马尼拉，他便会张罗一番，使供给从菲律宾运来，并恢复他们与西班牙人自 1648 年中断的贸易关系。于是，他离开福州，乘一条荷兰船先抵达基隆，在那里代表荷兰人与郑经方面谈判，然后赴马尼拉。但当他于 1666 年 3 月抵达时，荷兰人的要求被拒绝，他们不得不空手而归，利奇则因与荷兰人合作而被指为背叛，被马尼拉当局赶走并发配到菲律宾的另一个岛上。

利奇从此以后再也未离开过那些岛屿，专心写他在中国的传教经历。他的著作要是被发表了，他可能在意大利会得到更多的了解，可实际上，在意大利没人了解他，人们常常将他与和他同姓的那位伟大耶稣会士混为一谈。但在荷兰和菲律宾[19]，还有中国台湾，他的名字则早已载入史册。

不过，中国历史上也未提到他，尽管有人主观地把《台湾外记》一书中提到的一个人认作是他。其中有一段文字，谈到 1666 年在台湾主政的郑经和一位身份不明的"神父"之间的相遇：

　　吕宋国王遣巴礼僧至台贡问，经令宾客司礼待之，以柔远人。巴礼僧求就台起院设教（即天主教）。陈永华曰："巴礼原名化人，全用诈术阴谋人国，决不可许之设教。"经笑曰："彼能化人，本藩独能化彼。"赐以衣冠，令巴礼僧去本俗服饰，穿戴进见；如违，枭首。巴礼僧更衣入，行臣礼。经谕："凡洋船到尔地交易，不许生端勒扰。年当纳船进贡，或舵或桅一。苟背约，立遣师问罪。"巴礼僧叩首唯唯，不敢提设教事。遣之归。[20]

　　这本野史颇有小说的味道，书中的一位人物似乎就是利奇，他在必要时毫不迟疑地脱下传教士的服装，打扮成荷兰人模样或穿上中国士大夫的长袍。不过，值得一提的是，这段插曲中注明的日期是"康熙五年八月"，也就是 1666 年 9 月，那时利奇已经回到了菲律宾，以后再也未离开过那里。

5. 历史学家和学者：巴尔托利和马加洛蒂

　　散布在全球各地的耶稣会士寄给在罗马的同会会士或他们上级的信件和报告，成了巴尔托利（Daniello Bartoli, 1608—1685）所写的《耶稣会历史》的材料来源。很难成为书法范例的这些手稿，很多都不是寄信人用母语写的，文字显得十分勉强，而巴尔托利将这些传教生活中微不足道的事情或重大事件的回忆录重新加以编写。他妙笔生花，化腐朽为神奇，那些事件的发生就好似天意为耶稣会做出的安排，例如对它的政策的肯定，为所发生的事件做了见证，巴尔托利就好像身临其境一样。然而，那些他多么愿意去归化的民族，那些他渴望参加的事件，他只能通过同会会士们的来信去了解。事实上，他曾于 1633 年提出去传教区，哪怕是到最危险、"受苦受难甚至死亡或被杀的机会最大"的地方，他的请求被上级拒绝后，他便成了一个从未传过教的传教士。原来，上级早就察觉到他的写作才华，宁愿将他用在为本会争得更大的光荣上，也不让他去传教，于是他被留在了意大利。他只好服从，关在罗马会院过着隐居生活，用全部精力去编写他的鸿篇巨帙以及许多其他作品。

我们感兴趣的是巴尔托利的《耶稣会历史》中关于"中国"的这部分[21]。他在其中叙述了耶稣会士在中国传播福音的历史，即从沙勿略的最初抵达直至此书于 1663 年出版前的几年，书前有一段引言："对中华帝国及其民族的总体认识"。这部著作依据利玛窦的日记和许多传教士寄来的内容简短的信件和报告写成，这些传教士于明朝行将灭亡的苦难岁月在中国传教。因此，这部著作不是研究那段历史时期的原始资料，汉学家们仍需要查证巴尔托利所根据的原文，即使这些原文往往在阅读时并不怎么流畅。而想要欣赏巴洛克风格艺术散文的优美、写作技巧的考究和辞藻的华丽的读者，则宁愿读巴尔托利的作品，他对中国及其国民以及耶稣会神父所完成的事业的描述是无与伦比的：

> 中国非常自我封闭，看来似一座堡垒，有如被城壕、屏障和围墙包围起来一般，这一方面是人为的，另一方面也与自然条件有关：看起来它是开放的，也有较危险的地方，但更安全。它的东面和南面皆濒临大海：一个是东海，一个是南海。

沿着海岸，有众多的岛屿，形成一条漫长的岛链；礁石、沙滩和悬崖几乎一个挨着一个，接连不断，密密麻麻；海水不深，但每当潮涨潮落时，则波涛汹涌、浪花四溅。不但运送军队的大木船不能靠近，就连小渔船或载人的渡船也只能冒险前行，许多这些船只都翻入海中。船员们认为，那是形势险恶的海岸，只有远远离开才安全。[22]

巴尔托利 17 世纪的散文是如此严肃、难懂、充满概念，马加洛蒂（Lorenzo Magalotti，1637—1712）的散文则是文笔娴熟、清新、活泼，标志着 18 世纪初期散文中的描写细腻逼真、自然和文雅的唯理主义的早熟。前者在档案卷宗和安详的修院里宁静地度过一生，而后者的生活中则充满不安和冒险。马加洛蒂是个科学家、学者和外交家，他周游欧洲，掌握多种外国语言，这些使他的思想比意大利文化界的视野更为开阔。那时的意大利在欧洲正在失去霸主地位，开始走下坡路。他渴望知道新鲜事物，愿意访问其他国家，结识新人和来自远方的人。1665 年 1 月 31 日，当他知道奥地利耶稣会士白乃心（Grüber，1623—1680）穿越整个亚洲，从中国抵达里窝那（Livorno）[23]时，急忙同一位朋友赶到那里拜会。这次会见真像是做了一次地地道道的访问，由马加洛蒂和他的朋友询问关于中国的问题，白乃心作答，之后，这篇记录取名为《中国报告》（Relazione della Cina）[24]。

马加洛蒂和他的文学家朋友达蒂（C. Dati）对那个遥远国家的消息显得十分好奇：关于它的政府，它的语言，它的国民，他们的饮食、休闲、穿衣的方式，以及那里的宗教，什么都想知道。格鲁伯的答复由马加洛蒂转述出来，读起来令人明了轻松，也切合原意。不过，马加洛蒂也透露出这位奥地利耶稣会士有过分批评中国人的倾向。再说他所批评的不见得正确。白乃心没有放过中国人的任何一种宗教，他描述说，中国人的祭祖活动纯属偶像崇拜性质，与耶稣会所坚持的主张背道而驰。孔子倒是被放过了，因为孔子被说成是科学家，是一种伦理哲学的始祖，其中却掺和了神学和自然哲学的各种元素。不过，白乃心的批评并未击中目标，相反，当他声明不欣赏中国烹调的时候，反而显出自己的无知：

> 中国人在饮食方面是乡下佬……在吃的方面，他们的口味极为污秽，有时人们送给我们一些野兔和野鸡的时候，我们为了不愿看到它们被我们的中国厨师折磨，就将它们穿在烤肉的铁叉上做熟，然后在最隐蔽的储藏室里吃，在那个时候下令，除非有皇上的谕旨，否则谁也不能开门进去……上天保佑我们免受他们的宴席之害，他们的宴席实在是叫人去死，谁要过多地去赴宴，几乎要饿死[25]。

也许白乃心才是乡下佬呢，他在中国待了不到两年，不仅未学到多少语言，且只懂得很少的中国文化，还有可能只品尝了传教站的厨师做的菜。利玛窦对中国宴席的描述却截然不同，他表示，在中国的宴席上，所有食物的味道都很好[26]。利玛窦可是个有学问的人，细腻，通晓中国语言和文化，惯于与那个社会的上层交往，跟那些后于他而来的粗俗人，尤其是非意大利人，可不一样。

白乃心对中国人花园的批评，表明他为人粗俗并无知到了极点，他竟说那些花园"极平常，只是些围起来用以玩球的草地而已"[27]。

然后，白乃心还说：

> 40 岁的达官贵人都显得老，50 岁就老态龙钟了，然而，他们的饮食、房事仍毫无节制。贵妇们则很少活到 30 岁，她们生下来就要缠足。[28]

去过中国的任何人都会惊奇：中国人，无论男女，到了一定的岁数，比如到了 60 岁左右，看起来要比我们年轻。贵妇们尽管过去缠足，但她们也活得很久，成了许多小说叙事里的厉害婆婆，好像永远也死不了。

可惜，马加洛蒂的谈话对象白乃心，竟是个这么缺乏中国经验的耶稣会士！

6. 汉学之曙光

汉学是研究中国各方面文明的科学，并且让外国人了解这个文明。近百年来，意大利在这方面的研究并不突出；我们不仅与中国和日本的差距巨大，与英国、法国、德国、荷兰或美国等其他国家的差距也很大，这些国家有较为深厚的东方文化传统。

其原因也在于，近百年里意大利没有一个名副其实的远东政策，1870 年以后的一些举措也显得过于突然、空想，毫无收效。

然而并不是一直都这样。有一段时间，我指的是从 1600 年以后，由于具有普世性的教会曾在世界范围推行宗教政策，意大利通过传教士在中国有过强烈的影响，并且在 17 世纪的汉学研究方面也是名列前茅的。

17 世纪时，我们的传教士曾是上述那些国家许多知识分子的老师。只要提一下卫匡国就够了：他在荷兰旅行期间，受到所有学者的欢迎，后者对中国的了解，与他相比几乎是零，为此他们愿意倾听他的讲话。那个时代，我们在汉学的许多领域都处在领先地位：利玛窦是第一个著书向西方介绍中国及其文化的人，他在那个国家生活过并懂得中国语言；正是罗明坚最早把一部儒家经典著作翻译成西方文字并在欧洲出版[29]，虽然只是一部分；正是因为卫匡国，西方才有了第一本中国地图册，第一部描述中国地理的书，第一部介绍中国历史的著作和第一本中国文法书。其实，远不止这几个人，这里还有另外两位传教士值得一提，他们均可说是出类拔萃的人物。

第一位是耶稣会士殷铎泽（1625—1696）[30]，1659 年来到中国。他被派往江西省参加耶稣会士计划已久的儒家著作《四书》的翻译工作。就这样，他在 1662 年负责编辑《中国智慧》（*Sapientia Sinica*）一书，其中收入两本儒家经典的译著：一本是《大学》的全部译文，由一位葡萄牙耶稣会士完成①；另一本是《论语》的部分译文，由谁完成不详，可能是根据利玛窦未完成的版本翻译的[31]。

---

① 这位葡萄牙耶稣会士是郭纳爵（lgnatius da Costa, 1599—1666）。

殷铎泽在 1665 年与其他传教士一起被流放到广州，在那里完成了儒家经典《中庸》的翻译，其中一部分于 1667 年在广州出版，另一部分于 1669 年在果阿出版。他在一次任耶稣会中国副教省代理人前往罗马途中，曾在果阿停留。该书取名《中国政治伦理学》（*Sinarum scientia politico-moralis*），书中除了有儒家经典著作的译文以外，还有一篇序言和一篇简短的《孔子传》（Confucii vita），仍是署名殷铎泽。不过，出版册数有限。倘若没有被翻译成法语并于 1672 年在巴黎出版的话，这部著作便得不到应有的流传。法语译本的书名是《中国人的学问》（*La Science des Chinois*），同时被收入特夫诺的著作《神秘旅行之报告》（*Relation des divers voyages curieux*）卷四中[32]。

与此同时，《大学》《中庸》和《论语》三部儒家经典著作的出版计划也未被放弃，它属耶稣会的第四项计划，为的是让欧洲了解孔子的思想是伦理哲学而非宗教学说，耶稣会的目的在于回击其他修会提出的批评。1687 年，耶稣会士柏应理（P. Couplet）负责编辑的巨著《中国哲学家孔子》（*Confucius Sinarum Philosophus sive Scientia Sinensis latine exposita*）以精装的对开本形式在巴黎问世。为了强调每位作者在介绍孔子思想方面所做出的重要贡献，他们的名字被列在书的扉页上，殷铎泽居首位，之后是恩理格（C. Herdtricht）、鲁日满（F. Rougemont）和柏应理[33]。

另一位传教士是方济各会士叶崇贤①（Basilio Brollo, 1641—1704）[34]，他自 1684 年起在中国各地传教，尤其在南京，1692—

---

① 亦名叶尊孝。

1700 年在那里停留了 8 年。在这个城市，他专心致志地从事中文
—拉丁文字典的编纂工作。这部字典的手抄本流传很久，是欧洲最
早的汉学家们欲求到手的宝贝，对他们而言，这部字典是不可或缺
的工具书。18 世纪时，有人欲将它在罗马出版，但因有诸多困难
和刻写汉字花费昂贵而告失败。到了 19 世纪初，拿破仑政府决定
继续这部字典的出版工作，采用的是梵蒂冈博物馆的一个手抄本。
不过，我们以后会看到，这次出版颇不光彩，因为字典印出后署的
不是叶崇贤的名字，而是出版者的名字。

　　叶崇贤在 18 世纪初去世，他的去世结束了意大利汉学的光荣
时代。从那以后，意大利的学者对西方了解中国所做出的贡献逐渐
式微，而阿尔卑斯山北边的贡献则逐渐增多，法国更是突出，这是
政府给予鼓励和财政支持以及法国国际声望上升的结果。殷铎泽的
著作受到更大的重视，要等到 1672 年和 1687 年在法国出版，由国
王出资才得以发行。叶崇贤的字典也是一样，要是拿破仑没有决定
将它出版，也许它至今还是手抄本。只要想想这两个例子，一切都
可以明白。

7. 又一位自费环球旅行者

　　1695 年 12 月 4 日，方济各会士余天民（Giovanni Francesco
Nicolai, 1656—1737）从南京给宗座代牧和在"礼仪之争"问题上
成了耶稣会士死对头的颜珰写了一封信，信中说："那不勒斯人杰
梅利先生，即那位教友，他取道澳门进入（中国），到了北京，两

天后被（耶稣会士）神父们从陆路遣回广州，没有让他经过这里。"[35]

人们自然要问，谁是信上所提的那位"杰梅利"？这个问题在"杰梅利"抵达那座城市的时候，许多人也提过，包括方济各会士、耶稣会士和澳门的葡萄牙当局。照他的说法，他为了消遣正在自费做环球旅行，他的旅行在探访北京时达到高潮。他不是宗教人士，也不是商人，那么他为何要从事这么劳累的长途旅行呢？再说，花费也很多呀。许多人对这位旅行者起了疑心，怀疑他实际上受命从事与"礼仪之争"相关的秘密使命，即亲自前往当地了解各修会间的争论和受到影响的中国局势，然后将其汇报给罗马。他们费了好长一段时间才弄明白，"杰梅利"只是个好异想天开的人，一个有点爱出风头的家伙，一个冒险家。"杰梅利"打算干一番事业，正如我们已经看见过的那样，在他之前，另一位同胞卡莱蒂已做过这种尝试。不过，卡莱蒂远行的动机是赚钱，他相当诚实地让人明白了这一点；而"杰梅利"，肯定也想过赚钱，但他却说是为了逃避那不勒斯的萧条和敌对的社会环境，当然也渴望冒险并想成名。至于如何解决旅行费用问题，我们的这位"杰梅利"说得颇为含糊，要是不愿相信他耗尽了自己的财产，那么可以设想他也同卡莱蒂一样：做生意。不过，遇到时机时，他很晓得利用传教士们对他的招待。

杰梅利的全名是 Giovanni Francesco Gemelli Careri，他不是那不勒斯人，而是卡拉布里亚大区拉蒂切纳地方的人，1651 年出生在一个相当富裕的家庭[36]。他在那不勒斯完成学业，获法学学士学位，从事律师职业近 15 年，另外还担任几个相当重要的政府职务。

他所渴望的事业未能实现，这令他灰心丧气，于是在 1685 年辞职去欧洲旅行。返回意大利后，他声名大噪，这是因为他在 1693 年出版了旅行报告。他又担任了几个职务，其中包括最高法院法官，虽然只是荣誉上的。同年 6 月，他再次辞去所有工作，登上了一艘开往东方的船。就这样他开始了环球旅行，游历了马耳他、埃及、巴勒斯坦、土耳其、波斯、印度、中国、菲律宾、墨西哥、古巴、西班牙，直到 1698 年 12 月 4 日返回那不勒斯。之后他一直留在那里，在终于被任命为最高法院的法官后，于 1724 年 7 月 25 日去世。

他旅行的成果就是撰写了足有 6 卷的著作，在 1699—1700 年间首次出版[37]。随后，意大利文再版了 5 次，1704 年出版了英文译本，1718 年出版了法文译本并于 1727 年再版。此外，在法国、英国和德国发行的众多旅行文集也全部或部分地转载了这部著作。总之，他的著作可说是一本畅销书，在出版方面取得了成功，但随着时间的推移，其结果则适得其反。事实上，在最早的法语和英语译本问世后，阿尔卑斯山北边的学者们开始怀疑，作者对旅行时对所访问过的国家的学术描述，可能是在书桌边阅读的结果，他东抄西抄，有时大量地塞进了其他作家的作品。于是学者们开始了对他 6 卷书内容的评论工作，其结果对杰梅利不是件荣耀的事，因为不难查出那些学术描述很少是他自己的学术见解，而是取自别人的著作，这些著作已被查找出来。这一发现，也对他所叙述的旅行之真实性提出了疑问。有人说他的旅行全是编造的，因为杰梅利从来就没有离开过那不勒斯，这显然是夸张说法，并且没有提出有效的论据；其他人虽然不怀疑他游历过上述国家，但他们坚持认为，其中提到的许多情节都是他丰富想象的结果。前者无疑是错了，后者并不全然有理。

举例来说，杰梅利在他的书中对其访问过的北京有所描述[38]。毫无疑问，他的访问确有其事：我们将看到，除了他自己提供的一些消息外，传教士们的见证也证实了这一点，他不可能为自己编造或读了几本出版物。根据这些理由，他在北京逗留的时间是可以接受的，据他说是 16 天，从 1695 年 11 月 6 日至 22 日，而不是尼古拉在上面提到的信上所恶意指出的只有两天。

杰梅利为我们逐日记述了他在北京期间是如何度过的，其中对三件事讲得特别详细。

初到北京的 11 月 7 日，担任钦天监监正要职的耶稣会士闵明我[39]要入宫敬献 1696 年的新历书，希望杰梅利随他同去，向皇上请安。不去吧，显得失礼，因为照杰梅利转述闵明我的话，皇上希望认识来到首都的欧洲人。杰梅利拜访皇宫的那一段文字写得非常好：宽敞的觐见室，皇上坐在御座上，四周是些太监，以及康熙帝和他之间的问答，这些描述都令人喜看、可信：

> （皇帝）通过闵明我神父问我在欧洲进行的激烈战争，我根据所知道的消息回答了他。然后他又问我是不是医生，是否懂外科。他听到这不是我的职业时，又问我是否学过算学，是否对它精通。对此，即使我年轻时学过一些原理，但仍回答说没有学过。因为神父们曾告诉我，如果我坦白地说懂点科学或艺术，皇上就要留我为他效劳。我倒愿意留下。最后，接见完毕，我们退下，没有任何仪式。[40]

这段情节可能全是编造的。本着善意，看来是这样，因为一个普通人，没有任何官方地位，在到达北京 24 个小时后在皇宫受到接见，看来是不可能的（也是办不到的）。此外，已经查出，杰梅利对皇宫、觐见室、皇帝衣着、觐见礼仪的描写，从头到尾都是从别人的著作中抄袭来的[41]。最后，耶稣会士杜赫德（J. B. Du Halde）在1722 年引出一位传教士的一封信[42]，在此我将其中的几段翻译出来：

不久前，有一位意大利旅行者的书翻译成了我们的语言，他为我们详细描写了只存在于他的幻想之中貌似真实的事情。从一位传教士近期写的一封信中便能了解到真相，他在北京居住了 20 多年[43]。请看他向我们是怎么说的：

……

"到北京后不久，意大利人闵明我神父、比利时人安多神父（A. Thomas）、葡萄牙人徐日昇神父（T. Pereira）、法兰西人张诚神父（J. F. Gerbillon）以及尚活着的葡萄牙人苏霖神父（J. Suares），不止一次地告诉我，在我来到中国的五年以前，一位名叫杰梅利的意大利人到了北京；他沿着那个城市的街道转了许多地方，由一个中国仆人在后面徒步跟着；他常来探访我们的神父，我们的神父尽力给予他力所能及的帮助。他请求他们让他见见皇上，或至少看看宫殿，但我们的神父没有这种权力，因此无法帮他这个忙。他来到一座桥前，要去我们在宫中的住地需要经过这座桥，他不愿意冒险通过，因为他的中国仆人不在，故被迫折回。杰梅利只看到一直关闭的皇宫的午门，便被迫离开。正如我们在北京居住的神父们所担保的那样，他对皇宫、觐见室、皇帝御座的描写以及他被接见的情景都并非真实。”

　　他对另外两个不很重要的情节的描述，没有什么意义，因此没受到批评。11 月 9 日，杰梅利大概从远处观看了城里的贵妇们进入皇宫，向皇后拜寿。18 日，他仍从远处看见皇帝骑在马上，后面跟着王公大臣，另有大约 2000 名士兵在前面开道。

　　为了确定杰梅利在这三件事上说了实话，需要在传教士写的信件中加以核实，但至今没有找到确证。也可在中国文献中找寻，但是他在北京只不过是一个普通百姓，史书上很难提到他的名字。这些史料[44]中，唯一的间接证明是，杰梅利在头两个事件中曾提到的两个日期（1695 年 11 月 7 日和 9 日），他提到并表示看到过那些仪式确实举行过。事实上，11 月 7 日颁布了历法，9 日曾为太后祝寿。至于他在 11 月 18 日可能看到的皇家卫队，史料上说此事发生在 17 日，驻守北京的 2000 名禁卫军参加。日期的差异，可能是因为杰梅利写书时出现了混乱，情有可原。

　　即使这一切都不足以证实杰梅利在所有那三个事件中都在场，特别是不能证明他能够进入皇宫并受到皇帝接见，但无论如何，足以显示他当时确在北京。因此，他虽然经常运用幻想，却不能说他捏造了一切。

8. 郎世宁

　　1935 年，中国政府在伦敦举办了一次中国艺术国际展览会，从古代到清朝，展品有绘画、雕刻、青铜器、象牙制品、漆具、书法。这些作品体现了中国人在漫长的岁月中在这些方面所创造的精华。一本带插图的四册目录也随之出版，其中的第三册介绍绘画和书法[45]，足有175件名作得到了介绍，每件都有照片和简短的文字说明。令我们惊喜和自豪的是，其中有两幅画（174号和175号）都是一位意大利人的作品。他就是郎世宁（1688—1766），被中国人视为他们国家的一位绘画大师：这项荣誉从未给过其他任何一位外国艺术家。

1929—1936年，意大利政府推动意大利大百科全书的出版，按照出版者们的说法，这套百科全书将"能够介绍我国各方面的不朽之作"，因此，那些在创造性活动中留下不可磨灭功绩的伟人都将被列入书中。但是，在那套百科全书的第九卷上寻找郎世宁的生平是徒劳的；在介绍中国的那一卷关于"中国艺术"的部分寻找也没用，在1937年的第一本附录或1948年的第二本上，也没见到郎世宁的名字。他完全被忽略了，在第十九卷第1036页上有一个注，这个简短的提示也不足以补救难以置信的缺憾："郎世宁神父是中国皇室绘画和园艺方面的重要作品的作者。"几乎说他是向皇室供应绘画作品的人。

事实上，这位西方绘画艺术大师的命运非常奇特，他未获得名望，除了少数作品外，其他全部遗失或毁坏，那些中国风格的绘画作品使他在中国艺术史上永远占有一席之地。

郎世宁[46]1688年生于米兰，1707年入热那亚的耶稣会做助理修士，从事绘画。后来在科英布拉（Coimbra）度过4年，1711年离开葡萄牙前往澳门，1715年12月抵达北京。作为一位同会会士，他受到北京耶稣会士们的欢迎，希望他能够在宫廷担任画师，因为宫廷对外国艺术感兴趣。

在北京的传教士人数证实了这一点。这些传教士也是画家，或者能够教他们的中国同行西方绘画技艺，尤其是透视法。他们是利类思、费约理（Cristoforo Fiori）、聂云龙（Giovanni Gherardini）①、马国贤（Matteo Ripa）、利博明（Bonaventura Moggi）、安德义（Giovanni Sallusti），还有最晚到的潘廷璋（Giuseppe Panzi），这些人在17—18世纪都相当活跃。利类思，特别是聂云龙，教中国人了解透视法；马国贤教授铜版画艺术；利博明是位画家和雕刻家；潘廷璋则是位肖像画画家。不过，所有这些人都尽力保持对西方绘画艺术的忠诚，他们为自己的绘画方式而自豪，正如聂云龙脱口说出的一句话："意大利美术万岁！中国人精通绘画和建筑，如同我精通希腊文和希伯来文一样！"[47]郎世宁则如他的中国名字所表达的一样，他和蔼可亲、彬彬有礼。康熙皇帝要求他跟中国画师学习水墨画技术，在纸上和绢上作画；他虽感勉强，但还是接受了皇帝的要求。他可能为此痛苦过，但以后却为他带来了运气，因为他终于成了绘这种画的杰出画家。康熙帝死（1722）后，他可能在短期内画西方画，这是为了装饰圣若瑟教堂，也就是南堂，因为其四壁上的画都被毁坏了。乾隆登基（1736）后，对郎世宁十分赏识，他又开始以中国画为主的创作，他画花、马、狗、

---

①　意大利画家，法国耶稣会士白晋在看到他为巴黎耶稣会图书馆所绘的作品之后，招募他来中国。1698年10月31日到达中国，次年2月25日奉召与同来的卫嘉禄（Charles de Belleville）和另外三位耶稣会神父入宫。其绘画和技艺深得康熙喜欢，但不知为何中国的文献中甚少被提及。从传教士写回欧洲的信件中，我们知道他的中文名叫"Nien"。1705年1月，他在广州登上商船返回欧洲。

鸟、风景、猴子、战役、宫廷礼仪；不再画圣像（至少没有到我们手里），不再画圣母，不再画圣人，可以看出，中国画的画法不适于这些题材的画像，他所画的是一些皇帝的妃子和皇帝本人的画像。美国一座博物馆里保留了一幅绝妙的画像[48]，上面有乾隆的画像，伴着他的是众多妃子，她们都一样漂亮，穿着不同，但同样雅致。她们中不会有一人因自己被画得比别人差而受伤害，没有一位因情敌的美貌更加突出而对笨拙的画家不依不饶。若想在宫廷中生存下去，这位谦逊厚道的助理修士也要非常小心，莫犯过错。以下实例为我们证实了他在尴尬的情况下很会处世。

一次，乾隆由 8 名妃子陪着，出乎意料地问郎世宁：

"她们中哪个最漂亮？"

"天子的新娘都一样漂亮！"画家极小心地随口答道。

"你好好看看她们，画你最喜欢的那个！"

"经过皇帝挑选过的人，谁还敢再挑选呢？"

"昨天你看见的那几个里，你最喜欢哪个？"

"陛下，我没有看见！我忙着数地面上的方砖呢！"

"多少块砖？"

郎世宁说出了方砖的数目，然后皇帝核对，丝毫不差。从那天起，善良的助理修士不再被这样的问话给难住[49]。

乾隆留郎世宁在宫中，不仅让他作画，也让他做建筑师，负责建造欧式宫殿。郎世宁绘制了一系列的设计图，其风格似乎令人想起意大利建筑师博罗米尼（Borromini Francesco, 1599—1667）的风格，却又适合中国人的口味，也迎合了不喜欢上下楼梯的皇帝的需求，这些宫殿都比较低，坐落在一个由天然泉水和人工喷泉点缀其间的圆明园里，家具极为精美豪华，都尽可能从欧洲运来。利博明也参加了这项工程。这一精美绝伦的人间奇迹是意大利艺术在北京的一大成就，却在 1860 年被抢掠并被付之一炬。这不是因为排外的中国人或野蛮的蒙古入侵者发疯了，而是那位粗野的埃尔金勋爵（Lord Elgin）指挥的英法联军[50]干的，他还偷走了帕特农宫的大理石：他实在是破坏中国艺术和意大利艺术的罪犯。北京郊外残存的废墟至今仍为这个破坏罪行做着见证。

郎世宁又同其他艺术家合作准备一套 16 幅的铜版画，画上面是乾隆在中亚战胜厄鲁特人或卡尔木克人的情景。版画是按照从中国送去的素描和郎世宁的说明于 1765 年在法国完成的，取名为《中国皇帝的征服》，其中 6 幅是按郎世宁的素描刻的。1766 年，郎世宁去世。

我们已经看到，郎世宁的中国风格画在整体上受到中国人和艺术史学家的赞赏。他作为建筑师的作品，只能根据 1783—1784 年他的几位弟子完成的版画[51]来评定。我们所看到的他的西方风格画，包括壁画和油画，都非常之少，而且它们的归属也不十分肯定，藏在台北"故宫博物院"的 3 幅油画，可能画的是同一个女人：第一幅画上的女人身着西方盔甲，第二幅上的女人穿着中国服装，第三幅上的女人穿着西方服装。画上的女人可能是著名的香妃，她是土耳其斯坦的回教徒，是一位死于战场的厄鲁特人将领的妻子，她做了俘虏。乾隆热恋上她，但她对亡夫始终保持忠贞，要是皇帝破坏她的贞操，她就以自尽或杀死皇帝相威胁。皇太后为儿子的生命担忧，便在一个良辰吉日劝这个女人自尽了。郎世宁这三幅油画中的第一幅，画的便是香妃，那幅戴头盔和身穿胸甲的画像好似圣女贞德，既没有画出这个女人应有的美丽姿容，也没有反映出郎世宁作画应有的艺术水平。但不管怎样，它是中国与西方在18世纪那一非凡接触的一个卓越文献。

郎世宁为北京圣若瑟教堂（即南堂）绘就的画共有四幅，但没有传到我们手里。两幅画的是米勒未桥（Ponte Milvio）战役：君士坦丁战胜马森斯（Massenzio）和胜利者的凯旋；两幅是透视画，据说郎世宁擅长这种风格的画。事实上，他曾与喜爱绘画的高级官员年希尧（1671—1738）合作，撰写了《视学》[52]，首次向中国人介绍了西方透视法。他为北京教堂绘的两幅透视画引起了中国文人的注意和好奇，两幅表现君士坦丁及其胜利的画，深得人们的青睐，正如一位较晚的作者所描述的：

> 南堂内有郎世宁线法画二张，张于厅事东西壁，高大一如其壁。立西壁下，闭一目以觑东壁，则尚房洞敞，珠帘尽卷。南窗半启，日光在地。牙签玉轴，森然满架。有多宝阁焉，古玩纷呈，陆离高下。北偏设高几，几上有瓶，插孔雀羽于中，灿然羽扇。日光所及，扇影、瓶影、几影不爽毫发。壁上所张字幅篆联，一一陈列。穿房而东，有大院落。北首长廊连属，列柱如排，石砌一律光润。又东则隐然有屋焉，屏门犹未启也。低首视曲房外，二犬方戏于地矣。

接着，描述第二幅透视画，为了简略起见，我不再引述。作者的结语是："线法古无之，而其精乃如此，惜古人未之见也，特记之。"[53]

显然是两幅"逼真的画"，这种风格的画由传教士引入中国，令中国人着迷，所以在皇宫里也有几幅这类的画，其中的一两幅传到了我们手里[54]。

9. 在那不勒斯的中国人

1796 年，歌德写《在罗马的中国人》[55]这首诗的时候，他想起十年前在罗马遇见一个中国人，这个中国人感觉被所有那些古代和现代的沉重建筑物压得喘不过气来，这些高楼大厦与他祖国的那些较轻便、有各种颜色、烫金和木结构的房子，形成了鲜明的对比；也许这一相遇从未发生，可能只是借机强调欧洲人和中国人的鉴赏能力是如此不同，根本无法沟通，将吉卜林的谚语"东是东，西是西"提前说出而已，是要让人相信，两个世界注定不会相遇。

但是，要是那一相遇确实发生过，歌德听了一位中国人的倾诉，那么那个中国人会是谁呢？肯定是个有学问的人，一个能与外国人沟通的人。那时，这样的中国人在意大利极少，全是宗教人士，集中在那不勒斯：他们是教区神父马国贤（1682—1745）在 1732 年创立的公学的学生，这所公学俗称"中国人公学"[56]。

我很清楚，将歌德说的那个中国人认作是那所公学的一个学生，有点牵强；不过，读了马国贤回忆录[57]中关于那所公学的历史，促使我大胆尝试一下。事实上，这所公学似乎与创始人的意图相反，至少在他主持时期，这所公学成了一座制造不满、失望的工厂，学生们只想逃出高墙，到罗马避难，甚至希望返回自己的国家。在马国贤去世后，情况有了好转，在公学结业的学生中也有学业优秀的神父，他们返回中国后做出了最好的成绩。但这些却不妨碍去设想歌德遇见的就是这些不满之人中的一个，至少是如一位古代法国诗人那样，无法忍受"形象独特的罗马式大厦"（des palais romains le front audacieux），比起那些"粗硬的大理石"来，那个中国人更喜欢中国的木土建筑[58]。

1710 年 1 月，马国贤与一个为多罗送红衣主教帽的使团抵达澳门，多罗自 1707 年就在那里被半监禁着，几个月后，新红衣主教去世，马国贤被带往北京，皇帝要他做画家和雕刻家，马国贤感到自己不十分称职，但还是相当出色地完成了任务。在中国停留期间，他意识到有必要培养合格的中国神职人员，这些人除了懂中国语言外，也应懂拉丁文，协助外国传教士在中国传教。出于这个目的，需要在欧洲设立一所学院，中国青年可在那里学习三年拉丁文、神学、哲学等，由西方教员授课，同时至少也得有一位中文教员，避免他们忘记自己的母语。三年结业时，通过了考试并成为神父，就可以回到中国从事传教工作。

马国贤不屈不挠，克服了无数困难，这项计划的完成无疑是他的功劳；不过，他返国的初期也免不了受批评，这些批评一方面是针对几位学生的表现，这些学生是他亲自选定并随他来到意大利的，另一方面是针对他治理公学的方式。他于 1724 年 1 月离开中国，与他同行的有一位中国教员和四个学生，其中两人还是孩子：这是他犯的一个过错，因为他尚不能肯定他们的志愿究竟如何。其中一人名叫吴国秋（Lucio Wu）①，无论在乘船的旅途中，还是到了公学的所在地那不勒斯之后，确实给他添了不少烦恼：吴逃出了公学，马国贤不得不在意大利全国抓他，直到终于将其抓住，把他关在天使古堡里。从那以后，吴再也没从那里出来过，直到1763年去世[59]。其他学生也表现出对所处悲惨环境的无法忍受，用他们的话说，他们是被迫生活在那不勒斯公学的：伙食极差，令人压抑的纪律，与外界隔离。他们试图转到罗马传播福音部的公学，那里的生活条件比较好，但他们的企图没有达到。在他们眼里，那不勒斯是个监狱，马国贤是个为人苛刻和令人讨厌的院长，他也并非没有过错（最大的罪过是他有同性恋倾向）。

终于在1734年5月，两位学生在罗马以卓越的成绩通过了考试，不久之后返回了中国，其中一位尚未抵达他的传教地就去世了，另一位工作得非常好，令马国贤十分满意。同时，又从中国来了其他青年来接替第一批的四个学生，但马国贤不能再长久地照顾他们了，因为他于1745年去世了。相对来说，他的寿命不算长。

马国贤过世后，由于那不勒斯贵族赠送遗产并给予其他捐赠，公学办得很兴旺。从中国陆续来的新生大体上表现良好，这也是在选拔上做了慎重考虑的结果。1724—1887年，到过那不勒斯的中国学生总共有106位，其中一些人日后成了品学兼优的神父[60]。不过，总的说来，在欧洲和中国彼此了解方面，他们做出的贡献没有外国耶稣会士在中国做出的那么重要。除了在19世纪出版的几本用中文写成的教授中文的课本外，意大利或欧洲的文学杰作，连一

---

①　据罗马档案，此人原名吴国秋，洗名露爵，江苏金山人。——韩琦注

本也未翻译成中文,用中文写的介绍在国外经历的书一本也没有,也没有用意大利文或拉丁文写的对中国文化或古典文学的论述。总之,他们不但对曾经就读过的国家的文化不感兴趣,甚至连对外介绍自己国家文化的兴趣也没有。[61]他们缺乏 17 世纪和 18 世纪的耶稣会士的那种冲动和热情,也许不像耶稣会士们那样对本国文化有较深的造诣。为了让他们能有耶稣会士那样的文化程度,中国学生本应在已经通过了科举考试的人中挑选。然而,除了马国贤的那种培养神父之计划,又有谁会在进士及第之后,放弃辉煌的事业和锦绣的前程,离开本国远赴欧洲,去做一名外国宗教的神父呢?

"中国人公学"也有它光荣的时刻。1791 年,英国首次决定派使团赴中国,目的是通过谈判签订一个友好贸易协定,在北京设立一个外交代表机构,开设几处贸易港口,占用广州附近的一个小岛,以使英国商人能够永久留在那里,等等。使团团长是马戛尔尼(1737—1806),他同其他成员一样,对中国可能有很模糊的概念,不知道与中国人交涉的方式,尤其不懂北京宫廷的礼仪;这个礼仪要求外国使节三跪九叩,表示臣服。使团成员中没有一人懂得中文,因此需要找到翻译。这件事并不容易,因为在英国和法国,没有人能够胜任这一工作。办法总算找到了,这个光荣使命落在了那不勒斯的"中国人公学"头上。以下是英国使团的副使斯当东(G. L. Staunton)先生写的一段话,作者在此引述当时的意大利文译本:

剩下要做的是一件必须做也是最难做的事,即中文口译和笔译。在大不列颠帝国全境没有一个人能担任这个职务……不能保证在广州就能找得到所需要的翻译……因此需要在欧洲大陆寻找靠得住的人，他们在中国住过很长时间，学过那里的官话；或者试着看看，能否发现一些已经离开自己国家并来此学会了欧洲语言的中国人。……为此，使团的秘书于1792年1月从伦敦启程，打算寻找他们需要的人。他立即赴巴黎，那里有两所传教士之家：一所是圣拉匝禄修会①的，另一所是外方传教会的。在第一所传教士之家，当时没有找到去过中国的人；在另一所传教士之家里有一位神父，他回到这里已有20多年了，只记得几句中国话，他无论如何也不愿意返回那个如此遥远的国家。

因此，尽管是严冬季节，还是需要穿过阿尔卑斯山去意大利寻找。

曾在梵蒂冈待过的中国学者已不在那里，但乔治·斯当东先生的罗马之行并非毫无意义。当时梵蒂冈的传播福音部部长安东内利（Antonelli）枢机主教为他分别向在华的意大利传教士和那不勒斯"中国人公学"的监护人写了急信。斯当东来到那不勒斯的时候，在公学看到了一些中国青年，他们中有些人在那里已经许多年，说起拉丁语和意大利语相当容易。教他们这些语言的同时，尽力不让他们忘记自己的语言，因为他们都是要做神父的，并要回国照顾那些已经是基督信徒的同胞们的心灵健康，还要劝化其他人信教。那里尚有几位已经完成学业的学生，他们也领受了神父职务，已准备上船。但是，公学

① 也称遣使会。

的监护人忠于他们宗教法令的精神，态度慎重，如同一位母亲生怕自己可爱的女儿受诱惑，他们不愿意在没有预防措施的情况下将自己的学生交给别人，担心他们在旅途中因抵御不住诱惑而走上歧途……

在英国大臣汉密尔顿（Guglielmo Hamilton）先生和那不勒斯人加埃塔诺·德·安科拉（Don Gaetano d'Ancora）先生的斡旋下，那些善良的神父终于克服了恐惧心理。前者帮过公学大忙，后者则是监护人的朋友。乔治先生于5月返回伦敦，带了两位品德好、天真无邪、性情快乐的中国青年，他们能够尽善尽美地将自己的母语译成那位使节非常熟悉的拉丁文和意大利文。[62]

就这样，多亏了那不勒斯公学的两位青年学生，马戛尔尼在北京举行的谈判（真的没有什么成果）是用意大利语（带有那不勒斯方言的腔调）、拉丁语和汉语进行的。历史记载，两位青年学生的名字是李自标（Giacomo Li）和柯宗孝（Paolo Ke）。只有前者在谈判的整个过程中为英国人效劳，而后者和其他两名在最后一刻上船的学生，刚一抵达澳门就离开了英国使团[63]。

马戛尔尼在中国停留期间（1793年6月至1794年1月），没有达到预定的目标，因为他不愿意屈从于清朝政府的侮辱性礼节。就这样，他离开中国时，未能达成那项友好贸易协议。如果达成了协议，中国港口就会向西方敞开，也许会避免几十年后发生的那场冲突，那场冲突以中国的战败而结束，中国被迫接受了当初顽固拒绝的那些条件。

10. 第一个访问意大利的中国人及其叙述

首先要说清楚，这里所指的当然不是来意大利的第一个中国人，而是第一个把在我们国家的所见所闻写成文字的人。我们可以设想，在他之前已有些船员上了西班牙或葡萄牙的船，但他们没有文化，不会将他们旅行中的经历写成文字。我们确切地知道，提到的这个中国人在来意大利之前已经有他的同乡捷足先登了。耶稣会传教士为传教工作返回欧洲时，有时习惯带上中国人，虽然耶稣会士向其朋友作正式介绍时，说他们是文人，实际上他们是以仆人身份随行的。看来，那个时期的一些耶稣会士有这个奢侈的习惯，其目的有两个：一是到处炫耀这些随行的中国人，意在证明他们在中国传教的成绩；二是除了为自己做家务外，这些中国人也提供了必不可少的帮助，即在被要求翻译一些难懂的中文著作时，他们就成了活字典。

樊守义正属于这第二种人，他的洗名路易吉·樊[64]更为人所熟知。1708 年，他作为耶稣会士艾逊爵（Antonio Giuseppe Provana，1662—1720）的佣人赴欧洲。当时，在多罗使节访问北京出现灾难性结局之后，康熙皇帝立即委托艾逊爵从事一项外交使命。

樊守义在中国古典文学方面必定有良好的修养，对艾逊爵有用，许多人认为他是 1710 年在科隆出版的著作的作者，在那本书中，与多罗使节有关的中文材料被翻译成了意大利文。他在欧洲成了神父，居住到 1719 年，共 12 年，其间他有机会学习拉丁文。

1720 年，他独自返回中国（艾逊爵在回程途中去世），领命赴北京向皇帝汇报其在欧洲所做的事，此后直到去世（1753），他一直留在中国北方和满洲里。

樊守义在《身见录》一书中记述了他在欧洲的经历，此书著名的唯一的手抄本，在战后头几年里还被收藏在罗马国立图书馆，在被一位中国汉学家出版后[65]，就失踪了。根据这位汉学家转抄的文本，在此我将此书（首次译成西文）的开头部分和描述意大利特别是罗马的段落，转录如下：

> 余姓樊氏，名守义，生长山右之平阳。虔事真主，惟期无歉于己而已。忆自康熙丁亥岁季冬之月[66]，远西修士艾先生讳□者奉命遣往泰西，偕余同游。凡所过山川都邑，及夫艰险风波，难更仆数，其或耳闻之而目有未睹者，我姑弗道，即所亲历，亦竟未尝笔载一端也。乃于庚子之六月[67]，余独回归中土，时督抚题明遵旨赴京，获觐天颜，仰荷宠赉；至辛丑孟夏[68]，蒙王公大人殷殷垂顾，询以大西洋人物风土[69]，余始以十余年之浪迹，一一追思，恍如昨见，爰举往返巅末，为记其略云。
>
> ……
>
> 两月后[70]，乃至意大里亚国界……教化王之国，其京都名罗玛府，乃古来总都，城围百里，教王居焉。城门暮夜不闭余至此二日，见教王，承优待，命阅宫殿内外房宇，几万所，高大奇异，尤难拟议；多园圃，有大书库，库列大橱，无论其所藏经书之多，即书柜书箱总难屈指；开辟迄今，天下万国史籍，无不全备。

教王普理圣教事，下有七十二宰相及主教司铎，本国文武共勤王事。朝外兵卒日数更替，法虽有绞斩流，而犯者卒少。有宫殿二所：一在伯多禄圣人堂左，为常居；一在石马山，为教王夏月居焉。公侯家绣缎饰墙，金花镶凳，宝器无价，摆设床帐，不啻万亿；其出入车马鞍帏，华美难比，使役仆卒，各以衣帽分职。城内外花园有多景致，每年修理，春夏憩息，摆列珍玩；又凡各国使臣，务极浮华，为国君光彩，邻邦货物，靡不悉具，邻邦英俊，群集城内。人造一高梁，长九十余里，引远高山大泉之水，流入城内，挖洞得泉，十字街堆石山，凿石人，四旁冒水；街道铺石，各家俱有水法。货物成市，必有其类。修道者每会不计其数，天主堂、圣人圣母堂，无论内外之美，即一祭台，令人看玩不尽。大概以石为之，而祭台则更以珍贵之石为之也。供器无非金银，耶稣会有十院，又有三堂，堂中所用器皿祭衣，镶珠玉金宝；又一堂系一夫妇年老者所建立，因夫妇年老乏嗣，愿献家产于圣母，而未经创制，忽夫妇同兆，见圣母指示盖堂之处，有雪者是也；时乃炎天，果见有雪处，随奏教王查阅，建一圣母堂，因名圣母雪堂[71]。有一圣若望堂者，旁有古教王宫殿，堂内深大，雕成十二宗徒白石像，中有圣物库，四面铁门，有一完石空塔，可容千人[72]。有一所，非宫非殿，其房如塔，形圆，上下五层，相连有万余间，周围窗户层层便看，乃古时养狮处，今已坍毁其半矣[73]。有一大桥，名天神桥，两旁多造天神石像，各执耶稣受难之具。有一大爆台铁栅，乃护守宗堂之要[74]。有一大堂，名圣伯多禄堂，堂门外有一石塔，座下四石狮，从厄日多国送来，上有字迹，乃厄日多国文字。堂门外两旁乃石围廊，内广上平，高可三丈[75]，二百四十八石柱，前后左右白石圣像二百位左右，有水泉，宽二尺[76]，水上涌，堂前面有大门七所，上面有大高石造成门楼数层，其殿宇闳阔，不一而足；柱围六抱，柱墩尤大，宝盖高十余丈，门窗数千，顶上空球内，可容二十人，远望百里；旁宝盖二座，地铺花石板，柱用彩石墙，露造圣像。又有圣人伯多禄圣像堂，内葬伯多禄圣身，总言之：则殿处看人若孩。又耶稣受难像，在铜柱亭内，有圣额我略、圣盎伯洛削、圣热乐尼莫、圣奥斯定四位圣人之像在焉。凡石柱旁空处，则更有石圣像。堂门外左向，约行里半程，纯用石环洞相连，至教王内庭之路，统计伯多禄圣人堂悉用石造，并无寸木。以前略言其概。罗玛府城内学宫：一乃热尔玛尼亚国公侯子弟之学宫；一乃厄肋西亚国世家子弟之学宫；一乃各国世家子弟统学宫；一乃本府总学，无分贵贱，各有分师，但不若各国者在内居住，俱属耶稣会管理，别院不知其详。然所学之事，皆格物穷理之学。城内有多养济院，有兵役养济院、过客养济院、穷民及癫病养济院，皆受益焉。富贵家蠲助，延内外医生，药室各有专司；其病人之床，洁净可爱，大约千间，器皿全具，而且洁净也。又有孤子院，衣食俱备。圣伯多禄曾于狱中化人时，画十字于地，即得水泉，以便领洗，至今尚在。瞻礼日各堂音乐大成时，洋洋充满，恍若天国，难以言语形容。教王视朝与夫赐宴，威仪情状，亦复难比。城外二十里，有国君奉教名各斯当底囊者，建圣保罗堂；有圣保罗泉，当时保罗为道致命，圣首下地，三掷即成三泉，余曾饮是泉水。

这篇描写让我们觉得有些冷冰冰的，好似根据导游提供的资料写成的枯燥无味的学生作业，没有半点个人的特色。作者在意大利居住多年，一些经历一定有过，一定认识了我们的一些同胞，一定有过一些奇遇或不幸，但只字未提。这可能是因为樊所写的是一篇报告，要答复在他返国后中国当局向他提出的问题。他谈到我国时用的赞美词句证实了这点：富有，极为富有，那里有金、银、宝石、大理石，尤其是大理石，多得很；那里的气候好；人温和；城市整洁；医院干净得很，效率极高；在罗马的教堂更是庞大；等等。显然，樊是在国人面前为自己信奉一个外国宗教所做的选择在辩护，这个宗教的精神领袖正是在意大利居住。要是批评了我们的国家，要是写意大利贫穷，他定会听到自己的同胞说："那么，你为何要这样做？你做神父值得吗？"他小心翼翼，字斟句酌，不致碰到其同胞的敏感神经，也证实了这点。他称呼教皇时，总是用"教王"二字，而不用"教皇"，因为康熙不喜欢这个称呼。仅从这一点，我们便可窥见樊守义之用心是何等的良苦！我们不要忘了，樊始终是个中国人，虽然他也是个耶稣会士：写他在罗马与教皇的会见时，仅限于说"进见教化王"，但在记述他与康熙皇帝的会见时，却写道："获觐天颜仰荷宠赉。"

11. 在意大利的"中国勇士"，在中国的"好女儿"

1735 年在巴黎出版的一部著作对 18 世纪的欧洲人了解中国贡献很大，这部著作是一套四卷本的百科全书，书名是《中华帝国全志》（*Description geographique, historique, chronologique et physique de l'Empire de la Chine et de la Tartarie chinoise*）。在第三卷中，编辑并出版此书的人即耶稣会士杜赫德，选录了中国文学著作，其中有一个音乐剧剧本[77]，剧本的翻译是由法国耶稣会士马若瑟①于1731年在北京完成的。

　　这是元朝（13世纪）纪君祥的《赵氏孤儿》的缩写本：带有强烈的悲剧色彩，以中国春秋时代为历史背景。剧中颂扬了程婴的忠勇精神，晋国的赵家王族遭仇视它的大将军屠岸贾屠杀，只剩下一个婴儿，孩子的母亲临死前将婴儿托付给程婴。程婴为了救这个孤儿，免受屠岸贾的杀害，也为了履行自己的诺言，忍痛割爱，以自己的儿子充赵氏孤儿。屠岸贾杀了程婴的儿子之后，以为仇家的最后一个后代已被灭掉。20年过去，孤儿已长大成人，别人都以为他是程婴的儿子。程婴向孤儿讲述了他家遭遇的不幸，要孩子复仇。最后，大仇得报，屠岸贾终于偿命。

　　马若瑟没有翻译全文，他的翻译也不无错误。他避免翻译剧中难懂的唱词部分，称里面充满了文学隐语，欧洲读者难以领会，所以，他只限于翻译说白部分。虽然有这些局限，但他翻译的剧本还是获得了巨大的成功，一些作者以此为蓝本，取它的意译并加以改编。我们所知道的这类作品有五部：哈切特（W. Hatchett）1741年创作的《中国孤儿：一个历史悲剧》（*The Chinese Orphan: an Historical Tragedy*），梅塔斯塔西奥（P. Metastasio）1752年创作的《中国勇士》（*L'eroe cinese*），伏尔泰（Voltaire）1755年创作的《中

————————

　　① 马若瑟（Joseph de Prémare（1666—1736），1698年抵达中国，精通汉文，最重要著作是《汉语札记》（*Notitia Linguae Sinicae*），1831年在马六甲出版。

国的孤儿》（*L'Orphelin de la Chine*）；墨菲（A. Murphy）1756 年创作的《中国的孤儿》（*The Orphan of China*）以及歌德（W. Goethe）1783 年创作的《埃尔佩诺》（*Elpenor*）。

我们的梅塔斯塔西奥固然不是从中国古代戏剧获得灵感的第一个欧洲人，也不是以中国历史为背景编写剧本的第一个意大利人[78]。其实，在他之前就有里奇，他是音乐剧《中国的泰昌皇帝》的作者，1707 年此剧在威尼斯上演，配上加斯帕里尼（F. Gasparini）的音乐[79]。此外，还有马尔泰洛（P. Jacopo Martello），1713 年诗剧 *I Taimingi* 的作者[80]；萨尔维（Antonio Salvi）是音乐剧《在中国的鞑靼人》的作者，此剧 1715 年在雷焦（Reggio）上演，也配上了加斯帕里尼的音乐[81]。这几出戏剧全都取材于明朝的历史事件：第一出剧演的是皇子们为继承万历皇帝（1573—1620）的帝位而发生的冲突，因为皇帝不愿意将皇位传给长子，而是传给另一个儿子。不管怎样，长子还是做了皇帝，年号泰昌，虽然只维持了一个月。第二出戏剧演的是明朝的灭亡，最后一位皇帝崇祯在 1644 年自缢。在剧本的前言中，作者们指出了他们所根据的作品：里奇主要根据曾德昭（A. Semedo）写的历史[82]；马尔泰洛根据巴尔托利、卫匡国、利玛窦、杰梅利的作品，以及 1668 年在阿姆斯特丹印刷的《荷兰使节觐见中国皇帝》[83]；萨尔维依据的则是杰梅利著的《周游世界》（Giro del Mondo）。*I Taimingi* 中的主要人物有明朝末代皇帝崇祯，他的女儿 Taiminga，一位名叫加斯托内（Gastone）的欧洲人顾问，起义者 Licunzo（即李自成），马尔泰洛错把他当成新王朝即大清的创始人。最后是元朝蒙古人后裔伊万诺（Iveno）。马尔泰洛用韵文概括了中国历史，让我们觉得好笑："宋家先屈服于伊万诺家，伊万诺家又败给了 Taiminga 家，Taiminga 家后隶属于泰昌家。"[84]

戏剧用这类韵文演出会有很大的难度。作者也注意到了，他要求"不要演出 Taimingi，可以阅读"，因为想到了欧洲演员扮演中国人角色而难免不被传为笑柄。

梅塔斯塔西奥却没有这样的顾虑，他那出有另一种文学价值的音乐剧于 1752 年在甚布伦上演，配的是博诺（G. Bonno）的音乐，以后又上演多次，配上其他有才华的音乐家的音乐，如 1782 年配的是奇马罗萨（Cimarosa）的音乐。戏文的轻松流畅让人忘掉了故事情节的平淡，作者删除了其中的恐怖情节或尽量使之淡化，从而使故事有个圆满的结局。事实上，在戏剧的最后一幕，程婴的儿子还活着，因为一位忠实的仆人当初就把他救了，为他治好了刀伤。在这出戏中，程婴的名字被改成了 Leango。戏剧以两对美满的婚姻结尾：程婴和鞑靼君主结成了儿女亲家，两位公主分别嫁给了那个已经成了皇帝（应该是王，春秋时期还没有皇帝——译者）的赵氏孤儿和程婴的儿子。屠岸贾这个人物被梅塔斯塔西奥取消，他保住了时间和情节的统一，让剧情在两个青年的成人时期展开，这样一来，悲伤的过去（宫中的叛乱）只是一个回忆，点到为止，一带而过。

显然，梅塔斯塔西奥没有打算定出一个确切的主题。促使他在中国古代历史中寻找灵感的原因，纯属巧合：

> 我那可怜的脑袋就像一架印刷机一样昼夜不停地运转，在这种状态之下，我很难与爱讲闲话的缪斯交谈，而我处在这没

完没了的纠缠之中，工作可就更难了。希腊和罗马主题不在我的考虑之内，因为这些仙女不能露出她们端庄的腿部；因此我得从东方故事中获取灵感，因为那些国家的宽大裤子和长袍可以遮住我的那些扮演男角色的女戏子们的体形。[85]

上面提到的其他作者，即哈切特、伏尔泰和墨菲，他们的创作动机与梅塔斯塔西奥的大不相同，梅氏说得非常坦诚。哈切特写《中国孤儿》的明显目的，是批评沃波尔（R. Walpole）的政府，他将其作品献给沃波尔的政敌阿盖尔（Argyle）公爵便证实了这点。伏尔泰写《中国的孤儿》是要传播他对古代中国的看法，他认为，中国是道德和文明的典范[86]。

《中国的孤儿》的故事情节被移到了蒙古入侵时代。剧中的主角成吉思汗被更高的中原文明所征服，没有古代的屠岸贾那么残暴野蛮。他是伏尔泰用来反驳卢梭立论的工具，卢梭认为，科学和艺术是道德败坏的导因。伏尔泰的论点恰好相反：正是中国高度的文明征服了蒙古人的血腥残暴。就这样，成吉思汗成了仰慕战败者汉族的人："在战场上，虽然我是胜利者而他们是战败者，但我内心非常嫉妒他们的道德，我要赶上他们！"（Mon coeur est en secret jaloux de leurs vertus et, vainqueur, je voudrais egaler les vaincus!）[87]

墨菲想把伏尔泰的剧本改得好一点儿并译成英文，实际上是推倒重来并增加了新的人物角色。他也效仿梅塔斯塔西奥的做法，让赵氏孤儿和程婴的儿子以成人的身份出现，可能他读了梅氏的音乐剧。

而歌德未完成的两幕剧《埃尔佩诺》，则随意改编成了复仇的主题，其情节则移到了古希腊，这样一来，他从中国古老戏剧的取材就不是很明显了，也不那么肯定[88]。

18 世纪，一部并非属于中国文学中最优秀作品的戏剧，十分走运，在欧洲至少激起三位大作家的兴趣。与此相反，我们的戏剧在中国却没有受到那些文人同样的欢迎。事实上，不仅戏剧，整个欧洲文学直到 19 世纪末对中国人来说还是陌生的，最初的外国经典著作的翻译直到 19 世纪末才在中国出现。

只有一个例外，看来这也是耶稣会士的功劳：哥尔多尼（Goldoni）的一个音乐剧（非喜剧），据说曾在北京的皇宫上演，当时乾隆皇帝在场观赏，他对西乐表现出兴趣。这是一个"音乐诙谐剧"，有三幕，名叫《良家女儿》（*La buona figliuola*），1757 年首次在帕尔马（Parma）演出，配的是杜尼（E. Dunni）的音乐。自 1760 年起在罗马获得演出上的巨大成功，剧本改配皮乔尼（N. Piccinni）的音乐，名叫《切基纳》（*Cecchina*）或《良家女儿》，该剧讲述了切基纳的爱情故事。她是个出生在显赫家庭而身世不明的女孩，在一个侯爵家做园丁，成了侯爵的情人，侯爵也真心爱她。由于社会地位不同，他们成婚无望。后来，从所发现的证书上证实了女孩的贵族血统，他们终得成婚。

根据冉格内（P. L. Ginguene）1800 年为皮乔尼写的一篇传记[89]，耶稣会士穆保禄（Amoretti，1739—1783）[90]自远东返回，1778 年途经热那亚时说，在北京的意大利籍耶稣会士让中国青年音乐家和歌唱家演唱了皮乔尼为哥尔多尼的音乐剧谱写的音乐总谱，皇帝也观赏了那场演出，他对此剧十分满意，下令建一座适合演音乐剧的剧场，并要在剧场内的墙壁上画上与剧情相关的壁画。

冉格内认为，穆保禄传递的消息值得相信，因为他是个认真诚实的人。我在此不做评论，只加上几句说明：

1. 穆保禄所转述的显然是在广州收集的消息，自 1773 年 11 月起，他在中国做过短暂停留的唯一城市就是广州，因为他的整个传教活动都是在印度支那进行的。

2. 哥尔多尼的音乐剧虽然没有半点过分的地方，却与耶稣会士通常演出的戏剧是不一样的：他们通常上演的是有教化作用和经院式的戏剧，其内容应该是"宗教与世俗"的，并且剧中无女性人物。

3. 假如此剧上演过，该是在 1761—1773 年间。那几年中，只有两位意大利籍耶稣会士在北京，日期也不同。这两位都是画家：郎世宁 1766 年去世，潘廷璋于 1773 年抵达。另有两位精通音乐的耶稣会士：德意志人魏继晋（Florian Bahr），他组建了一个乐团，有 18 名中国青年参加；另一位是法兰西人梁栋材（Jean B. Grammout），擅长拉提琴。因此，有可能是这两位负责演奏了音乐剧的音乐总谱。

12. 不同意见的声音：维科、巴雷蒂……

18 世纪时，在意大利，与许多颂扬中国文明的意大利人和外国人意见不一的，不只有维科（Vico，1668—1744）和巴雷蒂（G. Baretti，1719—1789）[91]，但他们最有代表性，表达的方式也因他们的性格而不同：维科注重思索，他的意见是经过研究和深入思考的；巴雷蒂则性情冲动，有激情，好斥责。维科的目标在于重新评估对中国古老历史重要性的夸张和对孔子重要性的颂扬；巴雷蒂则径直批评中国文明的每一个方面：历史、哲学、艺术等，以便攻击那制造中国神话最有力的人，即伏尔泰。维科和巴雷蒂两人提前宣布了欧洲人对中国态度的转变：在 19 世纪，从一段时间的几乎是无条件的和普遍的赞赏，逐渐转到批评，又从批评转到鄙视。

在维科看来，中国历史并不像中国人所"枉自夸耀"的，及一些欧洲推崇者所相信的那么古老。维科一定考虑过卫匡国在其《中国历史·第一部十卷》[92] 中说过的话和法国耶稣会士李明的话。李明虽然不能接受某些中国野史关于中国历史有 4 万年的说法，但承认中国历史的古老，这从中国"贤人"的著作中得到证实，根据年代学，算起来有 4000 年，这一算法很难与拉丁文《圣经》[93] 的推算相吻合。在维科看来，4 万年"古老得不可思议"，这是中国人吹的，因为：

> 几千年没有同其他国家往来，而从那些国家那里是能够知道世界的真正古老的，就如在一间极小的黑暗的房间里睡觉的人，在黑暗的恐惧当中当然相信这个房间比用手触摸到的要大很多；就这样，中国人和埃及人在他们年代学的黑暗中处在同一情况，与他们同样的还有加色丁人（Caldei）。[94]

维科认为，中国历史不可能这么悠久，否则，在这么多的千年里，中国人一定会发展出不同的书写方式，比现有的象形文字更好，他称汉字为象形文字。他认为，中国由于对外界封闭，是个在发展上落后的国家。所谓落后，不仅表现在文字和语言方面（只有 300 个单音，他称这些单音为"断音"[95]），也表现在艺术和哲学方面：

> 中国人，直到几个世纪前还在对整个世界封闭着，他们枉自吹嘘自己的历史比世界的历史还要悠久，在这么长久的时间里，他们仍然以象形文字书写，尽管因上天的仁慈他们有很杰出的有才华的人，这些人做了很多奇特的事，但他们仍不会在画面上投影，使光在阴影上烘托出来；因此，画面既没有凸出部分，也没有凹进部分。他们的绘画看起来粗糙。从那里来的瓷器小雕像同样显得粗糙，与埃及人制造的一样。因此可以说，当初埃及人在绘画方面的笨拙，正如今天中国人的情形一样。[96]

维科也未放过孔子，孔子和琐罗亚斯德（Zoroastro）[①]、奥菲欧（Orfeo）[②]、毕达哥拉斯（Pitagora）[③] 这几位古代立法者一样，随着时间的推移，都被称为哲学家，但他们并非哲学家。事实上，"儒家哲学和埃及祭司的书一样，除在少数关于自然的事物上有些粗糙

[①]　公元前 629 年出生于波斯，公元前 552 年卒。琐罗亚斯德教（也称拜火教或祆教）的创始人。

[②]　古希腊传说中的英雄，拥有超人的音乐技能。据传他创建了基于自己所创教义和歌曲的神秘宗教。

[③]　古希腊数学家、哲学家，毕达哥拉斯兄弟会的创始人。该兄弟会虽然具有宗教性质，但其制订的原则影响了柏拉图和亚里士多德的思想，对数学和西方理性哲学的发展做出了贡献。

拙劣的表现之外，其他几乎全是些通俗的伦理，或者说是以法律来治理那些人民的伦理"[97]。

维科的批评是经过冷静思考后作出的，是一个哲学家独立反思的结果，他对中国文明的了解，可能根据的是少量读物（这要问他是否知道由柏应理负责编撰并于 1687 年在巴黎出版的儒家经典著作的翻译本），与至少一位随同马国贤到意大利的中国青年的交谈，以及对中国艺术品的观察。这些由传教士或船员带到那不勒斯的手工艺品，不仅不能代表中国艺术，反而还对中国艺术造成了误解。

巴雷蒂的批评，则是他这个性情激烈、冲动、易怒的人在头脑发热时做出的。英语里有句俗语说"树敌雅术"（the gentle art of making enemies）。这句话用到他身上最为合适，这也是对他所写的书的批评。只是他所写的那些不是批评，而是一些胡乱的抨击。他在所著的《文学鞭子》（*Frusta letteraria*，1763—1764）中做了很多这样的抨击，以致他最后不得不离开意大利，因为他的话造成了影响，伤害了人，这自然为自己树立了敌人。然而，由他虚构并认同的人物 Aristarco Scannabue，"蔑视任何权威"，因此像伏尔泰这样的人物，他也不放在眼里，他不能宽恕伏尔泰对莎士比亚表现出来的无所谓的态度，也不能宽恕伏尔泰对中国和孔子的过分赞扬。为了批评伏尔泰，也就批评中国的一切，对中国、中国文明、中国智慧、中国哲学、中国艺术信口开河，甚至大喊"够了！"巴雷蒂为自己属于另一个种族和另一种文明而洋洋得意，他的头脑中混杂着民族主义和种族主义的情绪，而正是这些东西在以后的 19 世纪使许多欧洲人在对待不同文明的态度方面受到了影响。

　　我对伏尔泰先生，还有孟德斯鸠先生以及其他许多法国作家，实在失去了耐心，他们言必称那位伟大的孔子，他们不仅没有读过他的任何著作，要是追问得紧的话，他们也不能证实他的存在。那位孔子可能只是因为耶稣会士的恶作剧而虚构出来的。可是，许多法国人，尤其是伏尔泰先生把他说成是个非凡的人，集科学、智慧和各种善事于一身。呸！呸！那个人的教导变成了那么伟大奇迹一事，连帕多瓦的圣安东尼，加上圣方济各也只配做他的仆人！孔子创造了伟大奇迹，使中国人变得心灵手巧、勇敢、明智、公道和诚实，如金子一般！……不可以说孔子为他辽阔的国家设计了一个完美的政治体系！这个可怜的人忘记了政府应该有强大的军队：五六万鞑靼人，一个普鲁士步兵团就能对付，犹如喝个生鸡蛋那样容易，可是鞑靼人在上个世纪竟轻而易举地摧毁了那个政府，如同将一块布撕成碎片。然后鞑靼人不费吹灰之力地越过长城，将皇帝从御座上赶走后，把他们中的一个人立为皇帝，只有老天知道他的脚上有没有穿袜子！幸亏，中国人没有比鞑靼更糟糕的邻居！[98]

　　……

　　总是听伏尔泰喋喋不休地谈论连他本人以及其他欧洲人都了解极少的那些民族比我们大陆上的民族如何如何好，谁不生气？他怎么竟愚蠢到如此地步，以致认为中国的艺术和科学比欧洲的还好？他没有看见吗？中国艺术中那些造得拙劣的佛塔，就像我们烟囱上的装饰物……那些画在瓷器和纸上的丑陋的画，比米开朗基罗（Michelangelo）、拉斐尔（Raffaello）、科

雷焦（Correggio）① 和雷尼（Guido Reni）② 的画差得远着呢，
就如月亮离我们的井底那么远。……伏尔泰先生如何有胆量将
他们的火药与我们的相比，说他们是火药的发明家？我们很清
楚，他们不会使用火药，事实上，欧洲任何一座港口上没有一
艘战舰不能摧毁中国和日本的所有船队，即使是他们的船队合
在一起对付我们的一艘战舰！请说说中国那些弱不禁风的战
船，是否有一只能够穿过我们的海域，就如我们穿过他们的海
域那样！他们最好先把海水喝干！假如有战船来的话，也许我
们会说，它的船长在我们的港口上愿做什么就做什么，不就如
同安森（Anson）⁹⁹船队队长率领他的船队抵达广州的情形一
样么？¹⁰⁰

关于中国，巴雷蒂的激烈攻击有很多，他对那个国家文明的了
解不足以支持他的论辩，他的一些评断，如对孔子的历史真实性的
评断是轻率的，并且显得肤浅。对伏尔泰的批评，巴雷蒂似乎没有
明白这位法国作家的"中国热"是他借用的一种手段，而不是一
个幼稚和缺乏批评精神的人对中国所怀有的爱，是渴望用这种狂热
来批评他那个时代的社会。克罗齐（Croce）对伏尔泰的用意了解
得很清楚，他虽然不能将自己视为"中国派"，却为伏尔泰的行为

---

① 也被译为科雷乔或科雷吉欧，原名安东尼奥·阿莱格里（Antonio Allegri，1489—1534），因来自北部雷焦·艾米利亚附近的科雷焦，而被称为科雷焦。他是文艺复兴时期帕尔玛学派最重要的画家，其作品对后世的巴洛克和洛可可艺术家们的风格产生了深远影响。

② 圭多·雷尼（1575—1642），博洛尼亚人，巴洛克风格画家，是其所处时代最著名的画家之一。

做辩护，同时批评那些同时代的人，这些人推崇所谓的亚洲智慧和宽容精神，却没有同样合适的动机：

> 今天那些为亚洲的宽容精神大唱赞歌的人，将这种宽容与欧洲的不宽容做对比，因其巨大的智慧和温顺而欣喜若狂，他们往往忽视了走伏尔泰的老路是没有用的，也是不合时宜的。伏尔泰如果在这种情况下对历史智慧没有益处，但至少尽了他的本分，问心无愧，这在他那个时代，在那种条件下，是必要的。[101]

13. 阿尔菲耶里也……

阿尔菲耶里（Alfieri，1749—1803）也不大喜欢孔子。事实上，他在一出喜剧中侮辱了孔子，该剧名为《小窗口》（La Finestrina）[102]，剧情安排在杰出人物所在的阴间，那些知名人物的亡灵，"教主、勇士、哲学家和文人"在那里等待阴曹地府的审判。

这些亡灵边等候边专心散步，他们中穆罕默德和孔子显得突出。前者为他的众妻在场而烦恼，他恨不得她们不在，免得自己在"伟大人物的亡灵中"落得风流荡子的坏名声，他希望自己被看作"国王、军队指挥、立法者、先知"。后者，在假装谦逊的背后掩藏着优越感，但伪装得并不好，看样子他只想一个人待着：

> 在这儿独自待下去；将一天比一天困难。

每天都有新到的丑恶面孔，但在
知觉和智力方面，几乎从未有一
位与多数人有多大的差别。与此同时，
我常在这些花草中藏身，
我要躲开那些许许多多的惹人讨厌的庸人。

两人搭上了话。孔子自我介绍说：

在世间，人称我孔子，生在中国，活了几千年。
你不是生在中国，当然从未听说过我，也未听见过
我的名字。
你不是中国人，
你的大鼻子为我证实了，你与中国人
完全不同。
我在我的人民中间
传播了社会和睦的真理，
我留下的著作极少，没有
别的，就是这些。

孔子看到穆罕默德与他的一位妻子争吵之后，厌恶地离开，并
说了这段话：

我听到了，也听够了！
我不要再听教主、立法者、

先知、军队指挥官们说话了！

如果不是他的富婆给了他

仆人和骆驼，他永远是个

仆人，驾着别人的骆驼。（嘲弄地退下）

可惜，我们无法确定阿尔菲耶里还让孔子说了些什么，因为他最初写的喜剧有五幕，为了出版他只修改好前三幕。从一篇散文概要和后两幕尚未改好的剧本中，我们了解到，在第四幕中阴曹地府的法官判穆罕默德、孔子和其他人撕裂胸部，以这种方式，通过他们心上敞开的小窗口"找出毒素：他们有时做好事，出发点却一点儿都不善；有时他们把事情做坏了，却不是出于恶意"。孔子的情况是，他的裂口很明显。"看起来是出于好意的欺骗。"地府的法官米诺塞（Minosse）为他辩护说，"他对中国人的影响不小，给了他们好的道德意识和法律。"

在第五幕，也就是最后一幕，出现了获得宽恕的可能性。阿尔菲里耶写的喜剧幸亏有个令人愉快的结局，否则，中国的至圣先师孔子在其身后遭到我们傲慢的大诗人、"意大利竞技中最勇敢的人"[103]、"意大利的救赎者"[104]的如此诽谤，那么18世纪的意中关系一定是悲惨的。

第五章

被西方新列强拖着走的意大利： 商人与官员

1. 新教传教士

正如 14 世纪和随后的 16 世纪、17 世纪所发生的一样，先是意大利，然后是葡萄牙、西班牙，这些国家的贸易都是随着传教活动在远东的开展而获得发展的，随着海上强国英国的兴起以及随后美利坚合众国的诞生，新教的各种传教团体也相继建立起来。一如从前，贸易获利，刺激和促进了传教事业的发展。商人们为使他们的货物更容易渗透，他们需要传教士，而传教士也需要商人给予的经济支持。

盎格鲁撒克逊新教传教士在中国的活动基地是 1709 年浸信会牧师马士曼（Joshua Marshman，1768—1837）在印度的塞兰布尔（Serampore）设立的传教站，但他从未进入中国。在中国建立起第一个新教徒传教站，是马礼逊（Robert Morrison，1782—1834）的功劳，1807 年他以伦敦传教会成员的身份抵达广州。尽管他和随后来到广州的其他传教士心怀善意，但新教的传教事业未得到预期的成绩，1840年，受洗的中国人只有几十个。

新教的传教政策与当时的耶稣会士所做的选择有很大的不同。耶稣会士喜欢面向诸如南京、北京等大都市中比较富裕和有学问的阶层，他们深信，一旦宫廷皈依，基督福音便可借由皇帝的命令而传播了。新教徒则在较低阶层中从事传播福音工作。为了达到传教的目的，无论耶稣会士还是新教传教士，都致力于研究中国语言，翻译西方作品，或用中文写作，介绍基督教和他们自己的国家。19世纪也和17、18世纪那样，以介绍西方的中文翻译和出版活动为重点，来达到传教的直接意图，但这为中国人了解西方提供了第一手资料。

普鲁士人郭实腊（Karl Friedrich August Gützlaff，1803—1851）是个非凡的传教士，他被荷兰传教会派往东方。在东南亚停留的几年中，他有机会学习中文，从1831年起他到过几次中国沿海地区，向当地人散发由他翻译和在新加坡印刷的《圣经》。他身穿中国人的服装并凭着对语言的掌握，经常上岸，照他的说法，岸上的居民都在听他宣讲。郭实腊不仅是个活动家，还写了61篇中文作品，几乎总是以笔名"爱汉者"署名[1]。这些中文著作同马礼逊和新教在中国的其他开拓者们的作品一样，在19世纪初对中国人了解地理方面产生过巨大的影响，更加促进了中国人对意大利的了解，这我们在以后会看到。

2. 广州贸易

18世纪初，澳门没落之后，通商贸易便在其他的南部口岸进行：首先是在广州的珠江入海口处，英国东印度公司已于 1715 年在那里设立了商馆。清朝政府对在那些口岸的西方人存有戒心，于是在 1757 年决定只准他们在广州通商，由一个中国商人的专门团体负责贸易。这些商人都是公行[2]的人，负责对外贸易，外国人只有获准后才能进行贸易。此外，公行还要小心监督设在广州城外的特区，西方人被准许在那里开设他们的商馆（Factories），并在通商季节留在那里。10 月初，季风临近时，西方公司的负责人便离开澳门来到广州，在商馆区住下。这是个大约有 300 米的一块狭长地带，位于城市的南郊，由一条狭窄的运河将它与城市分开，公行在那里建了一些小楼房，租给西方商行。西方人只能在通商期间留在那里，即从 10 月至翌年 3 月，3 月他们就要回到澳门。经过许多年，商馆区和澳门成了西方人和中国人在中国国土上能够接触的少数地方：现代西方与清代中国从这里开始互相接近，走上了漫长路程。

首先争得设立商馆权利的是英国人，他们在 1689 年来到广州，其贸易活动由英国东印度公司以垄断的方式经营；然后是法国人（1728），稍后是美国人（1784）。19 世纪伊始，丹麦、西班牙、瑞典和荷兰在广州的"十三行"都有商业代表。至于意大利，直到 19 世纪初期，撒丁王国和"两西西里"王国[①]才任命英国公民为他们驻广州的领事，"两西西里"王国也在澳门设了领事机构。东印度公司对在远东的英国贸易实行专卖权，事实上限制了任何一位不为那个公司做事的英国公民，使他们无法从事贸易活动。为排除这

---

① 两西西里王国（Regno di due sicilie）是意大利统一之前，于 1816—1861 年占据整个意大利南部的君主国，由历史上的那不勒斯王国和西西里王国组成。

一限制，一些英国商人寻求做其他王国的领事，以此为掩护。因此，对意大利王国领事的任命是种优惠，中国当局向来未要求他们领取"许可证书"[3]。只是在数十年以后，意大利才开始对与中国的贸易关系显示出兴趣，然后与中国建立了邦交。

中国政府对与西方人的通商采取宽容态度，因为通商带来了巨额收入，但条件是，他们在中国的逗留不能扰乱帝国的正常运作。沿海地区的中国官员对外国人没有半点兴趣，只限于与他们进行贸易交往。外国商人也不太在意去了解中国人，学习他们的语言，只有在过了一段时间后，贸易活动更加频繁，在广州的西方公司的人员开始增加，才有人愿意学习中文。在最早学中文的商人中，有一个英国人，叫洪任辉（James Flint, 1720—?），他在来到广州十年之后，即1746年，被东印度公司聘请为翻译。与我们所能期待的不同之处是，他懂得中文，却未得到上司的赏识[4]。

也许对翻译重视不够的缘故，没有许多人再步洪任辉的后尘。在广州住了40多年的美国商人亨特（William Hunter, 1812—1891）写道，当他在1825年来到那个城市时，只有三个西方人懂得中文[5]。可见，翻译的处境并未随着时间的推移而有所好转。

3."洋鬼子"

从1644年起，强大的清朝开始统治中国，拥有辽阔的国土，将生活在边疆地区的居民或从较远地方来的民族视为野蛮人。中国人不是好旅行的民族，他们更少航海，渴望在海上乘风破浪去了解西方国家和人民的人极少，在 17—18 世纪到过欧洲的中国人都是由传教士们带来的，这些传教士渴望向欧洲的君主们显示他们传播福音的成果。在这些中国人中，只有一位为我们留下了关于他旅行的记述：他就是那位樊守义，也叫作路易吉·樊，他写的报告至今仍是手抄本，对于东西方互相了解价值不大。可见，在 19 世纪初，中国知识界没有可供了解欧洲的游记文学读物，而在前几个世纪的欧洲，可供了解中国的那种游记文学读物则有很多。

首位真正的中国"马可·波罗"是一个叫谢清高的船员，要是没有遇到文人杨炳南的话，他的名字也不会留在历史上。正如我们的鲁斯梯谦一样，杨炳南将谢清高的旅行写成了精彩的故事，出版了一本小书，书名是《海录》。谢清高生于 1765 年，刚满 18 岁就登上了一艘外国船只，随船到过亚洲、欧洲和美洲的主要港口。后来双目失明，14 年后返回中国。此书于 1844 年出版，是了解西方的第一篇第一手资料[6]。他们的旅行经由印度和非洲，然后西行，叙述的重点集中在几个欧洲国家，首先是葡萄牙，谢清高可能在那里待的时间最久。在观察到"土番色白好洁"[7]之后，他用大量的篇幅叙述葡萄牙人见面时的礼节：

> 凡军民见王及官长，门外去帽，入门趋而进，手抚其足而嗅之。然后垂手屈身，抠骸向后退数步，立而言，不跪。子见父，久别者，亦门外去其帽，趋进抱父腰，以两手拍其臂，嘴相亲数回。子乃屈身抠骸退数步，立而言。未冠，则不抱腰，但趋进执父手嗅之，余仪同。见母，则母抱子腰，亦亲嘴数回，子乃垂手向后，屈身抠骸如前。时见，但垂手向后，屈身

抅骸。如前[8]。

在中国，女人一般被关在家中，与世隔绝，她们完全听命于父亲、丈夫和儿子；而在葡萄牙："有亲戚访问者，女人必出陪坐语。女人出外游观，则丈夫或家长亲戚等携手同行，亦有一男偕二女而行者。"[9]

有一件事可能令那时的中国人印象深刻，也许在今天仍会令中国人惊奇，那就是西方人两性间的形体接触，互相拥抱及互相亲吻是那么自然。事实上，形体接触在中国礼节中是被禁止的，哲学家孟子至少早在公元前 4 世纪就说过："男女授受不亲，礼也。"[10]

继葡萄牙之后，《海录》又叙述了欧洲其他国家，对意大利略微提到，其中只提到"郎马"，即罗马，"众建一庙，礼拜者日无隙晷"[11]。描述英国的篇幅较多，那里"国多娼妓，虽奸生子，必长育之，无敢残害"[12]；中国的情形则与此相反。对美洲的描述是：

> 其国出入多用火船。船内外俱用轮，轮中置火盆，火盛冲轮，轮转拨水，无烦人力，而船行自驶。其制巧妙，莫可得窥。小西洋诸国，亦多效之矣[13]。

在中文资料中，这可能是对汽艇这一最新发明所做的首次记述。《海录》的内容虽然贫乏，却是 19 世纪初中国人唯一拥有的关于西方的第一手资料，在以后的几十年中也是如此。

直到标志着中国向西方被迫敞开门户的鸦片战争（1839—1842），中国人对西方人和他们的国家还只有个模糊的概念，但经耶稣会士和新教传教士们的努力，中国在欧洲却广为人知。《海录》已经反映出了中国与西方的主要不同之处，在这些方面，中国受到了传教士、外交人士和欧洲旅行者，尤其是英国人的指责，他们在西方文化界彻底改变了中国的形象。

18 世纪末，忙于在亚洲进行商业殖民化的英国，在欧洲散布的中国形象很不理想。而在 17 世纪，一般来说，中国在欧洲因其文化和法律得到称赞；19 世纪，英国商人、外交人员和传教士向欧洲介绍的中国却是一个残酷的国家，由专横的人统治，居民是无信义的人：中国不再是一个值得羡慕和赞扬的国家了，而需要以通商和传播福音来拯救。细想起来，历史情况起的变化对这一转变负有部分责任。18—19 世纪，居住在澳门和广州以及通常在南部沿海一带的英国人眼中的中国，与居住在北京的耶稣会士眼中高雅的宫廷，差别很大。英国人应负主要责任的鸦片传播和清帝国的没落，给欧洲人留下了对中国的不同印象。此外，耶稣会传教士所交往的都是些中国文化界最有学问的人物，英国人所接触的则是地方官员，他们没有顾忌，一味贪求物质利益。中国人则越来越被"洋鬼子"的技术才能所吸引，他们在几十年当中都深信，只要从西方人那里得到技术的秘密，中国人民在精神和知识方面的优越性就会获胜。

4. 钦差大臣林则徐到广州

西方人和中国人在广州进行的贸易，从一开始就使公行和帝国的国库收入剧增。茶叶和其他中国产品的外销使西方国家付款的天平变得沉重，东印度公司将外国商品输入中国的尝试也是徒劳的。解决这个问题的途径就是将鸦片输入中国，这是在印度生产的一种毒品。不过，贩卖鸦片在中国从 1729 年起就被禁止了，虽然中国当局有禁令和其他强制性的规定，鸦片贸易却迅速发展，在 19 世纪的头几十年，甚至成了整个 19 世纪获益最大的独特行当。

鸦片走私不仅对中国造成经济问题，长久下去也危害到公共秩序，它的消费最初只限于南部沿海地区，后来逐渐传入内地，导致风纪普遍松懈和地方统治阶层的虚弱。在做了根除地方鸦片走私的几次尝试后，这个问题引起在北京的朝廷的注意，于是决定坚决取缔这一非法交易。这个任务便交给了林则徐，他在其他场合曾表现出是个机警和有才干的官员。

林则徐被任命为钦差大臣，带着查禁鸦片贸易的任务于 1841 年 3 月 10 日来到广州。他刚到广州就立即觉察到那里的情况，在一本回忆录中这样痛斥道："沿海文武员弁，不谙夷情，震于英吉利之名，而实不知其来历。"[14]

林则徐由于在处理外国人的问题上没有经验，从京城出发前聘请了两名翻译，他们可能是在北京找到的能够肩负这项任务的仅有的两人，在广州他又雇用了另外两名当地的翻译[15]。林则徐主要靠这四个人获得关于西方人的情报，据以制定防止鸦片走私的政策。他这样写道：

其澳门地方华夷杂处，各国夷人所聚闻见最多，尤须密派精干稳实之人，暗中坐探，则夷情虚实自可先得。又有夷人刊印之新闻纸，每七日一礼拜后即行刷出，系将广东事传至该国，并将该国事传至广东，彼此互相知照，即内地之塘报也。彼本不与华人阅看，而华人不识夷字，亦即不看。近年雇有翻译之人，因而辗转购得新闻纸，密为译出。其中所得夷情实为不少。制驭准备之方，多由此出。[16]

由于在澳门和广州的外国人有所增加，西方人开始出版几份刊物，最初提供关于贸易方面的消息，时间一久，也解释与中国人产生冲突的原因，以便于大多数不懂中文的西方人了解这个民族和当局对他们的看法。这些传单旨在支持在中国的外国人的贸易立场，但为那些外国商人介绍中国，无疑是功不可没的，因为那些商人只认识中国的码头。这些刊物对中国人也有用，他们借此可以获得关于西方人的真实消息。

1836 年，在中国印刷的第一份英文期刊《广州杂录》登载了有关与中国当局发生利益冲突的文章，上面这样写道：

要是我们记得不仅各国的外商，就是以各国官员为代表的他们的政府在言行上都毫无抵制地屈从于中国朝廷和地方官员的冷淡和傲慢无礼的话，那么中国官员在言辞上的蛮横无理就不令我们奇怪了。我们相信，在了解广州的人中，很少有人能否认对他们国家和政府的尊严不够尊重，对他们的贸易利益，甚至他们公民的生命和财产漠不关心，是严重冒犯了如英国和美国这么强大的国家。谁能否认，由于这一顺从和疏忽的行为，与外国人的贸易没有一天不冒着受黄浦海关官员的敲诈勒索及其居民的暴力行为和欺诈风险？除非对这个国家立即采取不同的态度，否则我们与中国的关系和我们的贸易的结局，无论对中国人还是对西方人都将是不幸的。[17]

由于1833年东印度公司对在广州的英国贸易的垄断有所减少，外国鸦片商人在不多几年里就积累下巨额利润，中国当局强迫实行的贸易限制使这些鸦片商无法忍受，于是有一种说法流传开来，说与中国的武装冲突只是时间问题了。冲突显然在中国当局的计划之外，他们仍希望能在传统政治的范围内解决这个问题，即"洋人"服从"天子"，也就是服从在北京的皇帝的意愿。

林则徐对英国商务监督爱理鹗（Charles Elliot，即义律）[①] 怀有戒心，爱理鹗在贸易垄断结束后取代了东印度公司对洋人"负责"的职责。林则徐抵达广州几天后便打算写一封长信给"英国国王"，为他提供情报的人没有告诉他英王是位女性，是维多利亚女王，这封信可能从未到达女王的手里，终究没有得到任何效果。

林则徐这样写道：

查该国距内地六七万里，而夷船争来贸易者，为获利之厚故耳。以中国之利利外夷，是夷人所获之厚利，皆从中华分去，岂有反以毒物害华民之理。即夷人未必有心为害，而贪利

---

① 　义律（1801—1875），曾是英国海军军官，1836年被任命为英国在华贸易全权代表和首席监督员。1839年，他曾写信给英国外交大臣，说他认为鸦片贸易是"不光彩和有罪的"。在1841年1月的中英谈判中，义律坚持将香港岛割让给英国，并成为港英殖民地的第一位管理者。

之极，不顾害人，试问天良安在？闻该国禁食鸦片甚严，是固
明知鸦片之为害也，即不使为害于该国，则他国尚不可移害，
况中国乎！……是贵国王之政令，本属严明，只因商船众多，
前此或未加察，今既行文照会，明知天朝禁令之严，定必使之
不敢再犯。[18]

　　从两篇文字的对照中可以明显地看出，双方的立场是势不两立
的：西方人将中国人对待英国和美国的傲慢态度视作野蛮；而在中
国人看来，西方人是野蛮的，因为他们不知道是在和世界上最古
老、最强大的帝国打交道。他们的分歧在于对"强大"这一概念
的理解：在西方人看来，是物质、经济和军事方面的强大；中国人
则认为他们有值得自豪的伦理和文化上的优势。

　　在 1839 年随后的几个月中，林则徐继续他的禁烟运动，其间
碰到了一个在与西方人的关系中经常纠缠不清的问题：这就是，在
西方团体的人员违反中国法律，或相反，在中国人冒犯了外国人的
情况下，所谓的裁判权问题。自广州与西方通商起，中国当局以中
断贸易作威胁，多次迫使外国人服从本国的风俗习惯。有一段插曲
引起了裁判权冲突，这件事恰好涉及一个名叫泰拉诺瓦（Francesco
Terranova，爹剌那非丫）的意大利海员，他在美国"埃米莉号"
（Emily）战船上效劳。1821 年 9 月 23 日，战船停泊在珠江口时，
泰拉诺瓦叫一条乘坐着一个中国妇女的船靠近大船，为的是买船上
的水果。海员将几块钱币投在一个桶里，中国女人在桶里放了几个
橙子和几根香蕉，可是桶提上来后，海员发现里面的水果少，那女
人不肯多给他，而让他再付钱。泰氏于是抓起一个陶罐向那个女人

掷去，女人被打昏，掉在水里淹死了。地方当局知道此事以后，在战船上开庭审讯海员，并判他犯了误杀罪。船长给泰氏戴上镣铐，起初拒绝将他交出，但后来迫于中国人的抗议，他们威胁要封锁战船和在广州的贸易，可能也考虑到可怜的泰氏不是美国人，最后船长还是将他交给了中国司法机构。泰氏重新被审讯，被判绞刑予以处死。事实上，中国法典所规定的这一处罚是针对在吵架中犯了谋杀罪但没有杀人意向的人的，这种处罚被认为较轻，保留受刑人完整的尸体；而在蓄意谋杀罪的案件中，所处的刑罚是砍头。泰氏被处决后，他的尸体被交还给了船长[19]。

1839 年底至 1842 年之间，战争局势急转直下，英国舰船占据了中国的主要港口城市，同时北上到扬子江，直抵南京城。1842 年 8 月 29 日，在那里订立了使中国最终开放对外贸易的条约。

与此同时，林则徐的妥协政策被指控过于软弱，他甚至被指控将自己出卖给了外国人，他失去了权力，被放逐；但鸦片战争显示出他做得对，与其同洋人打仗，真不如坚持他所指定的道路。清朝同被派去面对外国军事压力的各个官员一样，对敌人的实际力量和他们用武力强迫贸易开放的决心毫无所知。

5. 地理著作中的意大利

令中国幸运的是，林则徐为了解西方人所做的努力，在 19 世纪的历史上留下了不可磨灭的一页。

1841 年 8 月，林则徐走上流放之路时遇见他的朋友魏源，他将其在广州期间收集到的关于西方人的资料交给了魏源。魏源在朝廷任要职，于 1844 年出版了《海国图志》，1852 年内容扩充为百卷本，这部著作在整个 19 世纪都是认识西方世界的主要中文史料之一[20]。魏源把西方人用中文写的关于他们国家的各方面资料补充到林则徐交给他的资料中。书中，除了有林则徐的译员翻译的材料外，魏源也广泛摘录了耶稣会传教士用中文写的地理著作，并收入了新教传教士在 19 世纪最初几十年在广州出版的介绍西方的著作。如果不是魏源，这些材料就会留在某个角落里而不为人知，正是因为有了魏源的收集、整理、出版，这些材料成了 19 世纪中国了解西方国家的重要来源[21]。

《海国图志》是怎样看待意大利的呢？在介绍欧洲各国之前的序言中，作者先指出，意大利是与中国有往来的第一个国家，然后说，因为天主教和教皇住在那里，意大利在西方又是个重要的国家。魏源写道：

> 至今西洋各国王即位，必得教皇册封。有大事，咨决请命焉。又请其大弟子数十，分掌各国教事，号曰：法王。

作者显然指的是宗座代牧，事实上，随后他又补充道："今澳门市埠，属葡萄亚国；而其法王，则亦意大里国人。"

> 自意大里裂为数国，教虽存而富强不竞。于是，佛郎机、英吉利代兴，而英吉利尤炽。不务行教，而专行贾，且佐行贾以行兵，兵贾相资。[22]

看来，我们的作者几乎是在为时代而叹息：在那个时代，意大利最配与中国发展关系，而中国则被视为最易于宗教渗透的地方；事实上，中国成功地控制了基督信仰的传播，但在限制与西方人通商和抵抗他们军事优势的尝试上却失败了。

在《海国图志》关于意大利的那章里，收入了有关我国的几部古书：耶稣会士艾儒略 1623 年写的《职方外纪》，全文转载；1724 年出版的《明史》中关于意大利的那一节，以及《皇清四夷考》中关于 1785 年前意中关系的概述。郭实腊用中文写的两部著作倒是一件新鲜事。郭实腊是个新教传教士，生在普鲁士，他对意大利的描写既不特别热情，在历史方面也未说清楚。此外，由于郭实腊写这两本书的时间相隔数年，其中有些地理和历史方面的差异，《海国图志》的编纂者却未能加以更正。

郭实腊在 1840 年出版的《贸易通志》，对 1815 年维也纳会议后统治意大利的诸国作了简述，提供了各国的面积和人口的统计数据并加上简短评论。例如，里窝那（Livorno）港口贸易活动非常兴盛，在那不勒斯："户口甚众，而人游惰，故贸易不盛"；"又其南方埠头曰西齐里洲，物产山积，而政令不善，故货滞不销"。[23]

魏源在写有关意大利章节时引用了郭实腊的另一部著作，即可能在 1843 年出版的《万国地理全图集》。此书对意大利的介绍稍加用心，但对我们同样不够热情。在对我国的概述中，还是存在着北欧人对我们的那些惯常偏见：

> 其居民纤身，好诗歌、画像、刻雕各务。其女之眼光妖冶，不好廉节。居民好逸惮劳，有怨敌皆不明攻，而但暗报。[24]

谈到政府时写道：

> 其列国皆服专主，并不知自主之名。最管束百姓者，乃东
> 国官宪，其外小君，皆效其办法。又不许百姓得知机密，是以
> 其五爵无事，只得逸乐。早进天主堂，听僧念经拜像，遂回家
> 游玩，与女人叙谈笑论，如此终生度日。[25]

郭实腊然后点到意大利的每个王国，与他前一部著作所提供的
内容相似，但比较详细。在介绍各城市时说，罗马"内有前代之
古迹，与现今所盖之天主殿堂，街道宏整。远客至城者，视之若游
仙山。城内僧多如蚁"；米兰有它的大教堂；威尼斯"人不驾车，
而驶船往来"；帕多瓦"有大文学院，其内三百儒务文艺"；都灵
"有好殿堂，民所称美"。[26]

谈到那不勒斯王国时，写道："其都城同名，屋宇高大，殿庙
整肃，其乞丐结党，滋扰良民。"在简略点到"有古城两座，被灰
掩蔽"的庞贝和埃尔科拉诺（Ercolano）之后，提到了西西里，其
中描写道："政令不仁，僧寺弄权，五爵暴民，故国富而民贫。"[27]

由此我们可以想象，那个时代的读者读到《海国图志》的这
一章节时，很难对意大利有个连贯的思想。这部著作先描述了维也
纳会议后意大利的形势，然后是艾儒略所描写的16世纪末期的意
大利以及中国和意大利至18世纪末期的关系，最后是1815年之后
的意大利，有面积和人口方面的统计资料，但书中各王国的名称，
每页上的写法都完全不一样。在经过意大利几代耶稣会士传教士的
努力，不断向中国人介绍说意大利是一块拥有古老文化的地方，是

天主教的摇篮和科学进步的泉源之后，一个新教传教士居然肆无忌惮地在中国散布着这样的消息，即意大利是个落后国家，那里的人都是些懒汉，由腐败的贵族统治着。当然，意大利不再是利玛窦时代的意大利了，欧洲文化中心也已转移到北部的法国、德国和英国，但是，郭实腊对我国的情感，显然也受到新教世界对天主教国家意大利怀有的偏见之影响。

可能他本人也未曾想到，他的中文著作对中国人认识西方造成了这么大的影响：他对我国的一些评断很难消失，这些评断也出现在另一本地理著作，即徐继畬的《瀛环志略》中。直到 19 世纪末，这部著作同魏源的著作一直是中国文人获取关于西方信息的主要工具。

《瀛环志略》在 1849 年首次出版，作者想使此书完全有别于魏源所写的集子。事实上，这是部同类性质的书，是根据作者从外国人那里直接了解到的世界各国的情况写成的著作，完全由作者一人编辑而成。虽然作者怀有善意，但此书却未能避免新教传教士们用中文撰写的作品中所散布的那几个同样的观点。于是，在此书关于意大利的章节中，我们又看到了一些郭实腊对我国曾经做过的评断。

事实上，关于意大利，徐继畬写道："其民身体纤弱，外宽柔而内阴贼，往往昏夜刺杀仇人，好谈论游戏，喜讴歌，有稷下之风。"[28]

在罗马，"入教之徒如蚁"[29]。在教会国家，"山内多藏凶盗，捕急则逃入教祖堂，无复过问者"[30]。在都灵，"殿堂宏丽，西人艳之"。在撒丁岛，"居民披羊皮，挟利刃，游牧林薄中，性悍犷，难于铃束"[31]。在西西里，"吏多苛政，教主擅权，故凤称沃土而民恒贫乏"[32]。

　　尽管文体十分儒雅，文字也更加委婉，但作者的评断与《海国图志》在实质上是相同的。此外，由于《瀛环志略》一书成了数十年后其他新教传教士撰写有关西方的其他著作的原始资料，那些对意大利的偏见又被写进了其他书籍之中[33]。

第六章

中国发现欧洲和意大利：外交人员和旅行者

1. 西方技术和学习西方语言

中国在第一次鸦片战争失败后，被迫永远地走出了闭关锁国状态。但在开始明白到底发生了什么事情之前，尚需数十年的时间。战败后的几年间，曾一度幻想着能控制住战争造成的影响，视那场战争只是一个插曲，是中国数千年历史上许多事件中的一个插曲而已。于是，知识界就抵抗外来威胁应采取的最佳途径问题展开了一场辩论。解决的办法都是暂时性的，归根结底，中国只有等用"洋鬼子"的武器装备起来，才是根本；因为正是靠着这些武器，英国军队才如此迅速地打败了帝国的老式军队。

由魏源首先提出并积极予以支持的"师夷长技以制夷"政策，虽然未能即刻得到实效，但中国人为了抵抗西方，在整个19世纪里都对此寄予希望。钦差人臣林则徐曾是这个政策的主要推动者。直到几十年之后，才有一些思想家觉悟到，只有学习科学技术才能建成一座现代化的武库，为达到这一目的，培养青年人学习在传统上素来遭排斥的技术学科是必不可少的。他们认为，西方国家之所以处于优势地位，就是因为他们有技术。因此派中国学生和观察者到西方，待他们返国后能够将洋人国家及其技术的真实情况提供给中国，这一条件正渐渐成熟。

正当朝廷还在幻想着通过购买或制造舰船和大炮来对付西方列强的时候，新的威胁使帝国的根基处在危险中，这一次是来自国内的威胁。1853 年爆发了太平军起义，它虽然是中国历史长河中一次传统意义上的农民起义，却与历次农民起义有所不同，即"拜上帝会"的创始人洪秀全从他的基督信仰中得到启发。由于是借助基督教举行起义，因此，当其发轫之时就引起了在中国的新教传教士的强烈兴趣，以致他们中的许多人试图前往"太平天国"的首都南京，以便证实一下他们传教所取得的成就。1853 年，英国驻上海领事馆的一个官员访问了南京，他回来后说："从未听见中国人对他或他的同行人员说出任何一句辱骂和诽谤的粗话，而那些话是中国粗野的人经常随便骂外国人的。"[1]

不过，那些希望很快就破灭了：请看，罗孝全（Issachar J. Roberts）牧师 1862 年南京访问回来后是如何说的：

> 积极方面主要体现在限制上，例如，在城市里不容许有任何偶像崇拜、卖淫、赌博和其他败坏公共道德的行为。
>
> ……不过，考虑到这场革命的宗教方面，加上在政治和民事方面的反常行为，它给人的印象非常不好……
>
> ……说到"天王"的宗教思想，我深信他是个疯子，尤

其表现在宗教方面。

……他称自己的儿子是年轻的救世主，他自己是耶稣基督的真弟兄。

……他愿意我到那里不是为宣讲耶稣基督的福音并让男男女女皈依上帝，而是要宣讲他的信条并让外国人信奉他。[2]

也许令这位浸信会传教士印象深刻的一件稀奇事，就是这位古怪的中国先知改变了洗礼的礼节。考虑到中国人厌恶冷水和用热布片洗身的习惯，洪秀全确立的受洗礼节是用一块浸过温水的毛巾来擦洗腹部[3]。

正当太平天国起义在中国南部如火如荼之际，西方列强则忙于巩固由《南京条约》的签署所得到的经济和贸易方面的好处，每当清政府表现出不愿意接受他们的要求时，就诉诸武力。在武力的威胁下，1858 年中国同意与俄国、美国、英国和法国签订条约，之后中国又马上推翻了这些协议；1860 年英法联军占领北京后，中国则被迫接受了更加屈辱的条件。要说鸦片战争后在中国尚可讨论阻止西方列强的话，那么 1860 年后则只能寻求与外国人共处的方式了，因为摆脱他们存在的可能性已经被排除。中国被迫门户开放、通商贸易，标志着帝国的彻底屈服。

为了履行所签订的条约，皇帝的侄子（应为弟弟——译者）恭亲王（1833—1898）设立了以平等为基础的负责处理与外国关系的部门，即不再视外国为藩属国。于是，总理各国事务衙门于 1861 年成立，这是中国现代意义上第 个处理国际关系的机构。同时也决定开设培养中国人员的外语学校：1862—1863 年，在北京的同文馆开设了法文、俄文和英文课程。这所学校培养出了首批通晓西方语言的中国青年，从那以后，他们中的有些人来到了欧洲，把对西方最真实最具体的印象带回了中国[4]。

2. 从鸦片战争到 1866 年的意大利和中国

除了爹剌那非丫 1821 年在广州被处死外，似乎再也没有一位意大利人在 19 世纪最初几十年的中国动荡历史上留下明显的踪迹。确实，在那些年代有机会去中国旅行或住在那里的意大利人极少，他们只是些在外国船上的船员，或是在一些西方国家保护下的在华传教士。其中的一位是加略利（Giuseppe Maria Calleri，1810—1862），皮埃蒙特人。他在巴黎完成学业后，于 1834 年成为神父，被外方传教会派到澳门。加略利喜欢以卡勒里（Callery）自称，为的是隐瞒他的意大利原籍。很明显，他的这次远行，与其说是出自对神职的忠诚，不如说是旅行。他在中国从事了各种类型的活动，但就是不做传播福音的工作，而他被派往远东正是为了传教。他被迫离开了外方传教会，回到法国，受聘于法国外交部，做法国驻广州领事馆的翻译。加略利于 1843 年重返中国从事翻译工作，直到 1846 年回到法国。加略利参加了 1844 年法国和中国贸易协定谈判的起草工作，这件事使这位奇特的意大利人赢得了中国代表团团长耆英（？—1858）的称赞，他说加略利是一位十分通晓中国法律和风俗的外国人[5]。

加略利在中国历史上留下了足迹，但意大利历史上一位真正的伟人朱塞佩·加里波第（Giuseppe Garibaldi）① 曾路过中国，中国历史却未有记载，他于 1852 年在中国上岸。加里波第在罗马共和国失败后，于 1852 年 4 月 14 日驾驶一艘运载鸟粪的秘鲁汽船"卡门"号，来到当时已是英国殖民地的中国香港。中国文献中没有他过境的记载，不过，那些年在广州的几个英国人记述了一起事件，在该事件中，我们的这位英雄和他的船只都成了见证者。

在那些年里，中国南部爆发了太平军起义。当时，朝廷的舰船和起义军的几艘平底帆船正在广州附近的珠江湾进行一场小规模战斗，加里波第的"卡门"号正好经过，对双方的交火一无所知，"卡门"号经过时恰好遮住了一条英国船，船上的一个英国人亨特（G. Hunter）记述了这件事：

> 射击开始变得猛烈了，我们赶紧靠近秘鲁船"卡门"号，这只船由加里波第指挥，载着鸟粪，从卡亚俄（Callao）来。
> ……我们正专心地观察着这场战事，令人扫兴的是，一颗子弹飞到"卡门"号的主桅和后帆桅之间，紧接着又飞来一颗，情势危险，这让我们察觉到我们进入了战场，都能看到可怜的伤员，流着血，还遭到劫掠，为谨慎起见，我们认为最好下到甲板上。[6]

加略利和加里波第两人对中国人了解意大利当然没有做出贡献，前者让人以为他是法国人，后者去中国只是为了卖鸟粪。

---

① 被称为意大利建国三杰之一（另两位分别是撒丁王国首相加富尔和创立青年意大利党的马志尼），曾带兵攻打两西西里王国，帮助完成了意大利的统一。

加里波第在中国短暂过境后的几年，撒丁王国和统一后的意大利出于利益的考虑，都先后开始打算与中国发展正式的领事和外交关系了。在 19 世纪最初几十年任命了领事之后，加富尔（Cavour）内阁任命英国商人霍格（James Hogg）为驻上海的领事，1860—1869 年在那里设立了领事馆。这项任命为意大利的养蚕者提供了必要的协助，这些养蚕人在 1853 年的一场时疫中毁了意大利饲养的蚕之后，需要到国外进行购置。霍格在担任上海领事期间，除了协助在中国直接开展贸易活动的极少数意大利商人外，也要处理与中国司法当局有关的问题。意大利在上海的少数团体成员经常遇到法律问题，他们一般是些等着上船的船员。这些事端非常不受居住在那里的其他西方团体的欢迎，他们担心会扰乱外国人与中国人的共处，损害贸易的正常进行。由此可知，在那些年中，意大利在中国的印象大概不会很好。

1866 年，海军中校阿尔明雍（Vittorio Arminjon）指挥的"马真塔"号（Magenta）战舰抵达中国时，事情也许开始好转，他受拉马尔莫拉（Lamarmora）政府之托与中国和日本订立商业协定。也许是出于节省，或者因为办事特别草率（可惜，在我国与中国的关系中至今仍然如此），这次远征在出发时没有带上中文和日文翻译，抵达之后，在这两个国家不得不求助于外国使馆的翻译。

与日本帝国签订协定后，阿尔明雍来到天津，在未正式获准的情况下，就从那里立刻赶往北京：这是一系列粗心大意事件中的第一件，这些事件虽然并未给与中国签订条约造成风险，但肯定没有使我们的国家给中国当局留下好印象。多亏法国领事德微理亚（C. M. Deveria）和他的翻译帮忙，条约很快就签订了（10 月 26

日），与中国同其他西方列强签订的协定差不多。

一年后，在批准协定的时刻，新的问题又突然出现。意大利全权代表德·拉·图尔（Sallier de la Tour）伯爵来到上海，要求立即启动交换协定的程序，但没有按程序预先通知；不仅如此，在交换协定副本的时候发现，由于疏忽，带到中国的不是所商定的中文副本，而是意大利文副本。这件事也多亏法国领事的及时介入，得到了解决，法国领事保证这份副本符合中文原文，并且承诺最多6个月内会用留在罗马的中文副本换回由德·拉·图尔带来的意大利文副本。最后，意大利方面并未履行承诺，交换副本又向后推迟，并且在场的不是德·拉·图尔伯爵，而是意大利驻上海的领事，中国方面因此提出礼仪方面的异议[7]。

1866年协定的签订，无疑对意大利与中国发展贸易起到了保障作用，但在意大利政府及其代表在清政府面前留下个好印象方面，却没有同样的贡献。在那个年代，中国正准备派遣首批旅行者去西方，那些人可能是带着对意大利人和萨沃依王朝的这些印象启程前往欧洲的。

3. 首批中国旅行者：对技术的发现和对欧洲人的印象

中国很少派官方代表团到国外。从前，清朝政府深信自己在军事和文化上的优势，只有在来访的外国代表团愿意完全臣服时才接纳他们。但时代改变了，西方在中国的存在已经成为事实，凭借与中国签订的条约，各国传教士、商人和外交人员在中国安了家。数以百计的西方人住在上海和天津的租界内，他们逐渐改变了这些城市的面貌，依照他们各国的风格建起了住宅、店铺、教堂和公共聚会场所。除了意大利，几乎所有主要的西方列强都开设航线，不断地在中国港口卸下供给外国居民的西方产品，再将中国产品运往欧洲和美洲。外国人来往于那些船上，也有极少数的中国人上到那些船上，他们渴望去访问外国。要是有胆量旅行，则以私人方式进行，那是出于偶然或有必要，但从没有人因渴望了解西方而去旅行。

19 世纪 60 年代初，一些务实的人物，如恭亲王和曾国藩（1811—1872）也没有想到派人去了解西方的社会和政治现实。曾国藩是击败太平军的将领，曾主张以忠、信、诚、笃的儒家传统道德对抗西方人。

派团出使西方的建议是由几个英国人提出的，他们与中国政府机构混乱无章的行政管理的接触比较密切，逐渐形成了一种看法，认为清政府要是能认识到西方体制的优势并在其官僚机构内进行一些改革的话，长久下去，与西方的关系也会有好转。

就这样，在中国海关担任总监的英国人赫德（Robert Hart，1835—1911）向恭亲王提议派一个代表团去欧洲，他本人将亲自作陪。这个提议被采纳，1866 年 3 月，代表团在天津上船。派遣使团对清政府来说是件新鲜事，因此，这个代表团只属考察性质，而非严格意义上的外交使团。代表团在不多的几个月中访问了与中国签订过条约的几个主要欧洲国家。他们没有在意大利停留，意大利刚好就在那几个月派出了第一个外交使团访问中国。

考察团里有两位成员为我们留下了简短的旅行日记，他们是团长斌椿（1803—?）和同文馆英文部的年轻学生张德彝（1847—1919）[8]。

斌椿启程时对西方一无所知，他在日记开头写道，他收到了一份礼物，即徐继畬的《瀛环志略》，这本书在出版了20年后仍是了解外国的主要中文著作。在由首批中国旅行者在那个年代写的日记中，斌椿的日记也许更能让我们看出，在一个具有代表性的中国文人眼里，我们的世界是多么的奇怪。

相比之下，张德彝的日记显得理智和严谨，他在启程前已经与外国教员接触了几年，得以有机会了解他们的习惯。

无论斌椿还是张德彝都将注意力特别集中在两个方面：技术奇迹和外国人的稀奇古怪的风俗习惯，尤其是女人，她们在习俗和穿着方面与中国女性很不同。

令中国旅行者印象深刻的第一个发现是技术，就是他们这次所乘坐的轮船。19世纪的最初几十年，蒸汽机的发明为缩短地理上的距离做出了巨大贡献，使地球变得更小，所产生的影响可以与最初的海洋帆船或以后的飞机相比。轮船对中国人来说是西方技术的主要奇迹，它能够连续航行，克服了帆船只靠顺风才能航行的局限。从船员谢清高在《海录》中首次提及轮船起，已经过去了几十年，而轮船在当时成了西方在中国存在的较有特色的工具[9]。就是到了20世纪初，还有一位中国作家用一艘远去的轮船比喻现代化，中国则如一条在水中艰难前行的帆船[10]。

在对轮船的外貌和运行作了精确的描述后，斌椿在1866年3月23日的日记上写道："舟行昼夜不息，饮食充备，如入市肆，如居里巷，不觉其为行路也。"[11]

叙述完轮船后，又谈到了代表团在埃及乘坐的令他们欣喜若狂的火车。斌椿写道：

> 申刻登火轮车。前车为火轮器具，烧石炭，贮水激轮。后车以巨钩衔其尾，蝉联三四十辆，中坐男妇多寡不等。每辆如住屋一所，分为三间，间各有门。……摇铃三次，始开行。初犹缓缓，数步后即如奔马不可遏。车外屋舍、树木、山冈、阡陌，皆疾驰而过，不可逼视。[12]

到了法国，代表团住在马赛：

> 客寓楼七层，梯形如旋螺。登降苦劳，则另有小屋可容六七人，用火轮转法，可升至顶楼。屋有暗消息，手一按，则柜房即知某屋唤人。传语亦然。各法奇巧，匪夷所思。[13]

谈到电报机时："盖人如欲到某处，而欲彼处某店预备车辆屋舍等事，必先送电气信。"[14]

年轻的张德彝已经知道电报机，因为几年前他的英语老师丁韪良（William A. P. Martin, 1827—1916）曾给他看过。丁韪良在1907 年回忆起他将电报机介绍给学校的上司们时的情景：

> 四十余年前，当我把摩氏电报机（Morse System）拿给北京的惊奇的显贵们看的时候，那些老夫子们虽然都是些系主任，却像孩子般地笑开了怀，他们碰碰按钮，听听铃响，或将

电线缠绕在他们的身体上，看看电火花从一端跳到另一端。他们感叹地说："真绝妙啊，但在我国我们不能使用它，人们会把电线偷走。"[15]

除了技术方面的发现，这些旅行者也被外国人的习俗所吸引。请看他们对赴欧时所乘轮船的卫生间的描写：

> 两舱之中各一净房，亦有划门。入内有净桶，提起上盖，下有瓷盆，盆下有孔通于水面。左右各一铜环，便溺毕则抽左环，自有水上洗涤盆桶。再抽右环，则污秽随水而下矣。[16]

然后是用餐习惯：

> 每日三次点心，两次大餐。饭时桌上先铺白布，每人刀、叉、盘、匙、饭单各一，玻璃酒杯三个。先所食者，无非烧炙牛、羊、鸡、鱼，再则面包、糖饼、苹果、梨、橘、葡萄、核桃等。饮则凉水、糖水、热牛奶、菜肉汤、甜苦洋酒，更有牛油、脊髓、黄薯、白饭等物。[17]

这位旅行者对西方进餐的方式和主菜没有什么最深刻的印象，他只做了泛泛的描写，没有给我们提供什么有益的东西。那些餐具中，特别是餐叉，那奇怪的"三齿叉"，尤其会引起中国人很大的好奇，他们习惯于熟练地使用细筷子，还尽可能是光亮的象牙筷子，可把手艺精巧的厨师切成小块的任何精细的食物送到嘴边。确实，当我们懂得熟练地挥动剑、刀和"三齿叉"并以此自豪时，中国文人只会挥舞毛笔和筷子。

19世纪末一个乘船去澳大利亚的中国人，对我们的餐具很好奇，我们看看他的描写：

> 人们不知道筷子是何物。他们使用的是一把圆头的细刀和一个有三个尖头的器具，如同我们吃糖水水果时用的东西，但比较宽，他们用它来刺入肉内，然后放入口里。起初看到使用尖叉而不伤到嘴唇和舌头而感到惊奇。我在使用这个器具时不得不小心，别让它伤到我，现在我已经习惯了。他们使用这些餐具时有很多规矩。我堂兄说，把餐刀放在嘴里是无知的表现，必须严厉禁止，但三齿叉如果想放的话，可以放。什么原因呢？因为它比刀更危险。不要用餐刀切面包，也不能切鱼。为什么？他也不知道。[18]

同样，中国人在餐桌上使用筷子和把食物送进邻座就餐者的口里，这些习惯大多也给西方人留下了深刻印象。

当阿尔明雍船长1866年10月14日在北京首次拜会负责与意大利谈判以签订协定的中国全权代表谭廷襄时，谭设宴招待意大利代表团，其中有一位动物学教授，名叫吉寥利（Enrico Hillyer Giglioli）。此人不参加外交方面的会晤，他描述了那次宴会的情况：

> 诸事已毕，在谭的示意下，几乎像变魔术似的，只见一张桌子上摆满了许许多多的小杯和小碗，按照其用途，里面分别盛上

少许各种各样的食物：肉、鱼、果冻和甜食。每人面前有两道菜，一副中国餐具，即两根象牙筷子。这确实是个令人好奇的场面，我们都不会使用筷子，而这玩意儿操作起来还真有些难度，因生怕闹出滑稽场面而显得拘束；此外，每人身旁有两个官员，照这个国家的习俗，他们要从近前的小盘子里为客人选最好的食物，然后用筷子放进客人的口中；令西方人真正感觉奇怪的是，只见从左边递过一个咸橄榄，同时从右边又送入一块桂皮！[19]

除了饮食习惯外，外国人的脸型也使中国旅行者们印象深刻。正如我们这里的远东人，看起来都一样，一个欧洲人很难把中国人与日本人、韩国人与越南人区别开来，总是将他们弄混，把那些民族一律看成是皮肤暗黄、身材矮小、长着黑直头发和杏仁眼睛的人。同样，中国人认为西方人也都是同一个民族的人。中国旅行者却首次发现了我们民族脸型的不同之处。

斌椿写道：

船客增至一百七十有奇，无余地矣。计二十七国人，言语不同者十七国。而形状服饰之诡异，亦人人殊。有顾而长者；有硕大无朋，称重二百斤者；有须鬓交而发蓬蓬者。衣裙多用各色花布，似菊部之扮演武剧。又如黄教之打鬼。[20]

但是，女人给这位旅行者留下了更深刻的印象。他继续写道：

惟泰西各大国，则端正文秀者多，妇女亦姿容美丽，所服轻绡细縠，尤极工丽。每起，则扶掖登船楼，偃卧长藤椅上。
而夫日伺其侧，颐指气使，若婢媵然。两餐后，或掖以行百余
步。倦则横两椅并卧，耳语如梁燕之呢喃，如鸳鸯之戢翼，天
真烂漫，了不忌人。[21]

代表团团长斌椿虽然非难西方男人对女人总是抱着百依百顺的
态度，最后似乎对他们彼此间的爱情还是怀有同情感，立即将他们
比作鸳鸯：在中国，鸳鸯被视为幸福婚姻的象征。

张德彝虽然较年轻，但更重视道德，他对西方女人做过多次评
判。1868 年张德彝在美国旅行期间写道：

合众女子少闺阁之气，不论已嫁未嫁，事事干预阃外，荡
检逾闲，恐不免焉。甚至少年妇女听其孤身寄外，并可随相识
男子远游万里，为之父母者亦不少责。不为雌伏而效雄飞，是
雌而雄者也。[22]

他对法国女人的评价则较为客气：

闻法国处女禁止独自出门。每逢街游，必有亲属或乳媪相
伴，不与外人交谈。其年岁不许人问。发髻容止，间有粉饰，
外人不得直言，只可夸其颜色娇美，绝世无双，愈奉承而愈欢
喜。更有自炫洁白而故涂黑点于眉下口旁者。再，男女相见，
男先免冠致礼。女不先举其手，男不敢与之曳手问候。男女至
近者，必三四摇而后止，否则彼此一曳而已。[23]

我们都知道，女性美的标准，各国均有不同，每个时代也不一样，请看张德彝对那个年代巴黎流行的丰满体形的看法：

> 西俗，女子皆喜高乳细腰，小足大臀。肆中出售一种腰围，系以铜丝麻布所造，贴身服之，腰自细而乳亦高矣。又有一种假乳，造以粗布，如中土之护膝。又有一种假臀，系以马尾细布所造，形似倭瓜，佩于臀后，立则凸出，坐亦绵软。虽系矫揉造作，亦可谓尽态极妍矣。[24]

中国人的贞节观念是十分顽固的。张德彝又写道：

> 外国女子，节义固不乏人，而不贞者亦复不少。定情之夕，不能立辨真伪。如英吉利王亨利八世，连聘六室。其第五者名郝阿，系世袭侯爵讷莆之侄女，甚丽；娶后数月，始知于未嫁之前，已先时而破瓜矣。[25]

也许，在中国人看来，在习俗上如此过分的自由，可能是由于西方发明了节制生育的方法所带来的。张德彝在英国时写道：

> 闻外国人有恐生子女为累者，乃买一种皮套或绸套，贯于阳具之上，虽极倒凤颠鸾而一雏不卵。其法固妙矣，而孟子云"不孝有三，无后为大"[26]，惜此等人未之闻也。要之倡兴此法，使人斩嗣，其人也罪不容诛矣。[27]

4. 首批到意大利的旅行者

当斌椿和赫德率领的使团去欧洲时，意大利尚未与中国建立邦交，因此我国不在被访问之列。不过，使团所乘的船在墨西拿（Messina）做了短暂停留。斌椿在 1866 年 4 月 30 日写道：

> 丑刻，泊舟墨西拿一时许，系意大里亚国埠头也。售珊瑚者皆至船，列楼板上。果蔬甚佳，饭时朱樱、紫椹，甚觉可人。樱桃如蚕豆，春橘之大者如木瓜。辰刻，尚见山岛绵远，且有奇峭非凡者。内有火山数处，与《瀛环志略》悉合。[28]

抵达墨西拿的两天前，斌椿在日记中根据他所参考的徐继畬的著作，概述了我国的主要历史事件，徐继畬的书是他了解欧洲国家地理状况的主要来源：

> 意大里亚，汉书所谓大秦国。周幽王时，建城于罗马。传七世，为民所废，公举贤者治之，岁一易。势益强盛，东西诸部皆隶版图，纵横万余里，居然大一统也。嗣后，兴替分合不一，至今分为九土。长二千五百里，广北千余里，南数十里而已。[29]

因在徐继畬的著作之后，没有用中文写成的关于意大利的书，因此斌椿只知道 1815 年的意大利局势，不了解以后发生的变化，当时意大利王国已建立 6 年。

1868 年，中国派往欧洲和美国的第一个真正外交使团的成员，对我国的了解稍多一些。这一次领队的也是一个外国人，他是自 1861 年起就担任美国驻华公使的蒲安臣（Anson Burlingame, 1820—1870），他身边有两位中国官员，即满人志刚和汉人孙家縠。

使团的任务就是要顶住西方国家借修订 1858 年条约之机所施加的压力。清政府和在中国的一些西方人希望，这次出访能改善中国和西方列强间的关系，努力营造相互理解的气氛。实际上，这次出使除了让西方政府官员认识中国代表，以及中国代表对西方国家的政治现实有了较确切的概念外，并未取得任何即刻见效的成果。

代表团访问了欧洲主要国家和美国，得到各国政府人士，包括维托利奥·埃马努伊尔二世（Vittorio Emanuele Ⅱ）① 所给予的尽可能高的礼遇。

代表团除有前边已经提到的关于介绍我国情况的书籍（内容很少加以修订）之外，还拥有一本新书，即总理衙门在 1867 年左右出版的《通商诸国纪》，以供中国代表在旅行中了解有关国家的比较确切的消息。新书对意大利只写了 10 行字，内容空泛，结尾的一句是："虽衰弱而向为欧洲宗国，且教皇所自出，故列国皆尊仰之，遇盟会常居首座，如春秋之鲁云。"[30]

使团中可供参阅的唯一一本日记是志刚写的《出使泰西记》，他在蒲安臣突然死于俄罗斯的严寒之后担任代表团的领队。虽然代

---

① 意大利国王。生于 1820 年，1849 年继位成为撒丁-皮埃蒙特国王，1861 年在统一意大利后成为第一位国王，1878 年去世。被称为意大利"国父"。

表团负有外交使命，但吸引这些旅行者的仍是西方的技术：志刚在日记中谈论意大利时，就详细描述了他们越过阿尔卑斯山时所乘坐的齿轨火车，他关于意大利的访问写了四页，写火车就几乎占了一页。

对都灵和米兰的描写只有几行，简单提到了代表团与国王的几位亲属举行的会面。6 月 9 日，代表团在佛罗伦萨受到埃马努伊尔二世的接见：

> 见意国君主委克都阿，亲递国书。是日，司礼官带官车来接至其宫中，晋见仪节与别国略同。面陈之词，与比国同。意君答云："今见两钦使，甚为喜悦。承贵国皇帝特派钦使来递国书，道达美意。即希在贵国皇帝前代为致谢。两钦差在我国可服水土？"答云："水土与中国相似。"问："看我国地方好否？"答云："一路天气和平，景致清秀，人性聪明，待使臣等和美。"告云："我国那不尔地方甚好，可以往游。"答云："容日前往。"告云："惟愿往来一路平安。"答云："敬谢。"礼毕，归寓。[31]

然后是一段带有历史—政治特点的文字，这在关于意大利的整篇日记中，是唯一的一处。志刚写道：

> 意大利全境，俨为大邦。以夫娄阑司适中，即为都邑，迁居于此。南疆沿海，易于浮动，又以那不尔为行在避暑之所，以资震慑，联络商民。[32]

三天后，使团离开佛罗伦萨去了那不勒斯，志刚未记录一句关于佛罗伦萨的话。火车经过罗马时没有停下，因为那时罗马是教皇国家的首都，中国与之没有邦交。不过，志刚并未放过对技术奇迹的观察，这一次他看到的是古罗马人的技术：建在罗马南部乡村的水渠："惟沿途见引水高墙为异观。"[33]写意大利时，一般都会提到罗马人的水渠：我们在艾儒略 1623 年写的《职方外纪》一书中关于意大利的部分已经看到，《职方外纪》的这一部分又在 1844 年出版的《海国图志》中被全文转载，志刚肯定已经知道这回事。

志刚在日记中不厌其烦地记述在意大利参观过的古迹，就是 6 月 15 日参观的庞贝（Pompei）废墟。在叙述了发现庞贝的历史并提到几处参观地点之后，他对这座化作灰烬的城市竟受到意大利人极大的重视这件事，感到惊奇。

除了齿轨火车，也许还有罗马水渠外，我国的名胜古迹似乎没有令这位中国旅行者感兴趣的。庞贝和他在都灵、米兰看到的保存完好的古迹也是如此，国王接见代表团的佛罗伦萨的皮蒂宫，也没有引起他的兴趣。

日记以这段话结尾：

> 泰西各国饮食虽所不择，而实觉适口者甚少。惟夫娄阑司之樱桃如李实，一枚入口，即耐咀嚼而甘美无异。较之他处者，多则吐核为厌，少之则所尝无几，弗如远甚也。[34]

西方的食物竟然也不好，只有樱桃除外，但两年前斌椿在墨西拿已经称赞过樱桃。因此给人的印象是，在增进相互了解方面，中国代表团在意大利的停留没有起到丝毫作用。

第七章

从对技术的发现到羡慕欧洲体制

1. 翻译书籍和出版期刊

按照西方国家的模式用现代化武器来装备国家的期望，在 19 世纪 60 年代开始变为现实。这项被称为"自强新政"的主要倡导者是曾国藩，他努力使中国武库尽快走向现代化，将传统的儒家智慧与现时的迫切需要结合起来，这是他不懈追求的目标。曾国藩1872 年去世后，李鸿章（1823—1901）继续努力，他在 19 世纪末多灾多难的中外关系中，扮演着主要角色。曾国藩同李鸿章，包括恭亲王在内的少数官员，不得不与由慈禧太后控制的朝廷的盲目性发生冲突，特别是与绝大多数官员的矛盾更趋激烈，因为这些官员只顾自己的私利，不愿意接受对"外国野蛮人"采取温和的政策。

1862 年，曾国藩在长江流域的安庆设立一座制造现代武器的工厂，聘请一班中国文人到工厂的领导机构。这些为数不多的文人在那些年中对西方的科学技术表现出真诚的兴趣，他们中的一些人开始学习外国技术，所根据的是大约 3 个世纪前耶稣会士用中文写的著作，还有新近翻译的西方科学书籍，即新教传教士自 19 世纪50 年代开始翻译成中文的书籍。在中国文人和新教传教士的合作下，在上海出版的首批科学书籍中，有 1857 年印刷的欧几里得的九卷本《续几何原本》，前六卷本《几何原本》已由利玛窦和中国文人徐光启于 1607 年翻译出版。就好像要在两个时代之间架一座桥梁，在 19 世纪，中国与西方科学的关系史，恰巧从利玛窦在两个多世纪前中断的那一点重新起步。1898 年，一位深有影响的思想家梁启超评价这部著作的价值时说："近译西书之中，算书最佳。而几何原本尤为之魁。盖利徐伟李皆邃于算，而文辞足以达之也。"[1]

1867 年，安庆的兵工厂与上海的兵工厂合并，新的工厂附设一个翻译馆，专门翻译西方著作，这个翻译馆日后成了中国与西方世界科学和文化交流的中心。在大约 40 年的工作中，翻译馆翻译出版了 120 余部西方著作，其中多是数学、化学、医学和制造术方面的书籍。在西方译者中，最活跃的美国人傅兰雅（John Fryer，1839—1928）于 1898 年将丹多洛（Vincenzo Dandolo）的著作（*Dell' arte di governare i bachi da seta*，Milano 1815）翻译成中文出版，书名是《意大利蚕书》，他是根据英文版 *The Art of Rearing Silkworms*（伦敦，1825）翻译的，这很可能是第一本全文译成中文的意大利著作[2]。

正当中西学者在上海专心翻译科技书籍的时候，北京的同文馆翻译出版了首批有关西方法律和历史的著作。在涉及中国与西方关系最早也是最重要的著作中，是惠顿（H. Wheaton）的 *Elements of*

International Law（伦敦、费城，1836），其中文版由美国传教士丁
韪良于 1864 年出版，书名是《万国公法》。中国人对那些年用中
文译介西方书籍时所付出的艰辛劳动，感到十分惊讶，这可以从徐
继畬（《瀛环志略》的作者，这本书使中国人了解到现代西方地
理）为丁韪良 1868 年出版的另一部著作《格物入门》所作的序言
中看出：

> 泰西之学始于利玛窦之东来，迨后南艾诸公扩而充之，益
> 见详备。然所言者天文历法，于格物穷理之说，未之详也。余
> 顷待罪闽中，因公至厦门，晤米利坚人雅裨理，广见博文之士
> 也，能作闽语。余暇辄引与长谈。于泰西各国古今形势，粗知
> 大略，至格物之学，未暇及也。至同治五年，奉旨陛见，派在
> 总理各国事务衙门行走，管理同文馆事务，因而识冠西丁君。
> 冠西学问渊博，无所不通，著有《格物入门》一书，属余为
> 序。余受而读之，皆闻所未闻，且一一可以见之事实，与他人
> 之驰骛元虚，其语卒不可究诘者，盖判然矣。大清同治七年仲
> 春。五台徐继畬拜手序。[3]

新教传教士们继承 17 世纪和 18 世纪耶稣会传教士的传统，在
19 世纪激起了一些比较勤奋和目光敏锐的文人对现代科学基础知
识的兴趣，这些基础知识曾对西方的发展做出了贡献。

为了让中国文人接近西方世界，即接近基督教，新教传教士们
也开始出版几份中文刊物，起初属宗教性质。以后，他们发现，中
国文人特别对时而出现的少量一般性的消息感兴趣。1874 年，美

国人林乐知（John Y. Allen）创办了《万国公报》（*The Globe Magazine*），除了发表宗教和科学普及性的文章外，也将世界新闻收入，在这个有广泛空间的栏目里，不仅报道盎格鲁撒克逊国家发生的事件，也有其他国家的消息，包括意大利[4]。

《万国公报》每年刊登大约 20 条关于意大利的简短消息，直到 1889 年成为月刊，关于意大利的消息减少到每年不超过 10 条。有几个题材深受读者喜爱：地震、火山爆发和其他自然现象，以及关于意大利王国舰队发展的报告。鉴于一些中国官员奉行的自强政策，编辑们认为对意大利海军战舰的下水加以重点报道是合乎时宜的，这些战舰使我国在当时的海军中处在领先地位[5]。

无论如何，总也少不了与政治较密切的消息，如关于萨沃依王国、议会制政府和意大利王国与其他欧洲国家结盟及其签订的贸易协定[6]。我们看到庇护九世（Pio IX）教皇生病、去世和随后利奥十三世（Leone XIII）当选教皇的消息，就是一例。对维托利奥·埃马努伊尔二世去世和承继他王位的翁贝托一世（Umberto I）也同样作了重点报道。在 1878 年，也提到帕萨南特（Passanante）刺杀翁贝托一世的事件。[7]多亏发行量有 2000 份的《万国公报》，中国读者们才有机会知道关于意大利的一些简短消息，而意大利在 19 世纪 70 年代对与中国发展贸易和政治关系尚未表现出特别的兴趣。

1872 年在中国通商口岸居住的意大利人仅 23 位，到 1891 年增加到 133 位；意大利轮船在中国口岸极少出入，至 1891 年，每年往来的船只不超过 8 次[8]。意大利王国对中国缺乏兴趣也由一件事得到证明，即我国于 1867 年 3 月 31 日首次派驻北京的全权公使，同时他也是驻日本的代表，并在那里设立了官邸。只有到了 1878

年卢嘉德（Ferdinando de Luca）被任命为驻北京的公使，但他却在上海安营扎寨，因为那里有唯一一个我国同胞的团体，我国与中国的贸易往来虽然微不足道，却集中在上海。

在那些年月里，中国终于决定派出首批代表到西方，在其历史上首次全面有效地进入国际社会。

2. 中国代表在西方

派出首批代表不是件容易的事，这一次也是西方人向清政府施压的结果，因为朝廷在这件事上素来犹豫不决，生怕违反帝国古老的惯常做法。1875 年发生的事件为出使国外提供了机会，当时英国以其一位官员在中缅边界被杀为由，要求中国派一个使团去伦敦道歉。使团克服重重困难，终于在 1876 年 12 月 1 日从上海出发，由郭嵩焘领队，他是首位中国驻外代表。

选择郭嵩焘非出偶然。他曾对当局轻率对待中缅边界上的英国传教士，而没有采取应有的谨慎措施来保护英国人的安全表示过失望。他的立场招致了一些官员的尖锐批评，这些官员憎恨任何对外国人所持的温和态度。决定派郭嵩焘出使也是对他这一态度的惩罚：这项任务将会断送他灿烂的仕途，就如志刚和孙家鼐曾出使欧洲时那样，情况对他们非常不利，蒲安臣到了欧洲后，又被打发到边远地区担任较低的官职。然而，郭嵩焘知道他是在逆当时的潮流而行，他以自己的聪明才智执行着所肩负的使命，使自己成为最早从整体上了解西方的中国人之一并名垂青史；从他开始，中国对西方的认识出现了一个转折点。事实上，他第一个相信，中国得到西方技术不是要开始报复西方蛮夷，正相反，而是要使中国得以更深入地进行革新。

1877 年 1 月抵达伦敦时，郭把他在船上写的旅行日记寄回北京，题名为《使西纪程》。这本日记的出版引起了对他的尖锐批评，以致慈禧太后下令将其毁版。郭嵩焘从上海到伦敦写的几页日记，证实了他对西方的态度与当时中国人对西方的想法大相径庭。

如果说最早被派往西方的中国人写的日记中对西方技术表示了惊叹的话，郭则对欧洲的制度表达了羡慕之情，他甚至认为欧洲的制度与中国的制度有同等的尊严。

> 西洋以智力相胜，垂二千年。麦西、罗马、麦加迭为盛衰，而建国如故。近年英、法、美、德诸大国角立称雄，创立万国公法，以信义争先，尤重邦交之谊。致情尽理，质有其文，视春秋列国殆远胜之……英吉利起极西，通地中海以收印度诸部，尽有南洋之利，而建番部香港，设重兵驻之。比地度力，足称二霸。而环中国逼处以相窥伺，高掌远蹠，鹰扬虎视，以日廓其富强之基，而绝不一逞兵纵暴，以掠夺为心。其构兵中国，犹辗转据理争辩，持重而后发。此岂中国高谈阔论，虚骄以自张大时哉？轻重缓急，无足深论。而西洋立国自有本末，诚得其道，则相符以致富强，由此而保国千年可也。①

---

① 〔清〕郭嵩焘：《伦敦与巴黎日记》，岳麓书社 1984 年版，第 91 页。英文与意文译文见：J. D. Frodsham, *The Chinese Embassy to the West*, Oxford 1974，第 72 页和 M. R. Masci, *L'oceano in un guscio d'ostrica*, Roma 1989，第 254 页。

中国人观察西方世界时是寻求相似之点而非寻求相异之处，这还是第一次①。

尽管郭嵩焘的诽谤者们提出了种种指控，但他在西方人面前从未有过屈从的态度，他要做的就是将中国人自以为傲的那层文化面纱揭下来，因为这层面纱阻碍了中国与外界的交往。在那些以自己的文化为傲的中国人中，很少有人能够正确评价其他文化和其他文明的。中世纪旅行者和耶稣会传教士的努力都是徒劳的：广州的隆隆炮声，数千名西方的商人、传教士和外交官在那里的存在，一个忠臣郭嵩焘及其追随者们一反时代潮流的少数人的言论，都无法唤醒中国。只有到了 19 世纪末，一向被中国视为附庸的日本，于1898 年使清帝国的军队蒙羞，只有到了那个时候，中国才突然惊醒，意识到家园在燃烧，只能被放弃，再也无法修复。

郭嵩焘的旅行报告和他在欧洲写的日记表明，他不仅对西方技术非常欣赏，也特别重视为技术打下基础的科学，同时他还渴望中国能尽快拥有西方人在几年前就想在中国推广的那些技术设备：火车、电报机、邮政系统等。朝廷和知识界则认为，采用那些系统就是向西方的阴谋诡计无条件投降。以对西方人持强硬立场出名的官员刘锡鸿就提到过这点，北京当时把他安插在郭嵩焘的身边：

> 非然者，一意讲求杂技，使趋利之舟车、杀人之火器，争多竞巧，以为富强，遽谓为有用之实学哉？

---

① 原作所引用的郭嵩焘的文字的意思与郭嵩焘原文的意思有些许出入，可能是英文与意大利文翻译的问题。我们在上面将郭嵩焘的原文更为完整地呈上，可见郭嵩焘在讨论中西方相似之处外，更强调要学习西洋诸国的立国治理之道。

中国自天开地辟以来，历年最多，百数十大圣继起其间，制作日加精备，其言理之深，有过于外洋数倍者。外洋以富为富，中国以不贪得为富。外洋以强为强，中国以不好胜为强。此其理非可骤语而明。究其禁奇技以防乱萌，揭仁义以立治本，道固万世而不可易。彼之以为无用者，殆无用之大用也夫![9]

显然，这是两种不可调和的立场。那些有远见的人领悟到，中国为了生存下去，必须与西方打交道，进口那些曾使西方强大起来的机器，以适应中国现实的需要，以利于和平发展。另一方则认为，凭着中华文明道德和文化上的优势，应以各种手段来反对西方。细想想，也许正是郭嵩焘有意挽救中国文化所创造的精华，而清廷所推行的路线则无情地断送了帝国。

郭嵩焘在欧洲住了两年，返程途中，在 1879 年 2 月 7—11 日到意大利做了短暂访问。9 日到罗马，在那里度过一天，当晚乘火车去了那不勒斯。在罗马，他首先看了水渠，它们常引起中国旅行者的好奇。之后，他快速地参观了四座教堂：圣玛利亚大教堂、万神庙、老西斯廷教堂和圣伯多禄教堂。他在日记中为每座教堂都写了几句话。关于圣伯多禄教堂，他写道："堂中石工画工皆冠天下，所费累巨万万。"[10]这句话若是由西方任何一位旅行者所写，也许不值得注意，但出自 19 世纪末一个中国人的笔下，则值得注意了，因为郭所用的"天下"这两个字，在传统意义上，只指中国。因此在郭看来，天下不再只指中国，而是已扩大至包含地球上其他的国家：中国以外的空间扩展了，同时带来思想意识方面的开放。

参观教堂之后，他又匆忙地参观了帕拉蒂诺、大竞技场、提图斯凯旋门和君士坦丁凯旋门、图拉真纪功柱、古罗马广场、亚德里亚陵墓①和斗兽场；然后，也参观了有三座喷泉的纳沃纳广场、特里托内喷泉②和宾丘公园，他特别欣赏那里的水钟。

在那次犹如今天的外国旅游团那般紧张的参观之后，郭在离开罗马之前的日记中写道：

> 所历凡十五处，其旧屋古寺遗址甚多，皆千数百年前形制，及他所未游者，概不能详也。泰西所见，大都闳丽新奇，穷极精巧，惟罗马一皆古迹，游观竟日，别具一番心眼，此行良不可少也。[11]

2月10日抵达那不勒斯，郭参观了庞贝，记得很多很详细，比起9年前的志刚来，他表现出了更大的热情。与其他中国旅行者的不同之处在于，他的日记反映出他极为关注考古文物的意义，而不只是简单地记述出土文物的状况。

如果说郭嵩焘避免对意大利和它的居民作概括性评价的话，他的一个同伴则不同，中国驻巴黎使馆的官员黎庶昌在那不勒斯写道：

> 意大里之为国，土地膏腴，天时和暖，地利特胜。独其人民众多，习于懒惰，无争胜洋海之心。经过村市，大率尘鄙，无甚可观，不似英法之整洁。岂立国久者，势当如是欤？[12]

---

① 即天使城堡。
② 位于巴贝里尼广场，建于1642—1643年，由教皇乌尔班八世委托吉安·洛伦佐·贝尔尼尼设计和建造。

传教士郭实腊在他 1840 年写的著作中对那不勒斯所作的评论，其影响在半个世纪之后仍然存在：这些评论继续受到其他中国旅行者的广泛认同，只有郭嵩焘似乎要避开对我国的一般看法。

1879 年 9 月 6—15 日，黎庶昌第二次到意大利旅行。这一次，他对意大利艺术还是缺乏敏感，不过，他第二次旅行的日记倒是有意思，因为一个中国旅行者首次描写了威尼斯城。他可能是将威尼斯与苏州城相提并论的第一个中国人，苏州城内也布满了运河。可能就是从他的日记起，直至今天，他们仍将苏州比作"东方的威尼斯"，这未免有点浮夸。在简略描写乘船去了"一个吹玻璃的工厂"之后，黎庶昌写道："泛舟后步游市肆，其街巷之仄，小桥之多，与苏州阊门一带相类，特房屋式稍异耳。"[13]

中国的苏州以拥有丝织厂和几座优雅的花园别墅而出名，但其他的建筑物矮小简陋，难与威尼斯大厦的华丽相比。在黎庶昌的日记中，我们看到他心胸狭窄、头脑封闭，与当时的其他中国旅行者一样。

19 世纪 70 年代末和 80 年代，总理衙门派出几位官员到西方，协助在欧洲的中国外交官[14]，目的是研究为中国陆军和海军购买武器的可能性。1879 年 12 月 3 日，与父亲一起负责上海兵工厂多年的徐建寅[15]，曾在那不勒斯停留；但意大利未列入他的旅行计划，他此行主要是参观德国的军火工厂。

只有在 1888 年，意大利才被列入贸易考察计划之中。这年年初，总理衙门的官员洪勋来到意大利，然后他继续访问欧洲主要国家的首都，目的是收集关于军火工业的消息。洪勋在结束意大利之行时，写了一篇短文，题目是《游历意大利闻见录》，对我国表现出一定的兴趣。

我们还记得黎庶昌对威尼斯的描写，洪勋的描写则不同：

> 通达往来皆以舟楫，人家临水各有水门，街市多桥梁，故
> 无马车。中有一河，方广四五十丈，四面阛阓鳞比，楼台倒
> 影，潆红漾碧，如对画图。[16]

显然，洪勋很欣赏我国的美丽，略举了几件令他最喜欢的事物
之后写道：

> 虽此外未尝尽至，或至而未尝历览，而略举数端，则知西
> 俗相传有意大利为天下大园林之语，良有以也。[17]

在这篇 36 页的短文中，大部分是描述我们的行政和政治体制，
特别是我们的军火库。但也有一些在各处好奇的观察，如对宫廷舞
会的描写，洪在舞会上见到了国王和王后，描述了贵妇人的服装和
在陌生人陪伴下完成的奇怪的旋转。之后，洪勋写道："意其为夫
妇也，询之不然。"[18]他又补充道：

> 内设宴，有茶酒、糕饵、果品、蜜饯，列长柜如市肆，宫
> 人执役惟谨，饥渴则随时立啖，不设坐。[19]

这位有礼貌的中国旅行者，不愿对这种冷餐会式的西方饮食习
惯发表责备的意见，这种习俗在他眼里是很不文明的，因为中国人
厌恶站立着用餐。与他同时代的住在巴黎的另一个中国人则不同，

他这样描述西方的冷餐会式的习惯：

> 我有机会看到官方举行的大型舞会并参加了餐台前的一场
> 进攻战。这是一件令人感到极为惊奇的事，要是没有人告诉我
> 上层社会进餐的方式，我就会在我的笔记上关于《礼节》那
> 一章写下这句话：上层社会的人在蒙国家元首接见时，不是入
> 席就座，而是如作战一样，气势汹汹地扑向餐台。……我每次
> 出席官方舞会时，自然也免不了参加这种餐厅大战。[20]

虽然中国早在 1881 年就已经任命了驻意大利的官方代表，但
首位常驻使节许景澄直到 1884 年才上任。继他之后的是刘瑞芬
（1888），再是薛福成，他从 1891 年 3 月 10 日至 4 月 3 日在意大利
停留，他在日记中对意大利的访问做了详尽的描写。

薛福成同几乎所有的首批中国代表一样都是曾国藩圈内的人。
他在给曾国藩做了 8 年的助手后，又为继续执行自强新政的李鸿章
效劳。薛在启程前就已对西方感兴趣，他积极支持中国获取西方技
术。在欧洲停留期间，他设法沿着郭嵩焘的思路进行深入研究，他
发现，西方技术和贸易只是使欧洲人强大的一个方面，他们的强大
则是基于他们的政治和社会制度。他发现了以表决为基础的议会制
度和教育制度的优越性，因此薛的推论是，中国国家制度内部也需
要进行彻底的改革。

19 世纪末，意大利一位有才华的汉学家和外交家武尔披齐
（Volpicclli）来到中国，他介绍了薛福成旅意日记的儿段文字，在
1900 年意大利有名的文学杂志《新文集》（*La Nuova Antologia*）中

这样写道：

> 这几段文字的翻译，对我们来说不能没有一定的政治意
> 义，由于中国不了解意大利，不知道它的声望，也不知道它的
> 历史，所知道的只是其外交大臣的报告上所反映的情况，要是
> 薛福成愿意言行一致并忠于他最初的印象，看来可以断定是这
> 样：那么他就应该把关于我们的最新信息告诉北京，尽管对我
> 们的恭维之词甚少。这对中国人之于我们在政治上的狭隘意识
> 不能说没有贡献。[21]

薛在 1891 年 3 月 12 日抵达罗马，他记下了对意大利及其国民
的最初印象："观其人民形状服式，似稍与亚洲相近。"[22] 关于这一
点，武尔披齐指出，"毫无疑问，薛所指的亚洲民族就是中国人，
这是他所知道的唯一的民族，但促使他得出这个'相近的'结论
并将蒙古人与罗马人作极有趣比较的理由，却向来不知道"[23]。薛
福成继续写道：

> 然罗马城中瑰货之充实，阛阓之完丽，街道之整洁，非但
> 不如英法两国，亦并不如比利时，且贫苦之民较多。推原其
> 故，义（指意大利——译者）之通国方里，仅逮奥法等国之
> 半，而以地势扼要，四邻窥伺，陆防海防，皆不能不加意绸
> 缪，养兵较多，縻饷斯巨；国债日积，偿息倍繁，所以通筹国
> 用，常有竭蹶不遑之势。其国虽沃土，然物产丰饶，尚不如
> 法；讲求工艺、又不如比；人精会计、善于经商，则更不如

英；境内并无可开之矿，兹其所以稍贫也。[24]

武尔披齐评论这一段时，又写道：

尽管我们民族的自尊心不能不因一个半野蛮的中国人对我们作出的如此评价而感到被冒犯，但是，那种认为否认那些正确评价的准确性也是最爱国主义的表现，则是不正确的。就如我们现在读到一个鞑靼人向他的政府表达对意大利的看法，要是我们对欧洲强国驻罗马的大使们向他们政府汇报关于我国外交和内政的内容，能够有所认识的话，那些评价对我们会是极其严厉的教训![25]

薛参观罗马时，手里拿着艾儒略 1623 年成书的中文著作《职方外纪》，翻到有关意大利的章节，经常将他所看到的罗马与书中的描写进行对照。薛看到对万神庙和罗马水渠的描写都很精确，但在参观圣伯多禄教堂时，则有些困惑。他问，教堂为何以"比爱"（Pietro）为名，而艾儒略称它"伯多禄教堂"，显然他不知道伯多禄（Petrus）在 17 世纪的中文音译和比爱（Pietro）的新近音译之不同。由此可见，艾儒略两个半世纪前的作品除了名字的音译外，仍继续受中国文人的赞赏。

薛福成在参观了许多罗马教堂并对基督宗教略加描述后，对西方人的信仰进行了思考，很好地综合了他和当时许多中国文人对基督宗教的看法：

　　惟余谓西国天主等教，亦已早失耶稣之真传。观其修造教堂之闲侈，厚敛教民，财殚力痡，实与耶稣崇俭爱人之旨，大相刺谬；而贵贱老幼，虔诚趋赴，举国若狂，甚属无谓。盖西人于措注国政之要，及讲求一切富强之术，具有本末，不能不谓之智；而独于奉教一事，胡不深思其理也？吁，何其愚也![26]

稍后，他又写道：

　　数百年来，罗马财耗民贫，颇有凋敝景象。国人皆云，自义王入都以后，渐见兴旺，广厦既多增建，商务亦稍繁盛矣。询其何故，则谓从前教王管理罗马，绝无教养之政也。大抵教王究竟如中国之僧道，于所谓牧民治民之法，茫无所知。而罗马为其所辖已千余年，但掇拾耶稣之绪余，以愚弄其民。其说谓敬事天主，即可获福，而一切学问，一切本业，皆非所尚，以致民情偷惰，生计日蹙。[27]

　　薛福成由于长驻欧洲，能够将西方体制和基督信仰清楚地区分开来，而他的同胞们却很难做到这一点，这是因为在中国的西方商人和传教士之间有着密切的关系。由此可见，郭嵩焘在19世纪70年代蒙受最大的指控之一，就是他皈依了洋人的宗教，这并非偶然。而薛福成事实上欣赏的是西方的实用精神，并不是基督宗教，这与他所主张的一致，实用精神完全符合儒家不可知论的治国学说。

　　3月30日，薛向翁贝托国王呈递国书，国王与他站着交谈约有半个小时，这件事可能使他觉得很奇怪。意大利国王站着接见外交代表的事实，在许多年后仍使驻意大利的中国公使们惊讶。1903年 12 月 18 日，许珏大使向维托利奥·埃马努伊尔三世（Vittorio Emanuele Ⅲ）呈递国书后，被邀请入座，他认为这是国王的特别慈爱的表示[28]。

第二天，薛拜见玛格丽塔（Margherita）王后，"后仪度端详，辞令温雅"[29]。他在匆忙参观那不勒斯和庞贝后，4 月 3 日就离开了意大利。

3. 19 世纪末，意大利在中国舆论界的形象

19 世纪的最后几十年，接连发生的政治和军事事件加速了帝国的灭亡。在 1894—1895 年的甲午战争中，中国败给了日本。这一事实彻底打破了那些希望只通过获取西方技术来解决中国与西方国家艰难关系的人的梦想，中国知识界的精英深信，需要一个较深刻的体制改革纲领。这些改革计划，在光绪皇帝根据康有为和梁启超的建议而制定的乌托邦式的维新纲领中得以具体化。康、梁二人是受中国古典文化熏陶的思想家，同时也是西方政治和科学著作的贪婪读者，这些著作在 19 世纪末由西方人大量翻译成中文。维新运动只持续了大约 100 天，从 1898 年的春天到夏天：慈禧太后将年轻的光绪皇帝囚禁起来，康、梁不得不逃往国外，中国再次完全地落入那些不肯向西方做任何妥协的官僚派的控制之下。清政府在战败后被迫向日本做出了大量妥协；西方列强紧随其后，也得到中

国割让的广大土地，给本国的商业注入了新的活力。

在这种背景下，19 世纪末意大利和中国的关系中发生了一件令人哭笑不得的事件，这个事件在中国和意大利都引起了广泛的反响，在意大利甚至导致了政府的改组。由鲁迪尼侯爵（Antonio di Rudini）领导、韦诺斯塔（Visconti Venosta）为外交部长的意大利政府，有意向中国试探，也要求得到一块租借地作为海军基地，看是否有这种可能性。这件事受到意大利驻北京的代办萨尔瓦葛侯爵（Giuseppe Salvago Raggi）的劝阻，他认为也许在以后的时间里再做这个尝试会更好。随后，佩卢（Pelloux）政府重新考虑这个方案，将地点选定在浙江省的三门湾。当时任外交部长的是海军上将卡内瓦罗（Canevaro），意大利驻北京新任代办马迪诺（Renato De Martino）奉命向清朝提出这个要求，当然遭到断然拒绝。马迪诺又遵照外交部长卡内瓦罗的指示，把要求改成最后通牒：如果中国执意拒绝意大利的要求，意大利将在四天内军事占领三门湾。英国不赞成这个做法，"奉劝"意大利放弃这种态度，于是卡内瓦罗再次发电报给马迪诺，勒令他收回最后通牒。这件事使他在中国和其他欧洲列强面前丢尽了意大利的面子。马迪诺不仅为此承担了责任，也被召回国。这件事在意大利的报章上引起了广泛的抨击，有人认为这个举动是维护意大利在中国的利益，其实这个利益很微薄；有人则比较明智，批评这个举动轻率，代价甚高，并且没有得到其他西方强国的支持。

意大利国会在 1899 年 5 月 1—2 日的会议上讨论了这个问题。政府的行动受到了严厉的批评，佩卢在 5 月 14 日改组了政府，撤换了外交部长卡内瓦罗，重新起用了前部长韦诺斯塔，致力于寻求一个恰如其分的解决途径，但清政府依仗这个外交上首次和唯一一次的成功，没有同意，最后不了了之。

这一事件在意大利成了研究的课题，这些研究指出，我们对中国的外交政策在那些年月里一直处在幻想之中，对中国现实缺乏恰当的认识；可是，对中国报界在这件事情上的反应，对中国驻意大利代表的报告对总理衙门的影响，却很少研究。首先是薛福成的报告，他清楚地指出：意大利是个弱小国家，正处在深重的经济危机中；这些情况使它无法在中国采取类似行动。[30]

关于当时中国报界对令人遗憾的三门湾事件的反应，首先值得一提的是，完全由中国人负责管理的首批刊物在 19 世纪末才诞生，其中一份成了传播维新思想的主要工具，即在日本横滨发行的《清议报》，由推行改革的梁启超任主编，他在 1898 年变法失败后逃到了日本。

三门湾事件在这家报章上找到了一定的空间，有几篇专文评论了这一事件。1899 年 6 月 8 日刊登的一篇文章[31]，根据那个年代的意大利局势对这个悲哀的事件作出了评论。这篇文章只有了解了那些年在意大利发生的事件后才能够看明白：国家财经困难，1898 年 4—5 月的人民起义被军事当局残暴镇压下去；教会与奥地利和法国密谋欲危害意大利王国的怀疑从未消失。这篇文章虽然简要，却令我们看到意大利在中国舆论中的形象。现将全文翻译如下（以下是中文原文——译者）：

意政府变更缘由二则

向者意国要索三门湾，而遭清国峻拒，政府为之瓦解，新政府结构，今尚未成，是迩来外交场中稀有之丑态，列国环视以为笑柄宜矣。此际意国，能结构新政府，则将采若何政策耶，是亦属外交场中之一疑案。顷外交家某氏为说曰："意国财政之困蹶，世人皆已知矣。然意穷厄之原因，犹不止此。此外又有二端焉，其害毒比国库困匮之酷加数等。盖国民视武人为蛇蝎，武人视国民以为虫蛆，暴横肆虐，无所弗至，且百方设阴计以阻国政，是其一端也；罗马法王亦务煽动其徒而抗政令，阴或通奥，或结法，一朝有衅，便欲乘之以复王家，是其二端也。故假令意政府，于财政于外交，能绰绰有余裕，而欲除二者之害于国内，亦属至难；此次政府之瓦解，非独由对清之失策，亦由二者借口于此以挤排之耳。意之国情已若此，岂能与列强逐鹿于清之中原哉。然则新政府之成，以其所攻旧政府之案，而欲自任也难矣。如三门湾一案，自非得一强国为援，几何不归澌灭乎哉。"[32]

　　如果说意大利在中国的政策未使我国争得特别的光彩的话，那么中国读者阅读《点石斋画报》时对意大利可能有了更好的了解。这是一本有插图的副刊，由 8 幅带有解说词的石版画组成，随《申报》每月出版三期，或单独零售。在发行的 14 年中（1884—1898），《点石斋画报》与今天随报纸发行的刊物相似，登载关于在中国和在国外发生的有关奇闻的插图。

　　这份刊物深受欢迎，将中国人生活的消息和画面带入数以千计的中国家庭，但有关外国人，即居住在中国或在其他国家的外国人的消息更多。由于插图者的想象力，许多中国人能够首次看到西方的一些交通工具，如战列舰、高空气球、潜水艇、地铁和自行车，也了解到西方风俗中奇特的方面，如妇女的角色、婚姻、对子女的教育等。插图的解说词往往以一段简短的评论作结语，对西方的"恶作剧"多少有些讽刺的味道。

外国消息主要取自盎格鲁撒克逊报章或它们有插图的副刊，报道在英国、美国和法国发生的事件，关于其他国家的消息也有。因此，也刊登了在我国发生的惊人事件的新闻，消息素来取自其他西方国家的报章，尤其是英国报章。

例如，在1896年10月刊登了一幅带有解说词的石版画，叙述的是1896年7月28日一艘意大利旧战舰"罗马"号在拉斯培席亚港（La Spezia）下沉的事件。这艘战舰在1865年搁浅，况且已经废弃，船上的桅杆被卸下，船体被用作仓库。战舰下沉的消息在当时的意大利刊物上也有记载，如在8月9日和16日的《意大利画报》（L'Illustrazione Italiana）上，8月30日的英国报纸也在几页有插图的加页上突出报道了这个事件，显然这篇报道做了很好的发挥，向读者们表示，当时处于欧洲海军前列的意大利舰队，实际上是由一些容易沉没的船只组成的[33]。

请看为石版画写的解说词：

电焚铁甲

英报载，上月三十日，天大雷电。以凤斯培席亚海口，泊有意国防海铁甲一艘，名鲁马者，为电所触，致兆焚如，火光熊熊，几及火药房，且将延及同泊之巴列士多船。时，巴列士多船满载炸炮轰药；设被烧及，祸更不堪设想。不得已，遂将鲁马船中水手人等，援登该船，且放二水雷，将鲁马船击沉海底，始免蔓延之祸。夫电火之触焚船焚屋，时有所闻。即西人讲求避法，亦既有年，而卒令人防不胜防者，此何故耶?[34]

几个月后，《点石斋画报》登载了另一则关于意大利的消息，是我们的一位同胞的奇妙发明。配画很有可能取自一份英国报章，因为卫兵的制服和建筑物的风格，看上去是英国式的，而不是意大利式的。

电 气 捉 贼

意大利国有名八乐既者，创造电气安置宅内，可以捕捉盗贼。其法，于宅内安置电气；夜间有贼，潜启户扉；扉启则电气忽明，贼必猛吃一惊。维时，电气光中已。将贼之面目，拍成一照。迨后，电光渐灭，电铃响动，直达捕房；巡捕得知，即掩至拘捉，按图索骥，百无一失，至妙之法也。或曰：贼有贼智，可先将宅内电线割断，则以上功效全无所用，然后缓缓窃取；而宅中主人恃有电气，毫不防备，往往有一任贼之所为。故置电不如豢犬之为愈也。[35]

解说词的语气表明，在 19 世纪的最后几年，中国对西方世界仍存有戒心：中国要想摆脱孤立状态和克服数千年来的文化优越感，尚需走漫长的道路。

第八章
19 世纪与 20 世纪之交：
意大利和中国在彼此文化中的形象

1. 清帝国的灭亡

20 世纪之初，在中国爆发了义和团运动。这是一场人民反抗运动，由秘密社团义和拳领导，但它很快就被朝廷利用，成了反"洋人"的工具。清廷从未放弃对外国人的敌视态度，在三门湾事件中战胜了意大利之后更是如此。对传教士从未平息下来的民愤和19 世纪末出现的严重经济形势，都成了产生并扩散反抗的肥沃土壤，这场运动以在北京杀了几个西方人和进攻外国公使馆达到高潮。

西方八国于是决定组建联军，这支部队很快战胜了义和团。正当北京陷入战火之时，慈禧太后逃离了首都，委托年迈的总理大臣李鸿章设法达成协议。西方列强迫使中国作出条件苛刻的经济赔偿，特别是要维持过去同意给予他们的优惠和让步。意大利也参加了联军，除了得到赔款外，还在离首都不远的海滨城市天津得到了一块地盘，这块租界就是意大利在中国的基地。意大利终于迈出了艰难的第一步，这再次反映了在远东推行积极政策方面，我们国家表现出的举步维艰。

义和团反抗运动成了中国腐朽统治阶层妄图以武力摆平与西方人关系的最后一次尝试，开启了与西方关系史上的新阶段，也许不那么残酷，但同样是艰难的。1900 年发生的事件使西方公共舆论界认为中国是一个粗暴和敌对的国家，也毁灭了中国力图在平等的基础上与外国人谈判的任何希望。

1904—1905 年，俄国和日本为控制中国东北地区（满洲），在中国的领土上进行了一场战争，战争以满洲和朝鲜落入日本的势力范围而告结束。1908 年，光绪皇帝和慈禧太后相继去世，年幼的溥仪成了实际上已经解体的清王朝的末代君主，经过人民起义和军事起义后，中国在 1911 年宣布建立中华民国。

2. 中国小说中的一个意大利人

一个意大利采矿工程师成了中国小说《文明小史》[1]头几回的主角。在中国数千年的文学史上，意大利人作为主角出现在一篇文学作品中，这还是首次。事实上，直到本世纪的最初几年，还很少有异邦人物在中国小说中扮演重要的角色，而将故事的情节部分或全部地安排在国外，则更是少见。

19 世纪的政治和社会事件在文学领域也引起了巨大的变化，

在中短篇小说方面更是如此。在19世纪的最初几年，中短篇小说引起中国文化界的注意，有了一些特色，或巩固了在其传统上已经存在的一些倾向，使小说成为在中国传播新思想和新思维方式的主要文化工具。小说写成会话形式，从现实生活中获取灵感，终于能够反映出中国社会各种现实的真实面貌。清末小说在从古典文学向现代文学的过渡阶段中，扮演了决定性的角色，它继承了古典文学和通俗语言的遗产，为尝试传播现代文学开辟了道路，这些尝试在随后的数十年中走向成熟。在描写中国社会现实的同时，从1898年维新变法的失败到中华民国诞生，那些年的中短篇小说也为我们介绍了西方人当时在中国的形象。

描写意大利工程师的这篇小说，以湖南省的一个偏远地区为背景。当时，在中国引起动荡的事件的风声，尚未传到那里。知府宁静的田园生活和松松垮垮的政务，被在城郊一家旅店发生的一件平常小事给打破，住在那里的一个外国人打了一个伙计，因为那个伙计给他端茶时未发觉茶杯是破的。

柳知府曾在北京待过多年，深知与外国人打交道时需要慎重。他得知情况后，决定到旅店拜访这位著名的外国客人及其随行人员，期望尽快解决这个问题。

随柳知府到旅店的还有一位法官和一名翻译，翻译是位老先生，曾上过3个月的英文课。

名帖投进，亏得那矿师自到中国，大小官员也见过不少，很懂得些中国官场规矩。况且自己也还会说几句中国话，看过名帖，忙说了声："请！"柳知府当先下轿，走在头里，翻译张师爷夹在中间，首县打尾。进得店门，便有店里伙计领着上楼，那矿师已经接到扶梯边了。见面之后，矿师一只手摘掉帽子；柳知府是懂外国礼信的，连忙伸出一只右手，同他握手。原来便是读过三个月洋书的张师爷，更不消说，这个礼信也是会的，还说了一句外国话，矿师也答还他一句。末了方是首县，上来伸错了一只手，伸的是只左手，那矿师便不肯同他去拉。幸亏张师爷看了出来，赶紧把他的右手拉了出来，方算把礼行过。那矿师同来的伙计，连着通事，都过来相见。那通事鼻子上架着一副金丝小眼镜，戴着一顶外国困帽，脚上穿着一双皮鞋，走起路来咯吱咯吱地响，浑身小衫裤子，一律雪雪白，若不是屁股后头挂着一根墨测黑的辫子，大家也疑心他是外国人了；见了人并不除去眼镜[2]，朝着府、县只作一个揖，亏他中国礼信还不曾忘记。一时分宾坐下，西崽送上茶来，便是张师爷一心想卖弄自己的才学，打着外国话，什么温、吐、脱利、克姆、也斯[3]，闹了个不清爽。起先那矿师还拉长了耳朵听，有时也回答他两句，到得后来，只见矿师一回皱皱眉头，一回抿着嘴笑，一句也不搭腔。府、县心里还当他俩话到投机，得意忘言。停了一歇，忽见矿师笑眯眯地打着中国话向张师爷说道："张先生，你还是说你们贵国的话给我听罢。你说的外国话不要说我的通事不能懂，就是连我也不懂一句。"大家到这里方才明白，是张师爷功夫不到家，说得不好，所以外国人也不要他说了。张师爷听了这话，把他羞得了不得，连耳朵都绯绯红了，登时哑口无言，连中国话也不敢再说一句，坐在那里默默无声。[4]

幸亏这个意大利人能说一点中文，他向知府解释，自己是奉总督之命来这里探查开采当地矿山的可能性的。

这位外国人来到府衙时，刚巧赶上知府忙着科举考试。客人的到来使他分了心，将考试推迟，这可引起了考生们的怨恨。此外，为了便于外国工程师的工作，知府让人张贴告示，令百姓为访客的活动提供方便。

那时在中国流传着一种迷信，认为如将矿山打开，就会使大地的"元气"泄漏，而修建铁路则会割断"龙脉"。这个外国人到来的消息在农民中间引起了恐慌，他们担心现场勘查会导致开矿。

百姓的恐惧再加上被迫等待参加科举考试的考生们的怨恨，在那个宁静的小城激起了一场暴动。那个意大利人和他的随行人员在旅店跳窗，逃出了想捉拿并杀死他们的暴动者之手。但后来，他们还是被几个农民捉住。他们又企图趁黑夜逃走，终未成功，最后被捆绑着带到衙门。这时，衙门已经被暴民围住，他们确信知府曾帮助这个外国人逃走。工程师除了提出退还给他在骚乱中丢失的个人物品外，还要求知府和法官给予巨额赔偿。经过长时间的讨价还价后，知府同意付款给他，只要看到他离开就好。工程师就这样离开了衙门，未能完成总督交给他的任务。这个故事以柳知府被停职结尾，接替他的是一个较干练的官员，但也没给这个地区带来太平。

这个故事只是当时中国社会全景中的一个片段，作者通过全书50余章的非凡描写加以介绍。书中，西方人成了中国多元现实的一个方面：从各方面看，他们都可以说是一个社会群体，他们周围有官员、商人、娼妓，等等，这些人物在中国现实中所扮演的角色，在当时的文学作品中多有讽刺性的描写。小说中外国人被描写成一个爱挑毛病的人、好找麻烦的人，傲慢，动不动就要求赔偿，生来就有一种文化和种族的优越感：所有这些方面，很不受中国百姓和中国官员的欢迎。但是，人们怕外国人，认为他们有魔术般的武器，能扰乱祖传下来的日常生活。当一个官员为处理公务与他们打交道时，最糟糕的是与他们发生磨擦，那意味着他一定要遇到麻烦了，要灾难临头了，他的前程也就危险了。

作者描述的这个"外国人"，意在他只是个单独的人，与他所属的民族、语言（只指出他说"外语"），甚至肤色都无关，这些都是次要的，毫无影响，他的主要特征就是"不是中国人"。采矿工程师这个角色很可能是作者虚构的，但无论如何，作者从现实生活中获得了灵感，很可能就是在故事中提到的省份发生了的事件；那时，张之洞任湖南总督，他是自强新政的稳健支持者，致力于铁路和工厂的建设。

我们要问的是，作者为何恰恰选中了一个意大利人，而没有选择当时在中国人数更多的其他任何一个国家的人呢？选择意大利人，而不是英国人、法国人或德国人，李宝嘉也许想避免意想不到的批评，这些批评可能会来自那些比较留意中国形势的西方列强。如果这是作者的本意，那他完全成功了。据我所知，我国从未有一人发现过，我们的一个同胞进了中国小说，他是一个并不讨人喜欢的人物，也不是一个模范人物。

3. 对意大利和复兴运动的兴趣

正当一些中国知识分子根据外国人在中国境内的所作所为，或根据先期去西方的旅行者写的报告，继续对西方人进行审视的时候，其他一些人在日本找到了了解中国外部世界的新渠道。日本十多年来成了众多学生和知识分子的第二故乡，他们被日本自1868年以来惊人的现代化进程所吸引。事实上，从1898年的维新运动失败时起，中国文化和政治上的封闭状态就促使知识界人士去东邻日本寻找避难所，日本对西方开放的政策，产生了广泛而深刻的文化影响。这个显著的影响就是把西方著作译成日文，中国知识分子可以通过日文译本阅读和欣赏西方著作（日文与中文有很大的不同，但对中国人来说，日文比任何一种西方语言都更容易懂）。在中国的新教传教士们要将科技著作翻译成中文，但在19世纪下半叶却忽略了历史和地理方面的书籍的翻译，而与此同时，在日本却进行着大量的西方文学、历史和哲学著作的翻译。这大量的翻译、改写和小说作品，成了在日本的中国人扩大眼界、激发对文学和政治的热情的取之不尽的源泉，一些中国人得以摆脱那些在中国仍然有广泛市场的对外国人的偏见。总之，日本成了当年中国文化通向西方的捷径。

这样一来，一些中国人看待欧洲人时，不再只根据欧洲执政者们所推行的政策或欧洲商人和传教士们的表现，而开始注意到他们的文化和历史遗产。西方及其居民的形象有了彻底的转变：过去西方是个模糊不清的形象，只知它是外来的，常常制造威胁；现在，对一些知识分子来说，西方成了获得政治和文学灵感的源泉，西方的文学杰作及其历史上的英雄人物传记被拿过来，以便从中寻求政治理想和文学典型，借以振兴中国的文化和政治。

那些想利用或经常滥用西方历史和文学人物来对文学或历史潮

流施加影响的人，肯定会大失所望：我们的英雄人物只是被用来当作颂扬革命和爱国美德的传声筒而已。这是一种尚外主义，只要根据那些年代中国的历史和文化背景去看待它，是可以理解的。另一方面，类似形式的尚外主义是朝相反方向，即向东方发展的，它在欧洲文化中曾多次出现，刚好在同一时期也反映在意大利的文化中。

就这样，在 20 世纪的最初几年，除了欧洲其他国家的许多人物外，一些中国文人也喜爱意大利复兴时期的人物，即马志尼（Mazzini）、加富尔（Cavour）、加里波第（Garibaldi）和阿妮塔（Anita）。意大利与欧洲其他强国相比，只是一个小强国，在三门湾事件中的蹩脚形象遭人讥笑，现在因摆脱了外国枷锁，争取到独立和统一而受到称赞。在 1898 年维新变法失败后流亡到日本的梁启超，就是本着这个意图在 1901 年写下了历史散文《意大利建国三杰传》[5]。梁启超在引言中写道：

> 梁启超曰：欧洲近数百年，其建国之历史，可歌可泣可记载者，不一而足。其爱国之豪杰，为吾生平所思所梦所崇拜者，不一而足。而求其建国前之情状，与吾中国今日如一辙者，莫如意大利。求其爱国者之所志所事，可以为今日之中国国民法者，莫如意大利之三杰。之三杰者，其地位各不同，其怀抱各不同，其才略各不同，其事业各不同，其结局各不同，而其所以使昔日之意大利成为今日意大利者，则无不同。无三杰则无意大利，三杰缺一，犹无意大利。三杰以意大利为父母为性命，意大利亦以三杰为父母为性命。吁嗟乎，危哉！今日

之中国，其乌可无如三杰其人者。吁嗟乎，耗哉！今日之中
国，夫安所得有如三杰其人者。吾窹而叹之，吾窹而言之，我
国民其犹知爱国乎？虽其地位相万，其怀抱相万，其才略相
万，而万其言，而万其途，而万其策，而万其业，其上焉者，
亮无不可以为三杰之一；其次焉者，亮无不可以为三杰之一之
一体。人人勉为三杰之一，人人勉为三杰之一之一体，则吾中
国之杰出焉矣，则吾中国立焉矣。作意大利建国三杰传。[6]

在这篇作品中，梁概述了从维也纳会议到意大利收复罗马这段
时间意大利复兴运动的历史，首次向中国大众扼要介绍了促成意大
利建立王国的主要事件。

梁非常喜爱意大利的历史，1902年他打算将《意大利建国三
杰传》中所叙述的历史事件改编成一部音乐剧，取名为《新罗
马》[7]，可能是影射中国。在他看来，中国应当能使过去光荣的盛况
再现，继拜占庭和莫斯科之后，成为第四个罗马。

梁启超是个有影响的杂文作家和评论家，但在文学园地却没有
取得同样的成功：音乐剧《新罗马》是用古文写成的，文字浮华，
充满文学典故和隐喻，夸夸其谈，矫揉造作，事实上只是一次巴洛
克风格的尝试，不符合时代潮流。但它的内容还是值得一提的，因
为它取材于50多年前发生在一个遥远西方国家的历史事件[8]。

但丁、梅特涅（Metternich）、俄罗斯的亚力山大（Alessandro）、
普鲁士的弗里德里希（Federico）、那不勒斯的斐迪南（Ferdinando）、
马志尼、加里波第、克里斯皮（Crispi）和奥尔西尼（Orsini），这
些人于是背诵起中国古文台词或吟诵起了剧中的诗句，他们穿着离

奇古怪的服装。读者在一堆西方和中国的文学和历史的杂烩面前，不应感到惊讶。其实，中国观众在观看普契尼（Puccini）几十年后谱写的歌剧《图兰多》（*Turandot*）时所感到的厌恶，也与之不相上下。在中国，同我们这里一样，外来的东西只是个由头，被作者或多或少巧妙地加以利用，将一个遥远和奇异世界的回音带入观众的幻想中，在那里所发生的故事与我们希望也在我们的世界所发生的事情，有完全或部分相似的地方。要是涉及爱国事件或爱情故事，则就像在梁启超的《新罗马》和普契尼的《图兰多》中所表现的那样，没有太大的差别。

康有为对我们复兴时期的事件表现出了同样的热情，这在他的文章中可以看到。他是当时中国的另一位杰出人物，在 1904 年 5 月访问意大利后，对意大利作了描写[9]。

1904 年 5 月 3 日，康有为在布林迪西（Brindisi）上岸，开始了他发现西方的旅行。他在意大利逗留了 10 天，这段时间足够他写出一大篇关于意大利的通讯报道了，不过这篇报道竟长达 150 页！这个情况也不足为奇：有多少我国的新闻记者在参观访问北京一个星期之后，就写出了关于中国的长篇报道并摆出一副权威的架子啊！

康有为在意大利写的日记，在许多方面与薛福成大使写的有相似之处：我们看到他对古迹和教堂做了同样详细的描写，对天主教会和信徒的迷信也做了同样刻薄的评论。与薛福成日记的不同之处（康有为一定读过薛的日记），对观察意大利形象是怎么改变的则很有启发。要是对这一点我们可以补充的话，那么薛福成是中国政府派出的官员，而康有为则是一个日薄西山的改良者，对日记的解读显示出相当有意思的见解。

汉学家武尔披齐称，康有为所做的关于意大利人和中国人的比较，是"极有趣的"比较，很相信他的观察。康有为在由埃及塞得港（Said）开往布林迪西的意大利轮船上就注意到："舟子多用意人，粗黄类东方人。"

他不仅仅局限在体形外貌上的比较，还指出了意大利和中国的种种相似之处，尤其在指出中国和其他欧洲国家间的巨大差别时，更突出了这些相似的地方。旅行之初，中国与意大利的相似之处使他感到失望，在欧洲的旅行结束时，他却发现，正是同意大利的接近才能成为对其加以敬慕的原因：要是与中国这么相似的意大利能够获得独立，那么中国也同样可以获得独立。旅行之初，他在那不勒斯写道：

> 未游欧洲者，想其地若皆琼楼玉宇，视其人若皆神仙才贤；岂知其垢秽不治，诈盗遍野若此哉！故谓百闻不如一见也。吾昔尝游欧美至英伦，已觉所见远不若平日读书时之梦想神游，为之失望。今来意甫登岸，而更爽然。意久裂于封建，乱于兵燹。虽在欧洲，而北欧各国道路宫室田野之精美，乃迥不若。……概而论之，北欧各国，皆胜于我。意国与我国平等相类。[10]

他在意大利逗留结束时却写道：

> 意之地荒人多，与中国同；贫乏少用机器，与中国同；古国多旧俗，与中国同；迁徙殖民，亦与中国同；工商未盛，亦

与中国同。故意之变法，我国亦可采择焉。[11]

康有为同他的弟子及朋友梁启超，同样对我国表现出了好感，这只能从他们对我们的复兴运动的欣赏角度来全面理解。在 1898 年维新变法时期，康、梁二人似乎都不知道意大利发生的事件[12]，只是在几年之后，由于他们当时在日本，才发现中国与在意大利复兴时期发生的事有相同之处。如果说梁启超在他的音乐剧里广泛突出了加里波第和马志尼这两个角色的话，康有为则似乎更受加富尔的吸引。事实上，这位意大利大臣在埃马努伊尔二世国王身边扮演了外交和政治上的角色，与康有为在 1898 年维新变法时期渴望在光绪皇帝身旁担任的角色可做比较。

他在那不勒斯一看到加富尔的雕像，便作了一首古诗[13]：

> 我生遍数欧洲才，意相嘉侯实第一。我今首登欧洲陆，初游即见嘉侯铜像耸云而突兀。方面大耳修于躯，眉宇雄伟态强倔。森然天人姿，降诞救意国。我生最想慕之英雄，忽尔遇之喜舞不可遏。譬如好色者见所爱慕之美人，情意欢欣中畅发。……当时革命民主论纷纭，独以尊王违俗说。[14]

显然，康有为把自己看作加富尔。但事实上，当他看到自己的政治影响在逐渐减弱、而形势有利于那些主张进行国民革命的人们时，他就完全站到了君主专制一边[15]。

梁启超和康有为对意大利英雄人物有好感，但这并不妨碍他们对意大利政府觊觎三门湾这件事感到惊讶。康就此事件写道："以十余倍于意之中国，而我不请其奈波里之海湾，意何胜于我，而敢请三门湾，亦可笑矣。"[16]

如果说，三门湾事件一方面暴露了意大利在政治和军事方面的无能；而在另一方面，这个事件好像十分荒唐地把意大利与中国拉近了，在中国知识界看来，与早已实现了工业化并且推行着更加彻底的帝国主义政策的其他欧洲列强相比，意大利更像中国。意大利虽然在政治上弱小、经济上落后，但 19 世纪时却能够屡次从欧洲强国的桎梏下摆脱出来。因此，在那些年月里，意大利深受某些中国人的敬佩，因为他们也正在寻求中国的出路，以摆脱欧洲列强的控制和欺压[17]。

4. 中国在意大利

在前几个世纪里，传教的热情引发了欧洲对中国的兴趣，且历久不衰；但在 18—19 世纪，天主教会在中国的地位已经衰落，迅速被大英帝国所取代，英国在欧洲制造的舆论是：中国不再是宗教征服的土地，而是开拓经济和贸易的市场。1793—1794 年英国特使马戛尔尼勋爵出使北京，以及随后英国推行的虽然缓慢却不可阻挡的商业渗透政策，标志着在欧洲产生了对中国的一种新认识，这种认识更具实用主义，它迅速抹去了几个世纪前一些欧洲文人对中国热情描绘的理想化的痕迹。就这样，19 世纪初在欧洲找到了重新评估中国的空间，促成了现代汉学的诞生。

在 19 世纪最初的几十年里，出现了数十本关于中国的英文著作。在这些书里，17 世纪耶稣会士对中国朝廷的颂扬，让位于最冷酷无情但也许是更加客观的对平民百姓的风俗习惯的描写，意在证明英国和一般西方文明在道德、伦理和物质方面比世界上一切其他民族的文化都优越得多。

除了英国的汉学以外，法国现代汉学也在那些年诞生了，它的目的是要为中国提供另一种形象。中国及其文化首次有系统和科学地被加以研究，不带先入之见，既无意像耶稣会士那样把中国说成是高度文明的模范，也不想像一些英国人那样有意将中国说成是人类社会的坏榜样。继耶稣会士的"教会式"汉学和英国人的"论战式"汉学之后，一种"思索和务实"的汉学诞生了，它致力于探索传教士或商人很少涉猎的中国文化方面，首先是文学，这个领域深为耶稣会士的汉学所忽略[18]。

19 世纪初两个汉学思潮引起的一些反响也传到了意大利，意大利与中国没有直接沟通的渠道，一些思想家对中国的印象是走马观花地看了一些在英国和法国出版的书籍而获得的[19]。19 世纪上半叶，意大利对中国的兴趣只有一点，即在法律方面，这尤其表现在对清朝统治时期的中国刑法《大清律例》的意大利文的翻译上，这项翻译是根据 1810 年在伦敦出版的英文译本完成的[20]。

意大利文版本于 1812 年问世[21]，由几篇无名氏的文章作了介绍，题目是《关于中国的刑法》(*Sul codice penale della China*)，一般认为这几篇文章出自福斯科洛（Ugo Foscolo）的手笔[22]。作者阅读中国刑法时回顾了中国法典所依据的原则，称赞它"极度合理、明了和思想连贯"[23]，但批评它"细节过多并且无用"[24]，以及"对一切反政府罪行的惩罚过于严厉和残暴"并"体罚频繁"[25]。这篇分析文章在结尾时对中国人予以恶评，这是英国人看不起中国人做生意的方式的结果。事实上，在提到中国人贪污和他们有"说谎的习惯"之后，作者写道："一个民族若是强大和幸福的，正是因为它有充分的荣誉感；除了中国以外，没有一个国家没有这种荣誉感，无论它是古老的还是现代的，也无论是野蛮的还是未开化的。"[26]

这几篇文章刊登在《科学和文学年鉴》（*Annali di scienze e lettere*）期刊上，这份期刊由罗萨里（Giovanni Rasori）、莱奥尼（Michele Leoni）和福斯科洛负责编辑，1810—1813 年在米兰发行。当时有一位入了意大利籍的德国人黑格在帕维亚（Pavia）大学任东方语言教授，并与欧洲崇尚东方文化思潮有接触，也许他的原因，《年鉴》收入了多种适合意大利人需要的在法国和英国出版的汉学著作，这样《年鉴》就成了意大利主要的汉学资料库，从这里可以了解西方汉学在那几年中对中国和东方总的发现和介绍。

那些年中对中国感兴趣的莱奥帕尔迪（Leopardi）也注意到《年鉴》刊登的有关中国的文章[27]。在他心中有两个不同的中国形象，几乎是完全相反的形象，这是因为他看了各种读物：在他年轻时写的《天文学史》（*Storia dell'Astronomia*）中，看来他还在赞扬耶稣会士介绍给欧洲人的神秘和迷人的中国；而在《大杂烩》（*Zibaldone*）中，由于读了刊登在《年鉴》上的文章，他痛斥"中华民族的……令人莫名其妙的静止性和不变性"[28]。

这种想象中的"中华民族的静止性"（直接来自对中国法律较普遍的批评），便成了意大利对中国评论的另一个常见的主题。赫尔德（Herder）已在德国表达了这个见解[29]，佩利科（Silvio Pellico）以此为例，借用那个遥远的国家来抨击德国入侵者。他在 1818 年刊登在《和事佬》杂志（*Conciliatore*）上的《关于西班牙的一封信》（*Lettera sulla Spagna*）中，谈论伊比利亚半岛，为的是涉及意大利的局势；同样，在同一年刊登在《和事佬》上的《中国人和欧洲人的对话》（*Dialogo fra un Chinese ed un Europeo*）中，佩利科让"中国人"扮演崇尚古典的角色，让那个罗曼蒂克的"欧洲人"起来反对他。佩利科的文章招致审查机关的"惠顾"，照他本人的说法，他恰好想到"中国人是我们，你们得罪了我们"[30]。

请看对话中最后几段刻薄的词句：

中国人：在你们当中难道就没有通情达理的人？难道就没有头脑冷静、善于思考、谨遵古训遗风之人，倾全力筑一道堤坝阻住那新潮流吗？

欧洲人：可惜，在我们中也有中国人；但这些人更让我们发笑，而不是使我们生气。

中国人：傲慢无礼的欧洲人！一个中国人能让你们发笑吗？你对地球上最古老的民族缺乏尊敬！你们欧洲人向来是而且永远是难以交往的。再见了，随风倒的人！

欧洲人：再见！完了[31]。

朱斯蒂（Giuseppe Giusti）在 1831 年的运动失败后的 1833 年以中国为题材写了著名的《笑话》，其用意更是在讽刺，而非纯属政治。开头是这样的：

他们在中国造了一台蒸汽机车，

但用作断头台：

这台机器将人头一个接一个地砍掉，

三个小时十万个，摆成长长一排。

对于佩利科和朱斯蒂而言，中国显然都只是用来作幌子的。如果不用遥远而神秘的中国作为假托，这样的暗喻什么作用也没有。

中华文明中的静止性特征，以及缺乏个人自由和法制，在 19 世纪中叶仍是一些意大利作家在描写中国时所关心的主题：但这些课题都绝对是学术性质的，是对中华帝国及其文明所作的总体分析的结果，这些分析对那些只局限在极狭窄的文化圈子里的英国和德国作家来说，是相当宝贵的。在这个总的背景下，需要提出坎图（Cesare Cantù）、卡塔内奥（Carlo Cattaneo）和费拉里（Giuseppe Ferrari）关于中国的见解，他们是法学家和哲学家罗马尼奥西（Domenico Romagnosi）的弟子。罗马尼奥西从 1802 年起在帕多瓦大学任刑法学教授，他严厉批评各种形式的专制主义，引导他的弟子们批评中国的政治和法律体系，不过，他们对进步的信念又使他们与那些将中国视为静止（抵制任何改变）文明的典型的人，保持距离。

坎图在 1841 年的《世界史》（*Storia Universale*）一书中指出，"中国人缺乏权利"[32]；卡塔内奥 1861 年在《综合科技》（*Politecnico*）上的一篇文章中对上述看法表示同意，他说，中国的法律和学说"从不谈权利"，并得出结论："在整个东方，对生活中的每个行动和头脑里的每个想法都加以限定的狂热，占了优势；而在欧洲，无论是未开化的还是文明的时候，则总是渴望理性和意志的自由运用，不受拘束。"[33]虽然如此，这些评断未能阻止卡塔内奥摆脱先入之见，将中国的真实形象介绍出来（这也许是那些年月里在意大利所介绍的最好的形象），如同过去曾为印度和日本所作的介绍那样，同时狠狠地抨击了那种臆想的所谓中国文明静止论："中国的文明……总是不断地在前进。……谁要是认为中国是静止的，他只要请教一下历史，就会看到它处在继续不断的变动之中。"[34]

在法国流亡的费拉里由于头脑混乱再加上异想天开，其 1867 年在巴黎出版的巨著《中国和欧洲》（*La Chine e l'Europe*）中，介绍了完全不同的中国形象。他虽然同卡塔内奥一样否认关于中国的静态和静止论，却将中国的进化纳入他的理论，这就是姜巴蒂斯塔·维柯思想和学说的起源，认为每 125 年是一个历史循环，他还急于在中国历史中为他的历史——哲学公式找出例证[35]。

在对中国怀有历史、政治或哲学特征的真诚或短暂兴趣的同一时期，19 世纪中叶由于法国文化界对中国文学的发现，在意大利也开始为中国塑造一个新形象，这个形象非常走运，持续时间很长：庞大的帝国不再是静止或渐进发展的国家，而是温柔诗人的故乡。如果说梅塔斯塔奇奥改编的中国剧已经将中国文学所引起的反响传到了意大利的话，那么 1841 年坎图根据在法国出版的读物，则首次向意大利读者大众介绍了其《世界史文献》（*Documenti per la Storia Universale*）中的中国文学史概要[36]，其中登载了从法文翻译过来的 14 世纪中国诗人高启的一首诗。卡尔杜奇（Giosuè Carducci）从这首诗获得灵感，在 1853 年他刚满 18 岁时就写了一首诗，名为《中国的春天》（*Primavera Cinese*）。

坎图的意大利文译诗就这样开始了，可能取自一个法国汉学家的作品："一个和风微拂的天气，细雨蒙蒙：树上的嫩芽在一个早晨变成了新枝。"[37]

请看，卡尔杜奇所写的头几行：

> 煦风吹拂的日子，
> 雨静静地飘洒着，
> 鲜花竞相开放。
>
> 清晨，只见茂密的枝条上
> 娇羞的嫩芽冲破坚皮，
> 探出头来。[38]

这一次，在意大利文学园地里，初露头角的是一首中国诗。从这里开始，在诗歌创作方面，在一系列诗的改写和翻译中，中国诗歌逐渐占据了第一位，有时还在出版方面取得巨大成就。于是，同在法国的情形一样，中国是优美诗歌的国度这一形象，也在意大利为更多的人所认识，这一形象至今仍然十分生动鲜明。

马萨拉尼（Tullo Massarani）改写的中国诗最著名的一个集子于 1882 年出版，它所根据的是俞第德（Judith Gautier）1867 年在巴黎出版的法文译本[39]。马萨拉尼喜欢不是汉学家的俞第德的译文，而不喜欢德理文（Hervey de Saint Denys）更为准确的译文（俞第德也曾参考了他的译文[40]），但他没有按照两位法文译者所采用的散文诗格式改写中国诗，而是将诗改写成句子格式，迫使它们的韵律规则与原文有出入。

随着马萨拉尼的作品受到读者欢迎，又出现了另外两部改写中国诗的作品：1885—1890 年，卡尼尼（Marco Antonio Canini）将多首中国诗收入爱情诗集里；1888 年出版了一册中国诗集，显然是纯属编造的结果，由身份不明的宾迪（Giovanni Bindi）署名，这是个笔名，背后可能掩藏着邓南遮[41]。

几十年之后，唐诗的精华正好为探索本土诗的新的表达形式提供了机会：奥诺弗里（Arturo Onofri）在 1914—1916 年间参照各种法文译文整理出一本中国诗手册，最近才被达莱西奥（Carlo D'Alessio）发现[42]。对中国诗的兴趣在 20 世纪的最初数十年里持续，并在蒙塔莱（Eugenio Montale）为 1943 年出版的一本中国抒情诗集所写的清晰的序言中达到高潮[43]。

编者基尼（Mario Chini）在另一部作品《白云》（Nuvole bianche）的序言中，明确解释了他对中国诗的喜爱：

> 汉字是表意文字……它书写的特别形式，汉字的布局在一定范围内，相似于今天许多诗人所使用的结构；没有虚词，动词不确定，只有根据它们被安排的位置才能确切了解其意思，同今天所任意使用的词句一样。[44]

为了显示同一首诗的许多译文与其原文的差异，请看唐朝诗人李白的著名诗句在不同译文中的体现：

> 举头望明月，
> 低头思故乡。[45]

法文翻译，人们视汉学家德理文1862年的译文为楷模，因为他的译文忠于原文：

> 我抬起头，凝视着明亮的月亮，
> 我低下头，思念起我的故乡。[46]

女作家俞第德1867年的翻译，很无拘束：

> 我抬头朝向明亮的月亮，
> 想到我将要去的地方
> 以及那些我将遇到的陌生人。
> 然后，我低头望地，
> 想到我的故乡
> 以及那些我将没有机会再见到的友人。[47]

下面是几段意大利译文。马萨拉尼1882年根据俞第德的译文写成：

> 我抬头望着空中明亮的月亮，
> 望着那光亮我想到
> 我将看到的人民和土地。
> 低头望着地上悲伤的月光，
> 想到我那寂静的故乡，
> 及那些再也见不到的友人。[48]

汉学家维塔莱 1901 年的译文是：

> 我疲惫的头低垂在胸前，
> 含泪思念我出生的地方。[49]

奥诺弗里在 1914—1916 年依据德理文的译文写成这样：

> 抬头，凝视着明亮的月亮；
> 低头，思念起我的故乡。

他又依据俞第德的译文写成这样：

> 我低头望地板，
> 想念起我那再也看不到的故乡和友人。[50]

基尼 1918 年的译文是：

> 我望着外面，一种莫名其妙的忧伤
> 将我占据……
> 唉，这个月亮照着
> 我那遥远的家园！[51]

与对中国诗的极大兴趣相比，中国散文和戏剧很少受到关注。目前仅知，切萨雷奥（Giovanni Alfredo Cesareo）在一本文学批评著作里收入了关于中国散文的简短记录，标题是《中国古玩》（*Cineserie*），他在这篇短记中颂扬了以历史和神话故事为题材的中国小说，对一个中国女主角做了这样的描写：

> 那个女人，感到自己就要死了，恐惧攫住了她的心，她忘了心爱的人，一声绝望的呼喊脱口而出："谁能救我命，我就嫁给谁！"这比西方罗曼蒂克诗中所有杰出的女主角都更加真实和感人，她们死时还宽恕和祝福了加害于她们的人。[52]

在这一领域，几乎完全不见意大利汉学家的身影，在意大利没有一个中国问题学者对中国诗表现出兴趣，只有维塔莱和晁德莅（Angelo Zottoli）算是例外。帕皮尼（Giovanni Papini）也是个中国诗的爱好者，他对这一情况深表遗憾："我们的汉学家对翻译诗所怀有的反感是可以理解的，但这是我们的不幸。他们只关心哲学和宗教以及历史文献。"[53]事实上，他们只出版以哲学或宗教为内容的散文作品的译作和中国文学中一些重要作品的译文，这些作品也很宝贵，但当时还不被欧洲的读者大众所认识[54]。

意大利现代汉学在巴黎汉学的直接影响下于19世纪下半叶诞生。我国的几位汉学家，如安德烈奥奇（Alfonso Andreozzi）和塞韦里尼（Antelmo Severini）都是在巴黎接受培养的，他们是儒莲（Stanislas Julien）的弟子。意大利现代汉学也可称为"思索和务实"的汉学：事实上，几乎没有一位意大利学者有机会去访问中国，就地学习语言；但为使中国重新进入哲学和文学的殿堂，他们曾做出过贡献，连他们阿尔卑斯山以北的老师也没有做到。

当时意大利汉学界的老前辈普依尼（Carlo Puini）在接受奥节蒂（Ugo Ojetti）的访问时，竟十分得意地说：

> 可爱的先生，对今天的东西我不感兴趣。死了至少五百年的人才令我喜欢。
>
> 教授，您从未去过中国吗？——从来没有。我为何要去那里？我关心的是中国的文明、哲学、宗教。宗教是人这个傀儡的脊椎骨。中国的三个宗教，儒教、道教、佛教，我相信我对它们了解得很清楚。我去那里学习？学什么？去看古迹吗？在我看来，中国的优点之一就是有很少的古迹，它们被拍照得很好，图解做得也好。坐在这张桌子前，我有了一切。您觉得我是个懒人，我也许是。我最长的旅行是，每年夏天从佛罗伦萨到菲耶索莱山上，带上我的妻子、我的女儿和担任公证员的女婿。我说的是我身体的旅行。[55]

奥节蒂可能感到失望，因为他是在世纪之交时关注中国政治事件的少数作家之一[56]，除了诺琴蒂尼（Lodovico Nocentini）和武尔披齐外，其他人几乎都不是汉学家。

意大利在三门湾事件中的失败，激起了意大利公共舆论对与我们远东政策相关问题的关注[57]，在那些年里发表了一些文章和各种新闻并出版了普及性读物，它们为让广大读者了解中国的现实，立下了功劳[58]。

此外，不应忘记的是萨尔加里（Emilio Salgari）以东方为背景

（实际上大多是东南亚而非远东）创作的大量小说，在 19 世纪末做出的巨大和有普及性的贡献：这位作家的作品至今仍被摆在孩子们的书架上，事实上，他拉近了青年一代与神秘和纯属文学虚构的东方之间的距离。

第九章
子不语

孔子的弟子们告诉我们，夫子授课时"不语怪、力、乱、神"[1]，不谈怪异和神秘的事，不谈鬼魂和奇迹，不谈体力活动，即今天我们所说的体育运动；不谈骚乱，即批评合法当局，不谈革命，像他这样有思想的人是不赞成革命的；不谈鬼怪和神明，即超自然的事物，因为他在宗教方面尤其是个不可知论者。他不谈这些，因为认为某些问题，如前两个，轻浮而不严肃；另一些问题，如对后两个，最好缄默不语。孔子作为保守者和不可知论者，不愿意触犯人的敏感性。

孔子之后，过了许多个世纪，到了 18 世纪，有个中国作家[2]收集了一系列奇闻、神鬼怪异之事（凡孔子不谈的课题），出版了一本书，取名《子不语》。

从那时起，在中国，凡是碰到一般不被列入严肃出版物中的肤浅题材，或在重要的作品中不愿意或不能够谈及的事物时，都会重复这本书的书名。在面对微妙和有现实意义的论题时，慎重的心态会建议将它们略过，为的是不与某些成见或在一定环境和一定时刻

49

占优势的思想相抵触。

在本书的前八章里，避免谈论次要的论题或过于有现实意义的问题，这些问题孔子会小心翼翼地略过。为了完成本书的论述，我们却认为无论如何也要点到它们中的一些，另起一章，与其他章节分开。对其内容，作者承担绝对的责任，希望不会因为没有照夫子的话去做而后悔。

我们先从所谓的"轻松"的事情说起。在前几章中，我们处处尽力突显我们和中国人的几个共同点，虽然我们彼此相距遥远，但我们还是介绍了彼此奇怪的相似之处，它们也许是真的，也许是想象中的。我在此对它们做个总结，也将平时学者们不涉及的问题列举进去。

（1）过去，我们从未认为彼此在体形上有很大的不同，至少古罗马人和古代中国人是这么认为的，达恩波利和康有为在他们所写的文章中有同感：达恩波利在1515年写道："中国人同我们一样是白皮肤的人。"康有为在1904年写道："即以欧人论之，意大利、西班牙、葡萄牙人色即黄而不红，与中国同，盖处温带之地故也。"二位的"色盲"是可以解释清楚的：达恩波利到中国之前，与南部的印度人和马来人生活了很久，这些人的肤色都很暗，因此在他看来，中国人与他的同胞们相似；康有为离开中国时深信，所有欧洲人都像盎格鲁撒克逊人那么高大，金黄色头发，面色红润，而当他来到南部意大利时，意大利人的外貌令他惊奇，身材矮小并且头发是黑色的，肤色暗淡，同中国人一样，因此，他可能感觉自己就在同类之中，好像从未离开过中国，他到欧洲其他国家时却没有这种感觉。

　　希望我们的前辈有过的那个"感觉"，也能使今天的意大利人和中国人有同感，尤其考虑到来意大利定居的中国人的数量越来越多。我们下面还会谈到这件事。

　　（2）《论语》记载："叶公语孔子曰：'我党有直躬者，其父攘羊，而子证之。'孔子曰：'吾党之直者，异于是。父为子隐，子为父隐，直在其中矣。'"[3]

　　"重视家庭"是生活和执政的准则。事实上，儒家学说看重家庭关系，与法家的哲学思想相反，法家认为法律应被遵守，任何人都不能例外，即使是自己的儿子或父亲也不能例外。

　　我们的隆加内西（Longanesi）认为，"重视家庭"应当写在意大利的国旗上，而不是家谱上。从这个角度看，我们的国家现在足可称为儒家。

　　像托尔夸托（Tito Manlio Torquato）和"直躬者"这样的人，都离意大利和中国今天的现实很远：前者是公元前4世纪的罗马将领，下令杀了自己的儿子，因为他不服从命令；后者将偷了东西的父亲送进监狱。

　　（3）我们在"重视家庭"的主张方面与中国人相同，可惜，在黑社会思想和黑社会组织方面也一脉相承，在这方面，我们和他们都占据着可悲的首席地位。黑社会思想（把个人或自己团体的利益置于公共利益之上）是个普遍性的灾难，几乎处处都有。担任职务的人，如军人、法官、外交人员、教师、记者和政界人物，他们本该免除这种思想。孔子说（这次说得有理）："见义不为，无勇也。"[4]后世儒者有意区分什么是"朋"、什么是"党"：前者指因有共同理想而聚在一起的君子，后者指为谋求私利而相互勾结在一起的小人[5]。（在古文里，"朋党"是双音节词，并列结构，含贬义，指为谋私利而结成的宗派集团。北宋时王禹偁写《朋党论》："夫朋党之来远矣，自尧舜时有之。八元八恺，君子之党也；四凶族，小人之党也。"其后欧阳修等人被诬为朋党，欧阳修也写了一篇《朋党论》："臣闻朋党之说，自古有之，惟幸人君辨其君子小人而已。大凡君子与君子以同道为朋，小人与小人以同利为朋，此自然之理也。"欧阳修在这里显然是在辩诬。）[6]

犯罪组织（我们这里较著名的有黑手党、光荣会、卡莫拉等，中国有"三合会"）都起源于特定的地区：在意大利，那些地区是如此出名，就不必提了；在中国的是沿海地区，在上海和广州之间的浙江省，尤其严重。无论是意大利的组织还是中国的组织，都将自己的势力延伸到境外。不同的是，我们的黑社会组织向西部发展，即向美国进军；中国的黑社会组织则相反，近年来，随着中国移民在欧洲和意大利的增加，它们也开始在我国有所行动。到目前为止，只限于向他们的同胞收钱，这些人往往是他们的同乡，在他们住家或店铺的门上画一个"红太阳"[7]，作为第一次警告，有点像从前我们的黑手党人所画的一只"黑手"。[①]

（4）过去，我们这里，从乡村或偏远地区的酒店里，常常传出

---

① 据意大利官方数据，在过去20余年里，在意华人的犯罪现象随着移民人数的增加而增加，并且涉足的领域也比几十年前更广泛，如组织非法移民、卖淫、非法务工、非法雇用、放高利贷、偷逃税、洗钱等。意大利一般民众会将这些犯罪行为统称为黑社会犯罪（Mafia），这也是意大利民众对中国移民持负面印象的主要原因。从严格意义上说，所谓黑社会是指有组织的团伙犯罪，白佐良教授此处的讨论涉及一个社会学论题，即强烈的"重视家庭"的家族主义文化是滋生黑社会的温床，因此才在意大利人和华人中都出现黑社会，因为两者的文化都注重家庭和家族，强调对家族的忠诚和付出，同时，家族也对其成员的付出和忠诚给予回报。

醉酒人的叫喊声；在中国，同样的叫喊声也从豪华的酒店传出。这些是猜拳者们的叫喊声，他们垂下右手，疯狂地喊着，同时伸出一个或多个手指，或一个也不出，试着猜测对方伸出几个手指。

我说的是真正的猜拳，是古典式的猜拳（并非已经变了样的所谓日本式的猜拳），无论在意大利还是在中国，这是一种大众的消遣游戏，两国在这个游戏上也有共同之处，不过，也有一些差别。我们这里，每个猜拳者只喊出数字；而在中国，则每个数字都配上不同的短语一同喊出："一定恭喜！""四季发财！""六六顺！"等等。此外，我们这里，输的人不喝酒，却要为赢的人付酒钱；在中国，谁输了谁喝酒，作为惩罚，这种做法不能让中国的美酒供大家品尝。还有，我们这里一向把猜拳看作是"下层社会的游戏""小酒店的游戏"；而在中国，即使在正式宴会上和最好的酒店里也玩这个游戏。笔者一想起在1947年发生的一件事，就如同做了一个噩梦：我作为年轻的使馆人员陪大使拜访时任浙江省省长，他是一位国民党的胖大将军。这位省长在宴席结束时邀请大使玩玩猜拳。"我不会玩这个游戏，再说我因健康原因不能喝酒。"大使说这话是希望免去那场比赛。胖将军回答说："请不必担心，我也不能喝酒，我输了，我的副官替我喝。您让您的年轻随员照样做。"自然，大使输掉了所有的拳局，我的肝脏在第二天早晨还在受罪。

这个下层人的游戏在意大利早被禁止，1950后也在中国被禁止。但我不敢保证，这项禁令在两个国家是否都得到了严格的遵守。

（5）吃面条也是我们的共同之处。我们正餐吃面条，喜欢吃干的，他们却喜欢做成汤面吃。在宴会和讲究的酒席上，他们是在上了几道菜后再吃面条。但一般说来，他们把面条当作早餐吃，或饿了的时候吃，就像我们吃意式三明治（Panino）一样。

在中国，在有意大利人和中国人参加的宴会上，免不了提出是谁发明了面条这个问题。自以为发明了很多东西的中国人总是及时答道：当然是我们发明的，是马可·波罗在返国时把它带到了意大利。我们的同胞一般都没有准备，反驳不过中国人的立论而显得难堪。其实，短空心粉在意大利早有记载，只要看看薄伽丘的文章就足够了，他在小说《十日谈》的第三个故事卡兰德里诺（Galandrino）中告诉我们："有一座全是由帕尔马乳酪堆起的山，山上的人不做别的事，只做短通心粉和饺子。"[8]最好的回答是，承认无法确定是谁先发明了面条，但要坚决表示，无可否认，长通心粉是我们发明的，是我们创造才华的成果，因为中国人从未能够在极细的面条中间通一条孔。这个回答一定会使中国人哑口无言。

（6）与中国人相似的另一点，我们可以从戏剧中看到，意大利尤其发展了音乐剧，其中音乐、歌曲、舞蹈（中国剧中还有杂技）同时存在。当然，我们的音乐剧和中国音乐剧（现在称作京剧）之间有巨大差别，不是别的，而是对音乐美感的鉴赏，但这并不妨碍我们两国都可被称作"音乐剧之乡"，因为在两国的艺术中都融入了民族特性和艺术的表达。夸张的表达、感情的过度表露，是音乐剧演员的表演特征，这个特征经常在许多意大利人和中国人的日常言谈举止中看到。所表现的方式自然不同，这是因为两个民族的性格不同，意大利人比较容易表达自己的感情；中国人则比较克制，但这只是表面上的，他们能够让自己的悲痛或愤怒爆发出来，当他们的音乐剧达到了高潮，演技达到完美之时，即博得观众的热烈掌声时。

音乐剧在许多世纪中是中国所认识的唯一一种戏剧艺术，只有在 1911 年以后才从西方引入话剧。意大利则先有了剧院，并与歌剧同时存在。但无论是意大利人还是中国人，我们共同的可悲之处是，我们都没有悲剧文学，无法与古希腊世界的文学相比，也没有莎士比亚悲剧、高乃依（Corneille）悲剧、拉辛（Racine）悲剧。意大利在 17 世纪和 18 世纪强烈地感受到这个悲哀。德圣克蒂斯（De Sanctis）为此写道：

> 意大利在各种写作方面都赶在所有国家的前面，但它没有悲剧。格拉维纳（Gravina）和梅塔斯塔西奥都曾有决心和雄心创作悲剧，特里西诺（Trissino）、塔索（Tasso）、马费伊（S. Maffei）曾为之努力过，但悲剧还是没有，大家都这样认为。阿尔菲耶里认为，让意大利有悲剧是一个意大利人所要走向的最高目标。[9]

因此，这个任务准备由阿尔菲耶里来完成。至于他是否取得成功，要由他的悲剧的读者来评判。

中国知识分子也感受到同样的悲哀。1911 年后，他们主张对他们国家的全部古典文学进行修订和审查，同时寻求建立一套新文学，使它适合大众所讲的语言并符合划分文学体裁的新标准。于是，有人认为中国古典音乐剧的一些剧本可以被划入悲剧范畴[10]，有人则反对这个立论，认为悲剧完全是中国文学传统之外的一种体裁[11]。

一个青年作家准备填补这一空白，他就是徐志摩（1896—1931），1928 年写了中国文学史上第一部散文式悲剧[12]。由于在中国的文学中缺少模仿的先例，徐不得不求助于外国文学。他在许多作家中恰好选中一位意大利人，即我们的邓南遮。悲剧《死城》（La cittàmorta）给他留下深刻的印象，于是他参照邓南遮的模式写了一个悲剧：一个情趣恶劣，充满鲜血、泪水，背信弃义和堆砌华丽辞藻的杰作。在他之后，写悲剧的作家也没有写出更好的作品。

可惜，悲剧这种体裁不大适合意大利人和中国人。

现在我们再来谈所谓"严肃"的问题。没有比第三世界的移民不断进入意大利并且与日俱增的现象更严肃的课题了。

我们很清楚，意大利向来是多种族的会合地。先从神秘的埃特鲁斯坎人（etruschi）开始，他们从亚洲来，与土著居民不同。从埃特鲁斯坎"东方人"和拉丁民族"西方人"的相遇产生了罗马文明。在卡尔卡拉（Caracalla）时代的罗马帝国，罗马公民将居住在其境内的所有人都包容进去：阿拉伯人和日耳曼人，希腊人和萨尔马特人（Sarmati）。所有这些语言、外貌、风俗不同的人都成了罗马人。

以后，罗马帝国灭亡。野蛮人从北部南下，他们与意大利半岛上的居民也不同。我们中世纪的贵族属日耳曼世系，那时画家画的人物像的体貌特征告诉了我们这点，许多画像上的圣母都是金黄色头发和蓝色眼睛。但在一些壁画上，也可隐约地看出闪族人的相貌，无可否认，是入侵西西里的阿拉伯人，甚至也可以看到蒙古人的相貌特征，这证实了亚洲人在那些世纪曾进入我国，至于从何处进入，是怎么进入的，谁也不知道。看来，那时的富人可能将东方妇女引入，有些像今天令人难理解的"家庭合作者"（colf）的情形。这些人也来到这里，留下来，与埃特鲁斯坎人、拉丁民族、希腊人、日耳曼人、阿拉伯人的后裔混在一起，大家都全力以赴地为艺术和文化奇迹般的兴盛，即文艺复兴做出了贡献，并建立起意大利国家。从那时起至20世纪上半叶，意大利始终是个"语言、祭坛、记忆、鲜血和良心"的国度。可惜，它不是个"战斗"的国家，这个欠缺使它付出了代价，在过去的许多世纪中多次遭到外族军队的侵略。

　　现在，从近处和很远的地方来的其他民族再度不折不扣地进行着"入侵"行动。看来我们没有意识到这个现象，因为它不像从前那样是战争造成的后果，而是静悄悄地、难以让人察觉地、一步一步慢慢地进行着。他们从非洲、东欧、阿拉伯世界、印度、拉丁美洲，也从极遥远的中国来。我们在这里所要谈到的正是中国移民现象。有一天，人们发现托斯卡纳的一个村镇成了一座中国人的村庄，那个地方位于托斯卡纳地区，它没有比托斯卡纳更恰当的称呼了，那里的"土著居民"，即托斯卡纳人成了越来越少的少数族群，被不断流入的新移民所超过。这些移民沿着神秘的途径进入我国：先是一个，然后两个，再往后是父母、祖父母，以后又是亲戚、朋友、子女和侄子侄女们，大家都渴望与他们的亲人团聚，但不是合乎逻辑地在中国团聚，而是在比森齐奥营（Campi Bisenzio）和普拉多（Prato），这里是他们"希望之旅"的最终目标。

1894 年，比森奇奥营的"本地"居民有 12235 人。1955 年减至 5766 人，可以断定全是或几乎全是"本地人"，即托斯卡纳人。1992 年，根据有人为意大利电视台在当地作的调查报告，比凉奇奥营和属于它的圣唐尼诺（S. Donnino）只有 4500 人，但其中中国人足有 3000 人。目前，在意大利类似比森奇奥营的情况有多少呢？我国有关当局，可能或甚至肯定也不知道，它们只满足于对合法外国人的统计资料，根据这些统计，1991 年底在意大利居住的中国人不超过 23000 人。毫无疑问，这个数据不准确，未把许多无合法身份的中国人算进去。[1]

中国土地辽阔，有北方和南方，有沿海地区和内陆地区。北京人和广州人之间、上海人和成都人之间的差别，要比米兰人和巴勒莫人或撒丁岛人和弗留利人之间的差别大。他们讲各自的方言，彼此听不懂。可能彼此也不相爱，随时会批评对方：南方人看北方人有些迟钝、沉闷、保守、官僚；北方人不信任南方人，他们在做生意时有狡猾和不正派的名声。受偏见打击最严重的（这些偏见也包括是黑社会的人），是浙江省和福建省沿海城市的居民，这些城市包括宁波和温州。各个地方的人们在行为和名声等方面也各有不同。我国的耶稣会士卫匡国在 17 世纪时已经有所察觉，他在 1655

---

[1] 20 世纪 90 年代以来，在全球化浪潮推动下，西欧各国的外国移民人数激增。2020 年，意大利的外国移民已占其总人口的 8.4%，这一比例在德国和法国更高。据意大利国家统计局数据，2021 年末，在意大利拥有正规居留身份的中国人有 33 万人，不包含已经加入意大利国籍的华人。许多在意华人则表示，应该有 50 万人以上的中国人居住在意大利。相比之下，德国联邦人口研究院估计，在 2016 年末，大约有 21 万名华人生活在德国，包括已经加入德国国籍的华人和在德国出生的华人后裔。可见，意大利文化对中国人更加包容，两国文化在很多方面也更加相似，这些因素使得中国人在意大利更容易生存，也更愿意在那里生活。

年的《中国新地图集》[13]中就提到温州人的情况。按其他中国人的见解，他们有人性最坏的恶习。我们希望随着时间的推移，他们会有所好转，至少那些来到我国的人是这样。事实上，在移居意大利的中国人中，绝大多数正是来自温州和浙江省的其他沿海地区。

这是历史的报应。我们看到[14]19 世纪末意大利政府要在中国坚持一项扩张和征服政策，选中的地方恰巧在浙江省。意大利打算像英国、法国、德国那样，建一个海军基地，但是那些国家在其他更好的地方得到了基地。意大利向清政府要求三门湾，这块地方正处在宁波和温州的中间。意大利打算在这里为我国的运输和在远东的意大利技术侨民建立一个中心。这个要求甚至得到马志尼（偏偏是他！）的赞扬，他在 1871 年情不自禁地坠入帝国主义的陶醉之中：

> 欧洲向亚洲施加压力，入侵它不同的地区：英国在印度进行征服活动，俄罗斯逐渐向北扩张，中国定期被迫做出让步，美国穿越落基山脉，开拓殖民地，进行走私活动。意大利曾是世界上最强大的殖民者，难道要在这项辉煌的活动中落在最后？[15]

不，意大利不愿意落在那个"辉煌的活动"的最后。它也要求在中国得到一小块好地。但是弄错了。事实上，我们知道事情是如何了结的。这项要求遭到中国政府的拒绝，我们国家丢了脸面，这是可以料到的，因为我们不知道，也许不能够用武力来支持这个要求。

事情已经过了一百年。正是中国的浙江人，正是温州的居民，现在和平地"侵入"我们的国家。

　　现在我们谈另一个同样"严肃"和有现实意义的问题。中国人是种族主义者吗？问得合情合理，因为现在他们在我国的人数在上升，其结果，与当地人，即与我们混合的可能性会成为事实，这不能被忽略。因此，最好尽力了解他们对这个万一出现的可能性是怎么想的。

　　答案不容易得出，因为不容易把来自民族主义情感的行为，即直接趋向于颂扬自己民族文化这一典型特征同来自种族偏见的行为，即对因地理或肤色不同的人有歧视和仇恨的态度，完全区分开来。这些情感和偏见在所有民族和各个时代多少都有传播，著名的古典作家的作品或政府采取的措施的影响，也不少见。

　　中国人尽管表面看起来很谦虚，他们对自己民族的文化深感自豪，认为自己的国家最古老、最文明、最重要，优于其他国家，这早就是众所周知的事。这种类似的优越感，其他民族也有，没人喜欢，但中国人有此情形，是可以理解的。只要想想就够了，要是我们同中国的情形一样，罗马帝国没有在公元476年灭亡，而是完整无缺地保存到1911年，经历了恺撒、奥古斯都、图拉真等无数的皇帝之后才建立了共和国，我们将会是怎样的呢？在这种情况下，我们也会有同样的情结，也会以某种自负的态度看待其他没有经历过帝国的民族。

　　从前，中国只相信自己文化的优越，对一切外来事物都视而不见，漠不关心，这种态度在本世纪已有所减少。但是，一般中国人对自己文化中的即使是次要方面也沾沾自喜，对异国文化中的即便是次要方面也加以排斥，此种情形仍然根深蒂固。

　　烹调技术就是其中的一个方面，中国人认为自己在这方面比其他民族更为杰出。他们在烹饪方面的沙文主义也胜过了我们，我不是在开玩笑，我们即使在国外也离不开面条，好似我们离开它就不行，面条几乎成了遥远故乡的象征。不过，总的来说，在必要时我们能够欣赏和品尝中餐里的一些典型菜肴，如北京烤鸭或燕窝汤。因为我们比较开放，愿意做新的尝试，即使这些尝试可能是饱餐一顿大蒜、姜、红辣椒，这些是中餐不可缺少的调料。中国人则不同，要是眼前有一盘奶油饺子或双倍黄油宽面条和五种奶酪拼盘，那就受不了了，因为绝大多数的中国人不习惯有奶酪、稀奶油、奶油酱汁、黄油、乳清干酪和莫泽雷勒干酪（亦称"马苏里拉"），而这些在我们的餐桌上或烹调中是很常用的食物或佐料。与此相似的另一堵高墙，是奶制品的味道迫使许多中国人远离我们的餐桌，这种现象可能会继续下去。事实上，过去常发生这种事情，例如，中国皇帝也奉行"幸福的奥地利"（Felix Austria）的那种政策，将有皇室血统的公主嫁给蒙古首领。这些可怜的公主过惯了高雅的舒适的宫廷生活，过不惯游牧生活，尤其受不了他们几乎全以酸奶和生肉为主的饮食。就这样，用忧伤的诗句来倾诉她们的痛苦，期望皇帝读到后能召她们返回祖国。这些诗句被列入中国文学最优美的诗中。

可惜，我们不知道可怜的蒙古首领们的倾诉，他们得和这些自认为高人一等的妻子一起生活。

同所有的人种所有的民族一样，中国人也满意于自己的形体外貌，只有他们所欣赏的西方女子的体形除外，也许因为她们的形体比较丰满，有线条。中国人在总体上认为自己长得比西方人好：没有那像插在脸上的木桩似的挺立的鼻子，没有那种惊恐的眼神，没有长满全身的汗毛，没有腋下的狐臭，它令人想到奶制品的味道。他们没有"大鼻子""洋鬼子""红毛子"（他们这样称呼西方人）的典型体貌。中国人称日本人为"倭"，因为个子矮小；对印度人和黑人，广州人称他们为"阿差"（Kaattsaat），相当于那不勒斯人所说的"蟑螂"（scarrafone）或罗马人所说的"bagarozzo"（意思也是蟑螂——译者）。想到这些，我们还算庆幸！在这方面，他们与其他民族没什么不同：在评论自己时，大家都犯了虚荣心这个毛病，却用粗鲁的话侮辱外族人。

幸好，在我们意大利人和中国人之间，没有针对体形特征彼此攻击的例子。我们已经知道，过去我们彼此还不认识的时候，认为彼此长得很像。这种情况即使现在也无多大改变。在我们一般大众的想象中，中国男人显然都长得矮小瘦弱，女人小巧玲珑，这便解释了为何谈到他们时，我们常用"中国小男人""中国小女人"的称呼。这个称呼既不恭维，也不贬低。中国人没有创造出一句特别的粗话用来凸显我们的某些形体特征，上面提到的那些他们用来指西方人的话已经足够了。不过，他们在翻译别国的国名并选用什么汉字时，喜欢发挥想象力，但多少有尊敬的意思。我国的名称Yidali（意大利）的第一个音节用字，过去似乎用过"夷"，它的意思是"蛮子"。这件事无法令我们喜欢，于是在1866年我们提出抗议，要求换一个汉字，它的发音也是"Yi"，但有"正义"的意思。我们对此满意，"义大利"这个名字在中国人的脑子里有十分正义的国家的概念，一直使用到1950年。不过，1949年10月，中国大陆建立了新政权，开始用第三个汉字，它的发音也是"Yi"，但意思是"意见"。这样一来，意大利从"正义的国家"变成了"意见的国家",它没有伤害的意思,但令人想到,这个国家的人有点儿含糊,有点儿不中用,有点儿好幻想,见解很多,但做成的事很少。这一次,我们没有抗议,这也是因为意思的微小差别,我们的执政者很难看得出来,当然他们对中国人的语言和心理一无所知。就这样,从那时起意大利成了用中文以两种不同方式书写名字的唯一国家,每种书写方式都有不同的意思。因此,对大陆上的中国人来说,意大利是个"意见的国家",而对于在台湾地区的中国人来说,义大利仍是一个"正义的国家"。("意大利"是个习见译名,利玛窦、艾儒略、樊守义、孙中山、康有为、梁启超等人在他们的著作中就写作"意大里亚""意大利亚""意大利"等。1950 年以来,中国官方文书和出版物都写作"意大利"。这是音译词。ITALIA 的第一音节,译作"义",或"意",与所谓"正义的国家"还是"意见的国家"毫无干系。——译者)

在此,我们结束这个关于我们两国人民相似和相异方面的玩笑性叙述。我们知道,在现实中,中国人认为我们比其他任何欧洲人都更像他们,而且我们也从未真正对他们表现出任何优越感。因此,我们和他们之间不应该有对比,在过去漫长的历史中从未有过,在今天和未来也不应该有。

参考书目说明

在过去这几十年里，对本书所涉主题的研究是以不连续的方式进行的。在重新审阅和更新内容时，我试图追踪学者们的最新研究成果，不过同时也想强调，在某些领域，由于缺乏新的著作或研究，本书依然是一个不可或缺的科学研究资料的来源。

拙著出版之际，曾获得过许多评论，其中一些来自非常知名的学者，我们希望在此铭记并对他们表示感谢。这些评论包括陶兹-朱莉（Daniela Tozzi Giuli）在《东方学杂志》（*Rivista degli Studi Orientali*）第 70 卷（1996 年）第 1—2 期第 285—287 页上的评论；谢和耐（J. Gernet）在《汉学著作评论》（*Revue Bibliographique de Sinologie*）第 15 卷（1997 年）第 80—82 页和在《法兰西铭文与美文学院论文集》（*Comptes Rendus de l'Académie des Inscriptions*）第 141 卷（1997 年）第 1 期第 308—313 页上的评论；科拉迪尼（P. Corradini）在《中国》（*Mondo Cinese*）杂志第 25 卷（1997 年）第 2 期第 77 页上的评论；内利·费罗奇（F. Nelli Feroci）在《蟋蟀——生活在中国的意大利人的通讯》第 22 期（1997 年）第 1—

2 页（*Il grillo，notiziario degli italiani residenti in Cina*）上的评论；柯兰霓（C. von Collani）在《中西文化关系杂志》（*Sino-Western Cultural Relations Journal*）第 20 卷（1998 年）第 52—55 上的评论；康帕纳（A. Campana）在《中国季刊》（*The China Quarterly*）第 158 卷（1999 年）第 412—413 页上的评论；马拉伊尼（F. Maraini）在《维乌斯索选刊》（*Antologia Vieusseux*）第 16—17 卷（2000 年）第 169—172 页上的评论；以及沈定平在 2002 年 11 月 27 日出版的《中华读书报》上发表的评论。

　　拙著出版后不到数年，得益于白玉崑和萧晓玲两位译者的辛勤工作，被翻译成中文，并由北京著名的商务印书馆出版，成为有关该主题的中文科学文献的参考点。

　　关于第一章，即罗马帝国和中华帝国之间的关系，莱斯利（D. D. Leslie）和伽迪纳（K. H. J. Gardiner）1996 年出版于罗马的《汉文史料中的罗马帝国》（*The Roman Empire in Chinese Sources*）一书，全面收集了中国古代关于这一主题的所有资料。关于罗马军团抵达远在东方的中国的所谓历史，也出现了另外一些研究，这些研究都以不同的方式证明了这一事件是缺乏历史依据的；其中一些研究被添加到相关正文内容的注释之中，而白佐良先生在第一版中所提及的新闻，现在看来已经过时，已将其删除。

　　随后的第二、第三和第四章在不同程度上聚焦于教庭与中华帝国之间的关系，可以在最近数十年来专门研究基督宗教在中国传播的大量文献中找到值得进一步深入探究的领域，其中一个非常有用的文献目录是钟鸣旦（N. Standaert）编撰的《中国基督宗教史研究手册》（*Handbook of Christianity in China*）第 1 卷（莱顿，2011 年）。

关于第二章，即蒙古帝国与西方的关系，请参见贝纳尔蒂尼（M. Bernardini）和奎达（D. Guida）撰写的《蒙古人：扩张、帝国、遗产》（*I Mongoli: Espansione, Impero, Eredità*）（都灵，2012年），该书内容非常详尽。有关方济各会在中国的存在，很少有人写过。在《中国方济各会志》（*Sinica franciscana*）各卷出版后，该书于 2006 年迎来了第十一卷，而关于所有"不太重要的"（minori）旅行者的资料仍然几乎没有。然而，关于马可·波罗的许多文章则持续得以出版。庆祝马可·波罗 750 周年诞辰国家委员会（2004 年）出版了一系列书籍，其中包括马西尼（F. Masini）、萨尔瓦多里（F. Salvadori）、斯奇帕尼（S. Schipani）主编的《马可·波罗 750 年：旅行、书籍、权利》（*Marco Polo 750 anni. Il viaggio. Il libro. Il diritto*）（罗马，2006 年），其中可以找到中国学者关于马可·波罗的 3 篇文章的意大利语版本，他们驳斥了马可·波罗东亚之旅的真实性（第 275—348 页）。

关于在中国的耶稣会士是第三章和第四章探讨的内容。近几十年来已经有很多人撰写了相关的文章，特别是出版或重新出版了利玛窦、艾儒略和卫匡国的拉丁文或中文作品的意大利文版本。相关内容我在本书正文的注释中做了一些概要的说明。这些年来，《华裔学志》（*Monumenta Serica*）杂志及其专著系列也在持续不断地出版有关在华传教士，包括意大利传教士的深度研究。

然而，第四章中所分析的其他人物至今仍然未能引起学者们的兴趣，如利胜（Vittorio Ricci）、巴尔托利（Bartoli）和马加洛蒂（Magalotti），甚至还有郎世宁，除了专门为他的画作所举办展览的展品目录之外，仍然未见有关他的详尽的专门论著，这正是白佐良当时的感叹。只有维科引起了中国、日本和韩国学者的兴趣，有关这方面的内容，详见阿曼多（D. Armando）、马西尼（F. Masini）、杉纳（M. Sanna）所著《维科与东方：中国、日本和韩国》（*Vico e l'Oriente: Cina, Giappone e Corea*）一书（罗马，2008 年）。

近几十年来出现的关于 19 世纪的研究非常丰富，可以说学者们对这个世纪进行了名副其实的发现。直到 20 世纪 90 年代，历史学家们往往将 19 世纪视作中华帝国失败和颓废的世纪；实际上，人们发现，早在鸦片战争（1839—1842）之前，由于中国和西方之间最初的直接接触的发展，中国社会和文化已经开始吸收来自欧洲的元素。因此，在过去的几十年里，有可能对中国了解西方的历史进行深入研究。遗憾的是，由于意大利在 19 世纪的中国所担当的角色是绝对边缘化的，因此对那个时期意大利在中国的存在进行的新研究也非常少。

本书停笔于 1911 年大清帝国终结之时。作者曾经打算在该书之后再写一部关于 20 世纪意大利和中国关系史的著作，但这一愿望未能实现。然而，近年来，有价值的研究开始出现，在很大程度上填补了这一空白。值得注意的有：萨马拉尼（G. Samarani）的《20 世纪的中国：从帝国的终结到今天》（*La Cina del Novecento: dalla fine dell'Impero a oggi*）（都灵，2004 年），以及他与德-乔治（L. De Giorgi）合著的《遥远而又邻近：20 世纪中国与意大利的关系》（*Lontane, vicine: Le relazioni fra Cina e Italia nel Novecento*）（罗马，2011 年），该著作探讨了两个国家之间的政治关系史；毕尼（M. F. Pini）的《意大利与中国：过去与将来 60 年》（*Italia e Cina: 60 anni tra passato e futuro*）（罗马，2011 年）；涂利（A. Tulli）与韦索洛夫斯基（Z. Wesolowski）编撰的辅仁大学第五届国际汉学研讨会论文集《意大利与中国的相遇：意大利对汉学的贡献》（*The Meeting between Italy and China: The Italian Contribution to Sinology*）（台北，2009 年）；笛-诺尔佛（Di Nolfo）的著作《意大利共和国与中华人民共和国外交关系正常化：会议记录与文件》（*La normalizzazione delle relazioni diplomatiche tra la Repubblica Italiana and la Repubblica popolare cinese: atti e documenti*）（卡坦扎罗，2010 年）。

关于中国和梵蒂冈之间的关系，可以参考朱尼佩洛（E. Giunipero）的《天主教会与共产主义中国：从 1949 年的革命到梵二会议①》（*Chiesa cattolica e Cina comunista. Dalla rivoluzione del 1949 al Concilio Vaticano II*）（布雷西亚，2007 年）。

在 20 世纪意大利和中国的关系中，仍有许多事件尚未得到精确详细的论述。就意大利而言，这项工作的推进要归功于达仁利（Francesco D'Arelli）撰写的《中国在意大利》（*La Cina in Italia*）（罗马，2007 年）一书所整理的非常珍贵的文献目录。同样，也有必要对中国的期刊进行耐心的调查，以了解过去这数十年它们对意大利的论述。

（张刚峰　译）

---

① 即梵蒂冈第二届大公会议，1962 年 10 月 11 日由教宗若望二十三世召开，1965 年 12 月 8 日由继任教宗保罗六世结束。—— 译注

白佐良小传

　　白佐良（Giuliano Bertuccioli），意大利外交官，世界著名汉学家和汉语言文学翻译家；1923 年 1 月 26 日出生于意大利罗马，2001 年 6 月 28 日病逝于罗马，享年 78 岁。

　　白佐良先生自幼勤敏，酷喜读书，尤其痴迷历史、古典语言与文学。在孜孜不倦阅读的同时，曾发奋背诵过希腊神话《伊利亚特》、但丁的《神曲》以及大量的拉丁语、意大利语诗文及德、法等国的原文诗歌。白佐良在未完成的自传里写道："我一直梦想成为一名希腊语、拉丁语或者意大利文学的老师，用希腊语或者拉丁语与人生对话，所以在读高中时已经想好去大学学习语言与文学专业。"而他的父母则希望他像在外交部就职的叔父那样做一名外交官，一向"听话"的白佐良只好在罗马大学法律系注册（因为拥有大学法律或政治学的毕业文凭是外交官考试的必要条件）。尽管"法律学的课程让我厌倦至极"（他唯一喜欢的只有罗马法），但白佐良在四年后以满分嘉奖的成绩顺利毕业。

　　他是怎么做到的？是因为善于读书，还是因为某个其他因素给了他支撑？

早在读高中的时候，白佐良就在冥冥之中邂逅了"中国"。为了追梦，17 岁那年，他走进了意大利"中远东学院"（IsMEO）中文教师杨凤岐先生的课堂。从此，中国和中文伴随了白佐良的一生，即使在繁重枯燥的大学法律学习中，他也没有放弃。白佐良在自传中回忆道："一天，那些法典和法律程序实在让我受不了了，我便去文学系的走廊里转，一直走到了当时叫作'东方学校'的教室区，那里寂静无人，我闻到从中文书柜里散发出淡淡的樟木清香……"白佐良的脚步后来停在一间空教室前，他走了进去。可以想象，当时独坐讲台前的焦瓦尼·瓦卡教授看到白佐良时的欣喜，教授告诉白佐良，已经有好几年没有一个选学中文的学生了。从那天起，瓦卡教授有了自己的得意门生。这名新生从不旷课，在修法律的同时，跟着瓦卡教授阅读中国古典著作。

所以或许可以说，在四年的大学生活里，读法律是白佐良的任务，而学习中文是他的爱好和信念。后者给了他精神上的能量和支撑，填补了前者的枯燥。

幸运的是，白佐良后来的人生之路既践行了父母的希望，又满足了自己的梦想。这结果与其说是受到了命运的特殊眷顾，不如说验证了"机会只给有准备之人"这句格言。就在大学毕业几个月后，22 岁的白佐良在外交部公开招聘考试中被录取，1946 年 11 月 1 日，他以翻译和随员的身份被派往意大利驻中国的大使馆工作。到了南京后，他一边工作，一边刻苦学习中文，中文水平提高得很快。白佐良中文水平的提高也得益于他的私人教师 —— 斯时就读南京金陵中学的黄美琳小姐。在她的指导下，白佐良阅读和背诵了很多中国古典诗词和散文。出生于杭州的黄美琳女士是位典型的江南美女，亦知书达理，自然受到白佐良先生的倾慕，黄美琳小姐也被这位有些腼腆、勤奋好学的意大利青年深深吸引，两人的交流便慢慢超出了中文课堂。后来黄女士接受了白佐良先生的求婚，有情人终成眷属，并伉俪情深，相互陪伴了一生。

中华人民共和国成立后，白佐良回到了意大利。1952 年 5 月 18 日，他顺利通过了外交官公开考试，成为意大利外交部有史以来第一位会说中文的官员。次年 9 月，他被派往中国香港，先后出任意大利驻香港领事馆副领事和总领事（1953—1960）。继后，在 30 年的外交生涯中，白佐良先后出任意大利驻日本使馆一等秘书、参赞、公使（1962—1967）、驻韩国大使（1969—1975）、驻越南大使（1975—1978）、驻菲律宾大使（1978—1981）。

在外交工作岗位上，从普通随员到驻多国大使，白佐良先生在事业上无疑是成功的，但"三尺讲台"始终驻在先生的心中，难以移去。1966 年，他参加了那不勒斯东方大学中国语言与文学教职的招聘考试，并于 1968 年 1 月卸任驻日本大使馆公使之后进入大学任教。但当时欧洲掀起的"热秋"和风起云涌的学生运动，使白佐良在任教短短 5 个月之后就放弃了教职。他回到了外交部，担任政治事务总局第五办公室的主任。正是在该任上，在绝对保密（甚至连他最亲近的家人都不知道）的情况下，于 1969 年 4 月和 11 月两次被派往巴黎参加意大利和中华人民共和国之间建立外交关系的谈判。

1980 年，57 岁的白佐良参加了罗马大学的教师招聘公开考试，并于次年接过恩师焦瓦尼·瓦卡教授的衣钵，正式成为罗马大学文学系中国语言与文学专业的教授。白佐良就这样以更精彩的方式圆了自己青年时的梦想。

从外交官改行做大学中文专业教授，这个转折看似突兀，但于白佐良，却应该说是水到渠成。

白佐良任外交官的30年，其实也是他如饥似渴地学习与研究汉语和汉学的30年。其间，除了有过两三次站在意大利中文讲台上的经历之外，不管到哪个国家就任，公务之余，他都会去当地的图书馆和书店寻找中文书，他每天翻阅的也大都是中文书，每次返回罗马，他的主要行李都是一箱箱的中文书籍。在这期间，白佐良阅读了大量的中文书籍和文献，也开始出版自己的研究成果。1959年他在香港工作期间，出版了《中国文学史》，这是第一部用意大利文编撰的关于中国文学的著作。《中国文学史》对中国文学从起源到当代的历史进行了全面的介绍，书中收录了大量的中国文学作品，这些作品都是首次被翻译成西方语言。白佐良先生将欧洲传统的文学史编写方法运用于编译这部著作，该著作在很长一段时间被公认为是一部最优秀的中国文学史籍编译作品，受到西方世界权威的汉学家们的褒奖与好评。该书至今仍是很多意大利大学指定的中国文学教材。白佐良的汉学研究涉及文学、历史、宗教等各个领域，研究成果颇丰，且都具有很高的教学和学术研究价值。除了上述的《中国文学史》，还有《中国诗歌选》《中国古文选》《卫匡国全集》等，当然也包括晚年与弟子——当代著名汉学家马西尼教授合著出版的名作《意大利与中国》。可以说，白佐良为意大利乃至世界汉学研究史留下了许多重要篇章。

白佐良先生通晓多种语言：除精通拉丁语、古汉语和现代汉语之外，他也能自如地运用英语、法语、德语和俄语写作及与人交谈；他也具有一定的日语和韩语水平，如马西尼教授曾目睹他用韩语与人对话。

白佐良先生待人彬彬有礼，行事认真不苟。凡事只要做了选择，就会坚持到最后。从17岁爱上中文，到78岁辞世，60年间从未有过一刻放弃自己的选择。这种做事持之以恒的坚韧品格也反映到他生活的其他方面，如他自幼体质羸弱，生性好静，对各种体育运动皆无兴致，但步入晚年却迷上瑜伽，凭着执着的性格，练到能够"把玩"着一米九的古稀身躯，轻松做出膝碰耳犁式的高难体位。

与所有爱读书的人一样，白佐良先生特别喜欢藏书，他的家中有个颇具规模的图书馆。邻居的一位老先生在描述白佐良的家时说："我记不得什么，只记得书，满满的书。"2018年2月白佐良先生和黄美琳女士的独子白龙（Bruno Bertuccioli）将他父亲一生所藏的近2万册中文书籍和珍贵文献，全部捐献给了罗马大学东方学院。

今天，在东方学院那一排排结实高大的白佐良基金会藏书柜前，时时能看到学子们那求知的眼神，相信他们中间的许多人能闻到樟木的淡淡清香，体味到前辈对东方文化的深挚热爱。先生的事业后继有人，这是对先生在天之灵最大的慰藉。

（张彤冰　撰）

人名译名表

Aidi, imperatore 汉哀帝

Aleni, G. 艾儒略

Alessandro di Russia, *zar* 亚历山大，俄国沙皇

Alfieri, V. 阿尔菲耶里

Alfonso di Albuquerque 阿方索·阿尔布克尔克

Alighieri, D. 但丁

Allen, J. Y. 林乐知

Alvares, J. 阿尔瓦雷斯

Ammiano Marcellino 阿米亚诺斯

Amoretti, P. A. 穆保禄

Andalo da Savignone 达萨维尼奥内

Andrea da Perugia 安德烈·佩鲁贾

Andreozzi, A. 安德烈奥齐

Andreuccio 安德烈乌

Anson, G. 安森

Antonelli, C. 安东内利

Antonio di Padova, santo 圣安东尼奥

Ariosto, L. 阿廖斯托

Carando, S.　卡兰多

Carducci, G.　卡尔杜奇

Carino, imperatore　卡利奴斯皇帝

Carletti, A.　卡莱蒂

Carletti, F.　卡莱蒂

Carlo d'Angiò. re　安茹的卡洛

Caro　卡鲁斯，皇帝

Castiglione, G.　郎世宁

Caterina, santa　圣女加大利纳

Cattaneo, C.　卡塔内奥

Cattaneo, L.　郭居静

Cavour. C. Benso　加富尔

Celso　切尔索

Cesareo, G. A.　切萨雷奥

Chang Wei-hua　张维华

Chen Xixuan　陈西轩

Chen Yonghua　陈永华

Cheng Ying　程婴

Ch'ien Chung-shu　钱钟书

Chini, M.　基尼

Chongzhen, imperatore　崇祯皇帝

Chu Ch'ang-lo　朱常洛

Cimarosa, D.　奇马罗萨

Cixi, imperatrice　慈禧太后

Clemente XI. papa　克莱门特十一世，教皇

Cocchi, A.　高奇

Confucio　孔子

Corea, A.　高丽

Corneille, P.　高乃依

Correggio　科雷焦

Hager, J.　黑格

Hamilton, G.　汉密尔顿

Han Yu　韩愈

Hart, R.　赫德

Hatchett, W.　哈切特

Herder, J. G.　赫尔德

Herdtricht, C.　恩理培

Hirata Hisashi　平田久

Hitler, A.　希特勒

Hogg, J.　霍格

Hong Xiuquan　洪秀全

Hong Xun　洪勋

Hunter, W.　亨特

Innocenzo X. papa　英诺森十世，教皇

Innocenzo XII, papa　英诺森十二世，教皇

Intorcetta, P.　殷铎泽

Ippolito II d'Este　德斯特·伊波利托二世

Isidoro di Siviglia　伊西多罗

Jiang Risheng　江日昇

Jie Xisi　揭傒斯

Ji Qunxiang　纪君祥

Julien, S.　儒莲

Kangxi, imperatore　康熙皇帝

Kang Youwei　康有为

Ke Zongxiao（Ke, P.）　柯宗孝

Kipling, J. R.　吉卜林

Lu Longqi　陆陇其

Luo Wenzao　罗文炤

Macartney, Lord G.　马戛尔尼

Machiavelli, N.　马基雅维利

Maes Titianus　玛艾斯·蒂蒂安诺斯

Maffei, G. P.　马费伊

Maffei, S.　马费伊

Magalhaes, G. de　安文思

Magalotti, L.　马加洛蒂

Magellano, F.　麦哲伦

Maigrot, C.　颜珰

Maillard de Tournon, C. T.　多罗

Maometto　穆罕默德

Marco Aurelio Antonino　马可·奥勒留·安东尼

Margherita　玛格丽塔, 王后

Maria, madre di Gesù　圣母玛利亚

Marino di Tiro　推罗的马利诺

Marshman, J.　马士曼

Martello, P. J.　马尔泰洛

Martin, W. A. P.　丁韪良

Martini, M.　卫匡国

Massarani, T.　马萨拉尼

Massenzio, imperatore　马森斯皇帝

Ma Tang　马堂

Mazzini, G.　马志尼

Medici, F. de'　美第奇

Medici, G. de'　美第奇

Mencio　孟子

Metastasio, P.　梅塔斯塔西奥

Ouyang Xiu　欧阳修

Pang Shunyang　庞顺阳

Panroja, D. de　庞迪我

Panzi, G.　潘廷璋

Paolo, santo　圣保罗

Paolo V, papa　教皇保罗五世

Papini, G.　帕皮尼

Pellico, S.　佩利科

Pelliot, P.　伯希和

Pelloux, L.　佩卢

Pereira, T.　徐日昇

Perez de Andrade, F.　佩雷斯·安德拉德

Piccinni, N.　皮乔尼

Pietro, santo　圣彼得

Pigafetta, A.　皮加菲塔

Pio IX　庇护九世

Pirés, T.　皮雷斯

Pitagora　庇达哥拉斯

Plinio　普林尼

Plutarco　普鲁塔克

Polo, Marco　马可·波罗

Polo, Matteo　马蒂奥·波罗

Polo, Niccolò　尼科洛·波罗

Pomponio Mela　梅拉

Prémare, J. H.　马若瑟

Probo　普希罗斯，皇帝

Provana, F. G.　艾逊爵

Puini, C.　普依尼

Puyi, imperatore　溥仪

Saverio, F.　参见 Xavier, F.

Schall von Bell, A. J.　汤若望

Semedo, A.　曾德昭

Senzapaura, G.　参见 Volpicelli, E. F. M. Z.

Severini, A.　塞韦里尼

Shakespeare, W.　莎士比亚

Shen Defu　沈德符

Shen Que　沈潅

Shundi,　参见 Toghan Temür, khan.

Siqueira, E. 参见 Zheng Manuo.

Solino 索利诺

Spengler, O.　斯宾格勒

Starabba di Rudinì, A.　鲁迪尼侯爵

Staunton, G. L.　斯当东

Strabone　斯特拉波

Suares (Soares), J.　苏霖

Sun Jiagu　孙家椟

Sunquan, imperatore　孙权

Sun Yat-sen (Sun Wen)　孙中山

Taizu, imperatore　明太祖

Tang Tingxiang　潭廷襄

Tang Xianzu　汤显祖

Tasso, T.　塔索

Terranova, F.　泰拉诺瓦（爹剌那非丫）

Terrenzio, G.　邓玉函

Thevenot, M.　特夫诺

Thomas, A.　安多

Tito Manlio Torquato　托尔夸托

Toghan Temür, khan　妥懽帖睦尔

Xue Fucheng　薛福成

Xu Guangqi　徐光启

Xu Jianyin　徐建寅

Xu Jingdèng　许景澄

Xu Jiyu　徐继畲

Xu Jue　许珏

Xunzi　荀子

Xu Ruke　徐如珂

Xu Shuofang　徐朔方

Xu Zhimo　徐志摩

Yan Wenhui　晏文辉

Yang Bingnan　杨炳南

Yang Guangxian　杨光先

Yongle, imperatore　永乐大帝

You, re　周幽王

You Mouzi　余懋孳

Zeng Guofan　曾国藩

Zhang Chao　张潮

Zhang Deyi　张德彝

Zhang Erqi　张尔岐

Zhang Zhidong　张之洞

Zhao Kehuai　赵可怀

Zhao Rugua　赵汝适

Zheng Chenggong　郑成功

Zheng Jing　郑经

Zheng Manuo　郑玛诺

Zhigang　志刚

Zhong Shuhe　钟叔河

Zhou Lang　周朗

Zhu Xi　朱熹

Zoroastro　琐罗亚斯德

Zottoli，A.　晁德莅

注　释

前　言

1. 关于汉语发音的问题：在此使用的中文名称的注音系统，是中华人民共和国国务院颁布的《汉语拼音方案》，只有几个已经流行使用的意大利化的名称除外，如北京（Pechino）、南京（Nanchino）、广州（Canton）、孔子（Confucio）、道（Tao，道家哲学概念）等。至于中国人的姓名，根据中国人的习惯，姓在前，名在后。

第一章　未曾谋面的罗马人和中国人

1. 《后汉书》，第十册，卷八十八，中华书局 1965 年版，第 2920 页。本章所引证的许多汉文和希腊—拉丁文文献，可参阅 F. Hirth. *China and the Roman Orient*（Leipzig 1865）和 G. Coedès, *Textes d'auteurs Grecs et Latins relatifs à l'Extrême Orient*（Paris 1910）。

2. 《晋书》，第八册，卷九十七，中华书局 1974 年版，第 2545 页。"武帝太康中，其王遣使贡献。"

3. Floro, *Epitoma*, II, XXXIV, 62, Les Belles Lettres, Paris 1967, p.75. Floro 是公元 1 世纪末的雄辩家。

4. 《后汉书》，卷八十八，第 2918 页。

5. 确切地说，大秦尤指帝国的东部地区。根据《后汉书》，另一个名称是犁鞬。

6. 《后汉书》，第 2919 页。

7. 《后汉书》，第 2919—2920 页。

8. 《梁书》，第三册，卷五十四，中华书局 1973 年版，第 798 页。

9. Tolomeo, *Geographia-Prolegomena*, IX, 6, F. Didot, Paris 1883, vol.I, p.29.

10. 《梁书》，卷五十四，第 798 页。

11. Plinio, *Naturalis Historia*, VI/2, 88, Les Belles Lettres, Paris 1980, vol.VI/2, p.47.

12. 同上。

13. Plinio, 上引书, VI, 54, vol, IV/2, p.32.

14. Solino, *Collectanea rerum memorabilium* L, 4, Berlin 1958, pp.182–183.

15. Ammiano, *Res Gestae*, XXIII, 67, Les Belles Lettres, Paris 1980, t.IV, p.117.

16. Pomponio Mela, *De Chorographia*, III, 60, Göteborg 1971, p.57.

17. *Recognitiones Pseudo Clementinae*, IX, 19, in V. Langlois, a cura di, *Fragmenta historicorum*, vol.V, *pars altera*, F. Didot, Paris 1884, p.81.

18. Origene, *Contra Celsum*, libro VII, 62, 63, 64 in *Origenis opera omnia*, t. I, Migne, *Patrologia graeca*, Paris 1857, coll.1507–1511.

19. Plinio, op. cit., VII, p.46.

20. *Ctesiae fragmentae*, in appendice a *Herodoti Historiarum Libri IX*, F. Didot, Paris 1887, pp.86–87.

21. Strabone, XV, I, 37, in H. L. Jones（a cura di）, *The Geography of Strabo*, vol.XII, Loebb, London & New York, 1930, p.65.

22. Luciano, *Opera*, XII, Oxford 1972, t. I, p.74.

23. Ammiano, *Res Gestae* cit, p.117.

24. 《道藏》，第五八二册，卷三下第十，第 11 页。见 H. Maspero, *Un texte taoiste sur l'Orient romain*, in Etudes historiques, Paris 1950, pp.93–108.

25. Plinio, 上引书, VI/2, 54, vol.VI, p.32。

26. Solino, 上引书, pp.182–83。

27. 同上。

28. 《新唐书》，第二十册，卷二百二十一下，中华书局 1975 年版，第 6261 页。

29. Plinio，上引书，XII，p.47。

30. Erodiano, *Ab excessu Divi Marci*, V, 5, 4, Teubner, Lipsia 1922, pp.146‑47.

31. 《后汉书》，上引书，第 2019—2920 页。

32. Lucano, *Pharsalia*, I, 19‑20, Les Belles Lettres, Paris 1929, vol.I, p.3.

33. Orazio, *Odes*, IV, XV, 21‑24, Les Belles Lettres, Paris 1954, p.182.

34. 同上，III，XXIX，25‑28，p.145。

35. 同上，I，XII，53‑57，p.23。

36. Ammiano，上引书，第 117 页。

37. 《前汉书》，第九册，卷七十，中华书局 1962 年版，第 3010—3013 页。有关诠释见 H. Dubs, *A Military Contact between Chinese and Romans in 36 B. C.*, in *T'oung Pao*, XXXVI, 1942, pp.64‑80; id., *An Ancient Military Contact between Romans and Chinese*, in *American Journal of Philology*, XLII, 1941, pp.322‑330; id., *A Roman Influence on Chinese Painting*, in *Classical Philology*, XXXVIII, 1943, pp.13‑19，以及由 P. Daffinà 提供的有力的相反论据，*Chi-chih shan-yü*, in *Rivista degli Studi orientali*, XLII, 1969, pp.199‑232。

38. Plutarco, *Vita di Crasso*, in B. Perrin（a cura di）, *Plutarch's Lives*, 10 voll., vol.III, *Nicias and Crassus*, Loebb, London & New York 1916, pp.313‑314.

39. Orazio，上引书，III，V，5‑8，p.106。

40. 这一论点已被最近对骊靬居民的遗传基因的研究所驳斥，请参照 Zhou R. et al., *Testing the Hypothesis of an Ancient Roman Soldier Origin of the Liqian People in Northwest China: a Y-Chromosome Perspective*, *Journal of Human Genetics*, 52, 7, 2007, pp. 584‑591。其他参考资料，大多是新闻性质的，可以在以下文献中找到: *The First Romans in China*, in *Beijing Review*, vol.33（4）: 22‑28, 1990, p. 34; D. Harris, V. V. Vasenkin, S. A. Koissarov, *Rimliane v Kitae: perspectivy* poiska, in *Obsestvo i gosudarstvo v Kitae*, 1990, I, pp. 92‑94；王贞：《古罗马军消失于甘肃之谜有新发现》，《华商日报》1994 年第 192 期；*Nel Gobi una Roma perduta*, in *La Stampa*, 5 ottobre 1989;

Alla ricerca dei Romani dell'Arca Perduta: nel deserto cinese，in *Corriere della Sera*（supplemento illustrato），21 ottobre 1989；*Una scoperta archeologica? Dolce Lijian sembri Roma*，in *Corriere della Sera*，4 maggio 1990。

41.《旧唐书》，第十六册，卷一百九十八，中华书局 1975 年版，第 5313—5315 页；《新唐书》，第二十册，卷二百二十一下，第 6260—6261 页。

42. Procopio di Cesarea，VIII，17，1，in H. B. Dewing（a cura di），*Procopius*，vol. Loebb，London & Cambridge 1928，pp.227 – 31.

43.《道藏》，上引书，第 11—13 页。

44.《旧唐书》，上引书，第 5313 页；《新唐书》，上引书，第 6261 页。

45.《旧唐书》，上引书，第 5314 页；《新唐书》，上引书，第 6261 页。

46. Liutprando，*Historia Gestorum Regum et Imperatorum sive Antapodosis*，libro VI，5，in Migne，*Patrologia Latina*，Paris 1853，CXXXVI，col.895.

47.《旧唐书》，上引书，第 5314 页；《新唐书》，上引书，第 6261 页。

48. 同上。

49.《新唐书》，上引书，第 6261 页。

50.《旧唐书》，上引书，第 5314 页；《新唐书》，上引书，第 6261 页。

51. 参照上文，第 8 页。

52. Isidoro di Siviglia，*Etymologiarum sive Originum*，IX，2，40，Oxford 1911，vol.1，s.i.p.

第二章　初次接触：意大利人、中国人和蒙古人

1. 忽必烈于 1260 年即汗位于开平城，1267 年迁都北京（汗八里），1271 年建立元朝。

2.《宋史》第四十册，卷四百九十，中华书局 1977 年版，第 14124—14125 页。

3. 赵汝适：《诸蕃志》。1783 年首次收入李调元（1734—1803）的《函海》，由 F.Hirth 和 W.W.Rockhill 全部译成西文，书名：*Chau Ju-kua: His Work on the Chinese and Arab Trade in the Twelfth and Thirteenth Centuries*，*entitled Chu-*

fan-chi, St. Petersburg 1911。

4. 见 L. Olschki, *L'Etna nelle tradizioni orientali del Medio Evo*, in *Rendiconti della Acc. Naz. dei Lincei. Classe di Scienze Morali*, s. VIII, vol. XIV, 1959, pp. 357 sgg.; R. Fracasso. *Ssu-chia-li-ye: The First Chinese Description of Sicily*, in *T'oung Pao*, LXVIII, 1982, pp. 248 – 53。

5. 《中国南海诸群岛文献汇编》，卷一，台北，1979 年，第 233 页。将石投入火山口的细节，见 A. Amari, *Biblioteca Arabo-Sicula*, Torino-Roma 1880, vol. I, cap. X, p. 151: "我们知道，火是从［火山］岛的两座山上的一些气孔出来的，猛烈地喷出一团燃烧着的火球。人们常投巨石于火中，但火球将其抛向空中而无法下来"（取自 Ibn Gubayr 的 *Rahlat al Kinânî*）。

6. 关于石棉，见 A. Wylie, *Asbestos in China*, in *Chinese Researches*, Shanghai 1897, pp. 141 – 54; B. Laufer, *Asbestos and Salamander, An Essay in Chinese and Hellenistic Folklore*, in *T'oung Pao*, XVI. 1915, pp. 299 – 373; J. Needham, *Science and Civilization in China*, vol. III, Cambridge 1959, pp. 655 – 662。

7. 只要引证两位作者即可：Isidoro di Siviglia, *Etymologiarum sive Originum*, XVI, 4, 4, Oxford 1911, vol. II, 及 Cecco d'Ascoli, *L'Acerba*, 3195。

8. 公元 4 世纪任昉的《述异记》的一段内容谈到火山，解释石棉的植物特性。见《汉魏丛书》，第三十二册，卷一，第 10 页，上海，1925 年。

9. 1342 年抵达的使者是《元史》上提到的唯一一位，见《元史》，第二册，卷四十，中华书局 1976 年版，第 864 页。至于 1261 年来到中国的使节，则由王恽（1227—1304）记载在《中堂事记》，收入《秋涧先生大全文集》，卷八十一，《四部丛刊》，第 9—10 页。见 H. Franke, recensione a L. Olschki, *Marco Polo's Asia*, Berkeley & Los Angeles, 1960, in *Zeitschrift der Deutschen Morgenländischen Gesellschaft*, Band 112, Neue Folge, Band 37, 1962, pp. 228 – 32。据说另一位使节在 1314—1320 年间抵达，来自拂菻国。朱德润（1294—1365）做了记载，《存复斋文集》，卷五，《四部丛刊续编》，第 14—15 页。见 W. Fuchs, *Ein Gesandtschaftsbericht über Fu-lin in Chinesischer Wiedergabe aus den Jahren 1314 – 1320*, in *Oriens Extremus*, VI, 1959, pp. 123 30。

10. 若望·马黎诺里, *Relatio*, 3, in *Sinica Franciscana*, vol. I, Firenze 1929,

p.526: *sic enim vocant nos*, *non a Francia sed a Franquia*, A. C. Moule, *Christians in China Before the Year 1550*, London 1930, pp.254－255，如其他人一样坦白指出，这句话的意思不明朗，又说 *franquia* 也可能指自由或坦率。

11. 前一种说法在各种词典上都有解释，后一种只在 H. Yule 和 H. Cordier 的著作中提到：*Cathay and the Way Thither*, vol.II, London 1913, p.177。

12. *Decamerone*, giornata X, nov.3（a cura di V. Branca, Milano 1979, p.860, 4）.

13. *Decamerone*, giornata IV. nov.2：Vinegia, d'ogni bruttura ricevitrice，"威尼斯，乃藏污纳垢之地"（op.cit., p.367, 8 e pp.1213－14, nota 14）。

14. 在这些人中，见 R. S. Lopez, *Nuove luci sugli italiani in Estremo Oriente prima di Colombo*, *in Su e giù per la storia di Genova*, Genova 1975, pp.83－128; L. Petech, *Les marchands italiens dans l'empire mongol*, in *Selected Papers on Asian History*, Roma 1988, pp.161－68。

15. 佩戈洛蒂（Francesco Balducci Pegolotti）是 Bardi 公司的职员，1318—1321 年任伦敦分行的经理，是《买卖须知》（*Pratica della Mercatura*）一书的作者。该书刊于 Gio. Francesco Pagnini del Ventura, *Della Decima e delle altre gravezze imposte dal comune di Firenze*, tomo III, Firenze 1766（rist. Bologna 1967）。

16. 即今日南部俄罗斯的 Azof。

17. Balducci Pegolotti，上引书，第 2—4 页。

18. Petech，上引书，第 164 页。

19. Giovanni da Montecorvino, *Epistola III*, 2, in *Sinica Franciscana*, vol.I, cit p.352.

20. 同上，第 349—350 页。

21. "以天主的名义，阿门。已故 D. 德·维寥内先生的女儿加大利纳长眠于此。她于主历一千三百四十二年六月去世。" 见 F.A.Rouleau, *The Yangchow Latin Tombstone as a Landmark of Medieval Christianity in China*, in *Harvard Journal of Asiatic Studies*, XVII, 1954, pp.346－65。

22. "以天主的名义，阿门。已故 D. 德·维寥内先生的儿子安东尼奥长眠于此。他于主历一千三百四十四年十一月逝世。" 见耿鉴庭《扬州城根里的元代拉丁文墓碑》,《考古》1963 年第 8 期, 第 449—451 页。

23. 作者根据 *Sinica Franciscana*, vol.I. cit., pp.27‐130 上登载的文章。

24. 同上, cap. VIII,2, p.93.

25. 同上, cap. V,18, p.64。

26. 同上, cap. VIII, 2, p.93。

27. 同上, cap. V,10, p.58。

28. 同上, pp.57‐58。

29. *Epistolae Fr. Iohannis de Monte Corvino*, II (da Pechino, l'8 gennaio 1305), in *Sinica Franciscana*, vol.I, cit., p.350.

30. 同上, III (da Pechino, febbraio 1306), p.354。

31. *Epistola* (da Quanzhou, gennaio 1306), ivi, p.376.

32. *Relatio*, 同上, pp.413‐495。

33. J. Foster, *Crosses from the Walls of Zaitun*, in *Journal of the Royal Asiatic Society*, aprile 1954, pp.17‐20 e tav.XVII, 又见 C.Santini (a cura di), *Andrea da Perugia*, Roma 1994, p.139.

34. 参阅 *Il Milione*, secondo l'edizione del testo toscano *Ottimo*, curata da R.M. Ruggeri, Firenze 1986, p.103。

35. 同上。

36. 如 H. Franke, *Sina-Western Contacts under the Mongol Empire*, in *Journal of the Hong Kong Branch of the Royal Asiatic Society*, 6, 1966, pp.49‐72。 F. Wood, *Did Marco Polo Go to China?*, London 1995 mira a svalutare la figura di Marco Polo, ma le sue critiche sono demolite da I. de Rachewiltz, *Marco Polo Went to China*, in "Zentralasiatishen Studien", 1997, vol.27, pp.43‐92; il libro della Wood fu pubblicato anche in cinese Fulangxisi Wude, *Make Boluo dao guo Zhongguo ma?*, Xinhua chubanshe, Beijing 1997, poi criticato anche in Cina da Yang Zhijiu, Make Boluo zai Zhongguo, Nankai daxue chubanshe, Tianjin 1999.

37. Dante, *De situ et forma aque et terre*, 3, a cura di G. Padoan, Firenze 1968, p.2: *cum in amore veritatis et pueritia mea continue sim nutritus*.

38. 关于但丁和马可·波罗的进一步信息, 参阅 Marco Polo 目录, 由白佐良编撰, in *Enciclopedia Dantesca*, vol.IV, Roma 1973, p.589。

39. Ammiano, XXIII, 64, in J. C. Rohlfe (a cura di), *Ammianus Mar-cellinus*, vol.II, Loebb, Cambridge & London 1972, p.384.

40. G. L. Staunton, *An Authentic Account of an Embassy from the King of Great Britain to the Emperor of China* (ecc.), vol.II, London 1798, cap.5, pp.366 – 367 [trad. it. *Viaggio nell'interno della Cina e nella Tartaria fatto negli anni 1792, 1793 e 1794 da Lord Macartney*, vol.IV, Firenze 1800, pp.100 – 101].

41. Gugliemo di Rubruck, *Itinerarium*, XXV. 5, in *Sinica Franciscana*, vol.I, cit., p.231.

42. 原文是 "Et meser Marc Pol meisme, celui de cui trate ceste livre, seigneurie ceste citépor trois anz"。M. Polo, *Il Milione*, a cura di L. F. Benedetto, Firenze 1928, cap.CXLV, p.137,所提及的城市名字为 Yangju。

43. M. Polo, *Il Milione*, a cura di R. M. Ruggeri, Firenze 1986, cap. CXXVIII, p.230.

44. 同上，cap. CXXIX, p.230，上面提及的城市名字为 Saianfu。

45. 巴黎国家图书馆的法文手稿 5649（ant. 10270 A）上是这样读出的，由 G. Pauthier, *Le livre de Marco Polo*, vol.II, Paris 1865, p.468, nota g. 提供。

46. 就是上面所提到的 G. Pauthier 及其马可·波罗著作的版本。

47. 《元史》，卷九和卷二百零五，上引书，第一册，第 188 页；卷八，第 4563 页。

48. P. Pelliot, *Chrétiens d'Asie Centrale et d'Extréme Orient*, in *T'oung Pao*, XV. 1914, pp.623 – 644；H.Franke, op. cit., p.53.

49. 中国的史料（如《元史》，卷一百二十八，上引书，卷六，第 3124—3125 页）清楚记载该城的陷落发生在 1273 年，使该城失守的围城机器是阿拉伯人制造的。马可·波罗（上引书，第 230 页）却写到襄阳府在整个中国南部被蒙古人征服后又抵抗了三年，所写的这些有误。显然，他将该地与其他的地方混淆了，事实上这些地方抵抗了许久，无论如何，他与他的亲属们在那里的足迹未得到任何中国史料的证实。有关内容见 A. C. Moule, *Saianfu*, in *Quinsai with other Notes on Marco Polo*, Cambridge 1957, pp.70 – 78。

50. 见 I. M. Molinari. "Un articolo di autore cinese su Marco Polo e la Cina", in *Annuli dell'Istituto Universitario Orientale di Napoli*, vol.12, 1982, suppl. n.30,

pp.72.《东方杂志》上译载了李则芬的一篇文章，做了部分引证。1991 年
10 月在北京召开的一次纪念马可·波罗离华 700 周年的会议，再度证实了
几位中国学者对这位旅行家缺乏热情。在那次会议上，马可·波罗被指控
为蒙元政府做间谍（见 1991 年 10 月 10 日的 *La Stampa* 和 *Corriera della
Sera*）。受这个论据影响较大的是负责出版 S. O. A. S. 中国书籍的 Frances
Wood 的书，*Did Marco Polo go to China*，London 1995，带有极重的宣传口
吻，有意显示马可·波罗从未到过中国（见 *British-China*，*Magazine of the
Great Britain-China Centre*，1994/3－1995/1，nn. 56 及 57，pp.8－9，意大利
报章立即予以转载：1994 年 10 月 8 日的 *La Repubblica*，*La Stampa* 和 *Corriera
della Sera* 和 1995 年 11 月 8 日的 *La Repubblica*）。〔此处作者依据的信息显
然有误。1991 年 10 月在北京召开的纪念马可·波罗离华 700 周年学术讨
论会上，与会的中国学者对这位意大利旅行家卓越的历史贡献，均表示了
极大的热忱，对于他来华的真实性亦予以充分的肯定，并为此出版了讨论
会论文集《中西文化交流先驱——马可·波罗》（商务印书馆 1995 年
版）。——译者〕

51. *Itinerarium*，XXVI，4，in *Sinica Franciscana*，vol.I. cit.，p.234.

52. *Ystoria Mongalorum*，V，14，*ivi*，p.61.

53. *Relatio*，XIX，2，*ivi*，p.458.

54. *Itinerarium*，XXVI，9，*ivi*，p.236.

55. *Ivi*，XXI，6，*ivi*，p.221.

56. *Il Milione*，a cura di Benedetto，cit.，p.146.

57. *Relatio*，XIX，2，in *Sinica Franciscana*，vol.I，cit.，p.458.

58. *Ivi*，XXXIV，2，p.488.

59. 王恽，上引书，卷八十一，《四部丛刊》，第 9 页。又见 H. Franke，
recensione a L.Olschki，*Marco Polo's Asia* cit。

60. 妥懽帖睦尔（1320—1370），1333—1368 年在位。

61. L. Wadding，*Annales Minorum*，vol.VII，Roma 1773，p.209；I. L. Moshemii
（J. Lorenz von Mosheim），*Historia Tartarorum Ecclesiastica*，Helmstadt 1741，
Appendix，pp.166－167.（本段内容翻译参考了张星烺：《中西交通史料汇
编》，第一册，第 341—342 页。——译者）

62. Wadding, op. cit., pp.209 - 10; Moshemii, op. cit., pp.167 - 68; H. Franke, *Das himmlische Pferd des Johann von Marignola*, in *Archiv für Kulturgeschichte*, 50/1, pp.33 - 40.

63. Lopez, op. cit., pp.83 - 132.

64. 13 世纪末，该当在 1290 年之前生于佛罗伦萨的一个望族。从中国返程（1338—1352）后做了 Bisignano 的主教。1359 年初去世。见 *Sinica Franciscana*, vol.I., cit., pp.515 - 60。

65. G. Boccaccio, *Il Decamerone*, giornata II, novella 5。关于那不勒斯的马，见施瓦本时期 G. Fortunato, *Il castello di Lagopesole*, Trani 1902（rist. Venosa 1987），pp.71 - 72；angioino 时期 C. Minieri Riccio, *Genealogia di Carlo I d'Angiò*, Napoli 1857, pp.69 sgg.:"卡洛为他的马匹的品种尽心尽力，在王国的每个省份都有他的马匹。确实，它们闻名于世，出类拔萃，遥远的地方都来买我们的马。"以上行文让作者认为，献给大汗的马是那不勒斯的品种的推测更加可以接受。Lopez（上引书，第 89 页）则提出另一个设想，安德洛与威尼斯的洽谈失败后，在热那亚买了马，但他未提出任何证据。在其他的方面也未有资料显示中世纪时热那亚的骑士和马匹的品种出名。

66. Lopez，上引书，p.132；Petech，上引书，pp.166 - 168。

67. *Sinica Franciscana*, vol.I, cit., pp.528 - 529.（以上内容翻译参考了张星烺:《中西交通史料汇编》，第二册，第 158—160 页。——译者）

68. 原文是 "papirum pro laternis"，没有任何意思，由 G. Golubovich 改为 "papirum pro latrinis", *Biblioteca bio-bibliografica della Terra Santa e dell'Oriente Francescano*, vol.IV, Firenze 1923, p.273. A. C. Moule, *Christians in China before the year 1550*, London, 1930, p.258, 译为 "paper for the lanterns"，不过，加上一个问号。

69. 张星烺:《中西交通史料汇编》，第二册，北京，1930 年，第 221—234 页；第六册，第 567—570 页。

70. 这首赋是欧阳玄（1238—1357）写的《天马颂》。作者看过它的英文译文，见 Moule，上引书，pp.256 - 58 和德文翻译，见 Franke，上引书，pp.37—38。原文见《圭斋集》卷一，《天马赋》，《四部丛刊》初编。

71. 揭傒斯的《天马赞》，收在《揭文安公全集》卷十四，第147页，《四部丛刊》初编集部。

72. P. A. Gaubil 在其所著的 *Histoire de Gentchiscan*（Paris 1739, p.279）一书中称，他见过（蒙古）皇帝骑战马的画像。这幅画像又在1815年皇帝的收藏物中被提到，19世纪遗失。见 P. Pelliot, *Chrétiens d'Asie Centrale et d'Extreme Orient*, in T'oung Pao, XV. 1914, pp.642–43 e Franke, op. cit, p.36, nota 11。

73. 月窟：月亮落下去的地方，在此暗指极遥远的地方。

74. 上古时，中国划分为九州，这是其中的两州。

75. 黄河。黄河之神是很古老的神明，以人祭祀。

76. 华山最高的山峰（海拔1997米）。

77. 玄，深黑色让人联想到北方。长庚指金星。

78.《元史》，第二册，卷四十，第864页。

第三章　第二次接触中的耶稣会士和中国士大夫

1. 见 H. Franke, *Zur Frage der Mongolen in China nach dem Sturz der Yüan Dynastie*, in Oriens Extremus, IX, 1962, pp.57–68。

2.《明史》，第二十八册，卷三百二十六，中华书局1974年版，第8457—8458页；《明实录》，太祖王朝，卷六十七，台北，1962年，第7—8页；中文发行，京都，1984年，第一册，第1266—1267页（照前版本缩印再版）。

3. P. Pelliot, *Le Hoja e le Sayyid Hasain de L'Historie des Ming*, in T'oung Pao, XXXVIII, 1948, p.163, n.180。

4. 完整日期见《明实录》，上引书："洪武四年，八月，癸卯日。"即1371年10月2日。

5. 根据 E. Bretschneider, *On the Knowledge Possessed by the Ancient Chinese of the Arabs and Arabic Colonies, and Other Western Countries*, London 1871, p.25, 和随后的 F. Hirth, *China and the Roman Orient*, Leipzig-Shanghai 1885, p.65, 捏

古伦是普利亚的方济各会士，Nicola di Banthra 或 di Banzia，是若望·孟德高维诺的一位助理主教。这一说法错误，因为安德烈·达·佩鲁贾 1326 年的一封信上通告了他在印度南部死亡。见 *Sinica Franciscana*，vol.I，Firenze 1929，p.377。根据 G. Golubovich，*Biblioteca bio-bibliografica della Terrasanta e dell'Oriente francescano*，vol.III，Firenze 1919，pp.419‑24，提到的可能是 Nicola，一位方济各会士，国籍不详，1333 年被任命为北京的总主教，作为若望·孟德高维诺的继承人。Golubovich 设想他已经在 1341—1344 年抵达北京，1368 年左右在那里去世。在这一情况下，日期不符合。再说，没有证据证明他来到中国。见 P. Pelliot，"Chrétiens d'Asie Centrale et d'Extreme-Orient"，in *T'oung Pao*，XV，1914，p.642；*Sinica Franciscana*，cit.，p.529；L.Petech，*Les marchands italiens dans l'empire mongol*，in *Selected Papers on Asian History*，Roma 1988，p.171。

6. 张星烺主编的《中西交通史料汇编》（北京，1930 年，卷二，第 356 页），否认普剌会是中国名字并提出设想，这一名字是从 Paolo 抄写来的。根据 Golubovich，*op. cit.*，vol.V，Firenze 1927，pp.149‑54，1370 年，方济各会士法国人 Guillaume du Prat 或 de Prato 被任命为北京的总主教，与 12 位同伴启程前往他的教区。但是，我们不晓得，他或他的任何一位同伴是否到达了目的地。普剌也可能是从 Prat 姓抄写而来。

7. 关于葡萄牙人抵达中国，见 A. Kammerer. *La découverte de la Chine par les Portugais au XVIme siecle el la carlographie des portulans*，Leiden 1944；T'ien-tse Chang，*Sino-Portuguese trade from 1514 to 1644*，Leiden 1933；1969 再版。

8. 1519—1522 年，航行历经 4 年。R. A. Skelton 在 A. Pigafetta，*Magellan's Voyage*，*A Narrative Account of the First Circumnavigation*（New Haven & London，1969，vol.I，p.5）一书的序言中写道，没有皮加菲塔的叙述，"航海家们在他们的旅行中对太平洋各民族的认识和对其生活方式的了解，就不会被传到欧洲"。

9. G. Corsi，*Corsali Andrea*，in *Dizionario biografico degli Italiani*，XXIX，Roma 1983，pp.536‑38.

10. 他返回意大利后，信件以如下的标题发表：*Lettera di Andrea Corsali all' Illustrissimo Signore Duca Iuliano de Medici*，*venuta dall'India nel mese di Octobre*

nel MDXVI, Io. Stephano di Carlo da Pavia, Firenze 11 dicernbre 1516（1517）e successivamente da Gio. Battista Ramusio nel *Primo volume delle Navigationi et Viaggi*, Venezia 1550, ff.192v –195v e successive edizioni。

11. M. Spallanzani, *Giovanni da Empolli*, Firenze 1984；白佐良, *Da Empoli Giovanni*, in *Dizionario biografico degli Italiani*, vol. XXXL, Roma 1985, pp.635 – 40；id., *Giovanni da Empoli in Cina*, in *Miscellanea di storia delle esplorazioni*, XII, Genova 1987, pp.20 – 27.

12. 由 J. Gräberg da Hemsö 出版, in *Archivio Storico Italiano*, Appendice n.13, t. Ⅲ, Firenze 1846, pp.35 – 84（引证部分见第60页）, 最近又有 A. Bausani 出版的 *Lettera di Giovanni da Empoli*, Roma 1970。

13. 由 J. Gräberg da Hemsö 出版, 上引书, pp.85 – 88。

14. J. De Barros, *Da Asia*, Lisboa 1628, Ⅲ, 2, ff.47 – 48.

15. 见 L. C. Goodrich, Chao-ying Fang 写的传记, *A Dictionary of Ming Biography*, New York 1976, vol.I, pp.749 – 50。

18. 在北京方言中应为加必丹, 广东方言为卡必丹。

19. 郑若曾:《筹海图编》, 1562 年, 第八卷, 第 31 页。

20.《明史》, 第二十八册, 卷三百二十五, 中华书局 1974 年版, 第 8430 页。

21. 此处指葡萄牙。

22. 文中的称呼"加必丹末"是按方言发音写的（见注 18）, 意指"船长"。见 Pelliot, 上引书, pp.90 – 91, n.10。

23. 葡萄牙人不同意因占据马六甲而向中国人请求承认或封爵的说法。关于这一点, 见 Pelliot, 上引书, p.91, n.2。

24. 葡萄牙历史学家也提到中国人对他们的这些指控。见 J. de Barros, 上引书, Ⅲ, 6, f.151r – v 以及 Pelliot 的文章, 上引书, pp.92 – 95, n.14。

25. 此处内容取自李文凤的《月山丛谈》, 我们只知道作者于 1532 年取得进士衔。本文作者的意文翻译根据张维华的《明史欧洲四国传注释》, in *Yenching Journal of Chinese Studies*, Monograph Series n.7, 1934, p.12 中的段落, 因为作者无法参阅李文凤的原著, 况且这部著作从未被提到是否出版、何处能找到。与作者所译大同小异的段落取自其他日期稍晚的作品, 由 Pelliot 翻译, 上引书, pp.92 – 95, n.14。

26. 在中国南部沿海一带生活的少数民族。

27. 利玛窦第一次到北京是 1598 年，自 9 月 7 日逗留到 11 月 5 日。

28. 关于利玛窦的文献目录很多。请看由 P. Tacchi 负责出版的著作之 *Opere storiche del P. Matteo Ricci S. I.*, 2 voll., Macerata 1913; D'Elia, *Fonti Ricciane*, vol. I, Roma 1942; Id., *Fonti Ricciane*, voll. II e III, Roma 1949; D'Elia（a cura di）, *Il Mappamondo del P. Matteo Rtcci S. I.*, Città del Vaticano 1938。一本好的利玛窦传记是 W. Franke 写的，in Goodrich, Fang, 上引书, vol. II, pp.1135 – 44。

29. D'Elia, *Fonti Ricciane*, *vol.* I, cit., p.120。

30. D. Lancashire 和 P. Hu Kuo-chen 将它翻译成英文：*The True Meaning of the Lord of Heaven*, Paris 1985。

31. 作者根据 1959 年在北京出版的版本，共 3 册。所引证的部分见第三册，第 783 页。德礼贤在 *Fonti Ricciane*, vol. II, cit., 第 73 页中只翻译了本文的第一部分，谈利玛窦对佛教的态度；作者将余下的部分翻译成意大利文。

32. 指庞迪我（Diego de Pantoja, 1571—1618 年）。

33. 文中读作"已过天命之年"。这是引用孔子《论语》中的一句话，意谓年纪在 50—60 岁之间。

34. 德礼贤, *Fonti Ricciane*, vol. II, cit., p.69。

35. 方豪：《中国天主教史人物传》，第一册，香港，1967 年，第 74 页。

36. 《笔记小说大观》续编，第八册，卷一，台北，1973 年，第 4899 页。

37. 此段文字不易诠释，原文取自王重民编辑的《徐光启集》，两册，上海古籍出版社 1984 年版，第 86—88 页。德礼贤已经将它翻译成西文，见 *Fonti Ricciane*, vol. I, cit., pp. 288 – 89; id., *Antolngia cinese*, Firenze 1944, pp.171 – 74。对他的解释，作者有几处不同意见，读者如愿意，可查证。

38. "岭嵩"是湖南省一座山的名字，高 1440 米，徐光启不是登山运动家，他从未去过那里。那里也不可能有一幅用船从欧洲运来的基督教圣像。显然，此处有印刷错误，"岭嵩"该当写成"岭南"，这是广东省的一个地名，徐光启曾在 1600 年之前到访过那里。

39. 赵可怀（死于 1604 年）认识利玛窦的时候正担任南京的执政长官。

40. 死于 1617 年。

41. 即 1600 年。

42. 即天主。

43. 介于湖南和湖北之间的地区。

44. 冯应京（约 1577—1607），为利玛窦的《二十五言》撰写了序言，该著作在 1604 年出版。

45. 作者在此处的意大利文翻译相当自由，译为"海中的一滴水"。

46. "真人"在道教中用来指修行得道的人。

47. 这句话在西文中很难解释，德礼贤翻译成"我们倾心赞颂。结束颂扬我们的文明的那一天，还早着呢，还早着呢！"

48. 1604 年时，徐光启 43 岁，利玛窦则是 52 岁，因此，他比利玛窦年轻，出于谦逊，他称自己是利玛窦的学生。

49. 中国古代最巨大的官修图书目录《四库全书总目》，由清代的纪昀等学者文人组成的班底编成，初稿成于 1781 年。每部著作都注上作者的姓名、章节数目、获得该书的来龙去脉，并加上一篇提要。此书有多种版本，最好的是中华书局 1965 年版，二卷。

50. 即《二十五言》。

51. 《四库全书总目》，卷一二五，上册，第 1080 页。

52. 见德礼贤，*Antologia* cit.，*passim*。

53. 作者首次将它翻译成西方文字，发表在 *Mondo Cinese*，38，giugno，1992，pp.105‑107 上。此诗取自《汤显祖诗文集》，上海，1982 年，第 440 页。又见徐朔方：《汤显祖和利玛窦》，北京，1981 年，第 273—281 页。

54. 即佛教。

55. Matteo M. Boiardo，*Orlando innamorato*，Libro I，canto X，14.

56. 表示尊敬的称呼，官话称 laodie（老爹），浙江方言称 Lödae。

57. 此处也许与日语混淆，日语除了用汉字外，也用双音字母。

58. D. F. Lach 对这篇作品做了详细的分析，见 *Asia in the Making of Europe*，vol.1，t.2，Chicago 1965，pp.742‑94。

59. Michel de Montaigne，*Journal de voyage en Italie*，in *Ocuvres completes*，La Pleiade，Paris 1962，pp.1221‑22；E. Muntz，*La bibliothèque du Vatican au XVI siècle*，Paris 1886，p.135，n.1，提到一位匿名的法国人于 1574—1578 年

访问罗马时看到一本 *Alphabetum Idiomatis de Cina*，*ex bibliotheca Vaticana Romae*，他的手稿存放在大英博物馆内；Paolo Giovio，在 *Historiarum sui Temporis Tomus Primus*，Firenze 1550，Liber XIII，p.226 上写道，利奥十世（Leone X，1513—1521）向他出示了一本中文书，它同包括一头象在内的其他礼物，是葡萄牙国王埃曼努埃尔一世在 1513 年 3 月派使节到罗马恭贺教皇当选时献上的。也就是说，在葡萄牙船队抵达中国之前，一本也许在马来西亚购买的中文书已经到了罗马。

60. 见 Simona Carando 署名的传记，in *Dizionario biografico degli Italiani*，IV，Roma 1962，pp.329 – 331。

61. 在这些作品中可提出手抄本 *Relatione della gran città del Quinsay, et del Re della China fatta dal S. Contugo Conlughi l'anno 1583 Al Illmo S. Luigi Gonzaga in Varia Diversorum Tomus VII*. ff.203r（更正为204r）– 212r（更正为213r），Roma，Biblioteca nazionale，ms Gesuitico 150。阿里瓦贝内一定听说过这本书，因为他也是曼多瓦人，与贡扎加王朝有往来。

62. 该小说于 1599 年再版，书名是 *Istoria della China*。

63. *Dizianario biografico degli Ilaliani*，cit.，p.330. S. Zoli 也认为该小说没有任何历史根据。见 *La Cina e la cultura iialiana dal' 500 al' 700*，Bologna 1973，p.37。

64. 卡莱蒂所写并由他呈交给大公爵的旅行报告原本已经遗失，剩下的只有后来写的 4 部手抄本。在其中一本（Ginori Venturi）的基础上首次印刷出版，由 Lorenzo Magalotti 编辑：*Ragionamenti di Francesco Carletti fiorentino sopra le cose da lui vedute ne' suoi viaggi si dell'Indie Occidentali, e Orientali, come d'allri paesi*，Firenze 1701。有人暗示，该书才华横溢的文笔该当归功于 Magalotti.

65. 高丽仆人由卡莱蒂重新起名叫安东尼奥·高丽，他陪伴卡莱蒂到了佛罗伦萨，然后去了罗马。见 *Ragionamenti*，Secondo discorso，pp.40,297,324。

66. 书名《广舆考》，明代评注的地图册，汪缝预的作品，写于 1595 年。目前存放在佛罗伦萨国立中央图书馆内，2. 1. 225。

67. 取自 G.H.Dunne 的书名，*Generation of Giants. The Story of the Jesuits in China in the Last Decades of Ming Dynasty*，London 1962。

68. 杨光先（1597—1669），生平见 A. Hummel, *Eminent Chinese of the Q'ing Period*, Washington, 1944, pp.889‑92。关于反基督教运动的文献很丰富，这段内容的最初作品见 A. Schall von Bell, *Historica Relatio*, Wien 1665；A. de Gouvea, *Innocentia victrix*, Canton 1671；A. Greslon, *Historie de la Chine sous la domination des Tartares*, Paris 1671；P. Intorcetta, *Compendiosa Narratione dello Stato della Missione Cinese cominciando dall'Anno 1581 fino al 1669*, Roma 1672；J. D. Gabiani, *Incrementa Sinicae Ecclesiae a Tartariis oppugnatae*, Vienna 1673。

69. 再版后收入《不得已》一书中，卷一，第 15—30 页（见本页注 72）。关于杨光先和反基督教批评家们的作品，见 J. Gernet, *Chine et Christianisme, Action et réaction*, Paris 1982。

70. 1664 年的木刻版本转载在《天主教东传续编》，台北，1965 年，第一册，第 1045—1068 页。

71. 白佐良，*Buglio Ludovico, in Dizionario biografico degli Italiani*, XV, Roma 1972, pp.20‑25；id., *Ludovico Buglio, in Scienziati siciliani gesuiti in Cina nel secolo XVII*, Roma 1985, pp.121‑46. 对这篇短评以后还会给出目录索引。

72. 转载在《天主教东传续编》上，上引文，第三册，第 1069—1332 页。

73. 1665 年的木刻版《天主教东传续编》第三册中转载，第 225—332 页。

74. 首位被祝圣的华人司铎，后又被升为主教的是罗文焰，西班牙文名字 Gregorio Lopez（约 1611—1691），多明我会士。首位加入耶稣会的华人是郑玛诺（Emmanuel Siqueira, 1633—1673）。可以推测，罗文焰在 1634 年 23 岁时领洗，他在中国古文方面有很高的造诣，即使我们不知道他的拉丁文程度如何。郑玛诺则在年纪很轻的时候就来到意大利，1651 年进入圣安德烈修道院，他的拉丁文程度肯定比中国古文好。见 B. Biermann, *Die Anfänge der neueren Dominikanermission in China*, Vechta 1927, pp.42‑43, 86 e 90‑91；F. A. Rouleau, *The first Chinese Priest of the Society of Jesus, Emmanuele de Siqueira, 1633—1673*, in *Archivum Historicum Societatis Iesu*, XXVIII, 1959, pp.3‑50。

75. 共有 30 卷，外加 4 册目录，1654—1676 年在北京出版，1930—1932 年以八卷本形式再版。

76. 《三鱼堂日记》卷三，《陆子全书》，光绪十六年（1890 年），第 10 页。

77. 同上，第 13 页。

78. 关于艾儒略，见 L. Pfister. *Le P. Jules Aleni*, in *Notices biographiques et bibliographiques sur les Jesuites de l'ancienne mission de Chine*, Shanghai 1932 - 34, vol. I, pp.126 - 36; P. Pirri, *Alenis Giulio*, in *Dizionario biografico degli Italiani*, II, Roma 1960, pp.150 - 52; L. Carrington Goodrich, *Aleni Giulio*, in *Dictionary of Ming Biography* cit., vol. I, pp.2 - 6; B. Luck, *Thus the Twaine Did Meet? The Two Worlds of Giulio Aleni*, tesi di dottorato, Indiana University 1977; E. Menegon, *Un solo Cielo. Giulio Aleni S. J. (1582-1649). Geografia, arte, scienza, religione dall'Europa alia Cina*, Brescia 1994。

79. 据说，在福建省人们称艾儒略是"西来孔子"，1625—1638 年他在那里传教。见韩霖、张赓：《圣教信证》，北京，1668 年，第 9 页。近代人方豪在其《中国天主教史人物传》（卷一，香港，1967 年，第 185—97 页）中认为，艾儒略顶多被称为"孔子的门生"。方豪是位天主教司铎，但也是中国人。在中国人眼里，孔子是"圣贤"，将一个外国人与之相提并论，简直是荒唐。

80. 直译的书名是《关于职方所主掌范围以外的国家之纪闻》，职方这个部门不掌管非属地属国的职责。关于这本著作，参阅 B. Hung-kai Luk, *A Study of Giulio Aleni's Chih-fang wai-chi*, in *Bulletin of the School of Oriental and African Studies*, XL, I, 1977, pp.58 - 84; M. N. Rossi, *L'Europa presentata ai cinesi dai gesuiti Giulio Aleni e Ludovico Buglio*, tesi di dottorato, Istituto universitario orientale di Napoli 1994。

81. 1623 年在杭州出版的版本共有 5 卷，1626 年在福州再版则有 6 卷。

82. 见德礼贤，*Le generalità delle scienze occidentali di Giulio Aleni*, in *Rivista degli Studi orientali*, XXV, 1-4, 1950, pp.58 - 76。

83. 由 J. Mish 翻译为 *Creating an Image of Europe in China: Aleni's Hsi-fang ta-wen*, in *Monumenta Serica*, XXIII, 1964, pp.1 - 87。

84. 《四库全书总目》，第一册，卷七十一，第 632—633 页；第一册，卷一百二十五，第 1080—1081 页。

85. 由 M. N. Rossi 翻译：*La geografia dell'imperatore: Ludovico Buglio e lo Yu-lan hsi-fang yao-chi*, in *Rivista degli Studi orientali*, LXVII, 3 - 4, 1993, pp.293 -

319。

86. 《四库全书总目》，第一册，卷七十八，第 680 页。

87. 取自《昭代丛书》，甲集，卷二十七。又见 Gernet，上引书，第 57—58 页。

88. 闵明我写过关于中国和在中国传教的修会间争论的两本重要著作：*Tratados historicos，politicos，ethicos y religiosos de la Monarchia de China*，Madrid 1676；*Controversias Antiguas y modernas entre los Missionarios de la Gran China*，Madrid 1679。在第二部著作中，他透露卫匡国不受其同会会士的爱戴（pp.26，300，319，332，362，367 e 656）：见 J. S. Cummins（a cura di），*The Travels and Controversies of Friar Domingo Navarrete 1618 - 1686*，Hakluyt Society，Cambridge 1962，vol.I，p.LXXVI，nota 1。

89. Pfister，已引证，vol.I，pp.256 - 62；J. Dehergne S. J.，*Répertoire des Jésuites de Chine de 1552 à 1800*，Istitutum Historicum S. I.，Roma 1973，pp.166 - 67；G. Melis（a cura di），*Martino Martini，geografo，cartografo，storico，teologo. Atti del convegno internazionale*，Trento 1983；F. Demarchi e R. Scartezzini（a cura di），*Martino Martini，umanista e scienziato nella Cina del secolo XVII*，Trento 1995。

90. "Hierro de hazer hostias"。

91. 在 *Sinicae Historiae Decas Prima*，Amsterdam 1659 和 *Brevis Relatio*，Roma 1654 这两部著作的扉页上，卫匡国自称 "tridentinus"。

92. J. Golius，*De Regno Cataio additamentum*，p.III，appendice a M.Martini，*Novus Atlas Sinensis*，Amsterdam 1655.

93. T. S. Bayer，*Museum Sinicum*，S. Pietroburgo 1730，vol.I，p.88 e passim.

94. 在 Glasgow 大学图书馆，可找到不同作者的手稿，特别是涉及汉语方面的（*MS Hunter 299*）。其中的第一部是 *Martinus Martinii Grammatica Sinica ex autogr，Berolini in Bib，Regia*，大约 40 页。P. Pelliot 在其文章 *Le veritable auteur des Elementa Linguae Tartaricae*（刊登在 *T'oung Pao*，XXI，1922，pp.367 - 86）中写道（pp.380 - 81，386），卫匡国的文法书共印 20 页，印数极少，收在 M. Thevenot 负责出版的 *Relation de divers voyages curieux* 的第二版中，该书 1663—1672 年在巴黎首次出版。1696 年，Thevenot 去世后不久又第二次出版，但并未收入卫匡国写的文法书。

95. 卫匡国之《逑友篇》(*Il Trattato sull'Amicizia*) 已由白佐良译成意大利文，发表在 *Rivista degli Studi orientali*, LXVI, 1992, pp.79－120 e 331－380。他还翻译了《卫匡国的中文短作》(*Opere cinesi minori di M. Martini*), LXVII, 1993, pp.143－70。

96. 由徐尔觉撰写的序言已译成意大利文，载 *Rivista degli Studi orientali*, LX-VI, 1992, p.89。

97. 祝石所撰序言已译，同上，第91页。

98. 沈广宇、沈光裕所撰序言由白佐良翻译，载马西尼（编），*Western Humanistic Culture Presented to the Chinese by Jesuit Missionaries of the XVII and XVIII centuries*, Roma 1996, p.104。

99. *Litterae Annuae 1678－1679*, Archivum Romanum Societaris Jesu, *Jap. Sin. 117*, f.170v; P. Couplet, *Histoire d'une Dame Chrétienne de la Chine*, Paris 1688, pp.88－89; Pfister, op. cit., t. 1. p.259 e nota 2. 又见 D. E. Mungello, *The Forgotten Christians of Hangzhou*, Honolulu 1994. pp.55－57。

100. D'Elia 首先翻译了这段文字，见 *Antologia cinese*, cit., pp.178－86。

101. 1936 年由上海商务印书馆出版，分两册，卷二第 7167—7170 页描述了意大利，由马西尼翻译成意大利文，见 *L'Italia descritta nel Qingchao wenxian tongkao*, in *Rivista degli Studi orientali*, LXIII, 1989, pp.285－98。

102. 古罗马疆域（ager romanus）的面积，大约 150 平方千米，取自 K. J. Beloch, *Römischte*, Leipzig 1926, pp.167－79。很难确定艾儒略所引证的是哪篇史料。

103. 1 丈大约等于 3.2 米。

104. 即万神殿。

105. 即德斯特别墅（Villa d'Este，或称夏宫），由红衣主教德斯特·伊波利托二世（Ippolito II d'Este）所建，他在 1550 年任帝沃里（Tivoli）的执政长官。

106. 即图拉真纪功柱。

107. 文中提到的玛山（Monte Mario）是罗马最高的山丘（146 米），但不是传统上所说的 7 个山丘之一。

108. 此处可能指保罗水泉渠道。此水渠由保罗五世建于 1609 年，为的是将布拉恰诺湖（Lago di Bracciano）的水引进罗马并为保罗水泉供水，该水泉于 1612 年建在贾尼科洛（Gianicolo）山丘上。

109. 帝沃里附近 Albule 水泉的水，看上去似乳状，并非指味道。

110. 《明史》于 1739 年出版，共 336 卷，张维华评注，*A Commentary to the four chapters on Portugal，Spain，Holland and Italy in the History of the Ming Dynasty*（中文），in *Yenching Journal of Chinese Studies – Monograph Series n.7*，1934。

111. 意大利部分的翻译根据中华书局版《明史》，北京，1974 年，第 28 册，第 8459—8462 页。在此之前，D'Elia 已经将它翻译成意大利文，in *Il Mappamondo* cit.，pp.229–31 nota 421，e Id.，*Antologia cinese* cit.，pp.193–202。

112. 《大明会典》于 1503 年和 1587 年出版，是收录明朝政府文件最重要的官方文集。琐里国就是印度境内的朱罗或科罗曼德尔，它在向中国进贡的国家中被提到。

113. 韩愈（768—824），唐代著名的文学家，曾写过一篇文章，反对迎佛骨在宫廷供奉的主张。作为儒家的优秀文人，他不能容忍在中国传播对遗骨的崇拜，在他看来，死人的遗骨肮脏并且不吉利，应当留在坟墓里，不能拿出来供奉。利玛窦可能还未读到连中等文化程度的中国人都知道的那篇文章。要是他读了，就会有不同的做法了。

114. "冠"和"带"曾是文人的特有标志。此处所写似乎是，"他被授予了勋章"。

115. 即北京和南京。

116. 1602 年 8 月 28 日至 9 月 26 日。

117. 即 Alfonso Vagnoni（1568?—1640），意大利人，耶稣会士，1605—1617 年在南京。

118. 可能指王丰肃和另一位耶稣会士。

119. 南京。

120. 即 Manuel Diaz（1574—1659），葡萄牙人。

121. 不正派和不道德的学说。

122. 即西班牙人庞迪我（Diego de Pantoja，1571—1618）和意大利人熊三拔

（Sabatino de Ursis, 1575—1620），两人都是耶稣会士，前者以天文学专家著称，后者是个水利专家。

123. 意大利。

124. 即 Giacomo Rho（1592—1638），意大利人，天文学家。

125. 1628 年。

126. 中国传统上的历法，在 1628 年之前使用。

第四章　第二次接触中的教皇和中国皇帝

1. 见第一章。

2. L. Le Come, *Nouveaux mémoires sur l'état présent de la Chine*, t. II, Paris 1697, pp.63－64。

3. 白佐良，*Cocchi Angelo*, in *Dtzionario biografico degli Italiani*, vol.XXVI, Roma 1982, pp.449－51.

4. *Quaesita Missionariorum Chinae, seu Sinarum, Sac. Congregationi de Propaganda Fide exhibita, cum responsis ad ea: Decreto eiusdem Sacrae Congregationis approbatis*, Roma 1645.

5. L. M. Jordão, *Bullarium Patronatus Portugalliae Regum in ecclesiis Africae, Asiae atque Oceaniae*, vol.II, Lisboa 1873, pp.220－21.

6. A. Sisto Rosso, *Apostolic Legations to China of the Eighteenth Century*, South Pasadena 1948, pp.157－86 及 F. A. Rouleau, *Maillard de Tournon, Papal Legate at the Court of Peking*, in *Archivum Historicum Societatis Jesu*, XXXI, 1962, pp.264－323.

7. 据罗光著《教廷与中国使节史》（台湾传记文学出版社 1983 年版）第 115—116 页，这并非令多罗转交的一封信，而是一次谈话。6 月 30 日，"游畅春园时，康熙面谕多罗奏闻教化王，中国两千年来奉行孔学之道。西洋人来中国者，自利玛窦以后，常受皇帝的保护，彼等也奉公守法。将来若是有人主张反对敬孔敬祖，西洋人就很难再留在中国"。——译者

8. 译文取自 *dello scritto, che l'Imperatore diede a Monsignor Patriarca da mandarsi*

al Papa, in *Atti Imperiali Autentici di vari Trattati*, *passati nella Regia Corte di Pekino tra l'Imperatore della Cina e P. Patriarca Antiocheno al presente sig. Cardinale di Tournon negli anni 1705 e 1706*, Köln 1710, cap. XXXII, pp.89－91。

9. G. Di Fiore, *La legazione Mezzabarba in Ctna* (*1720－1721*), Napoli 1989.

10. A. Sisto Rosso, 上引书, pp. 188 e 290－292; F. Combaluzier, *Giovanni Borghesi* (*Canton, 1 mai 1714*) *médecin du cardinal Charles Thomas de Tournon* (*1701－1710*) in *Neue Zeitschrift für Missionswissenschaft*, VII, 1951, pp.204－272。

11. 确切地说，1707 年多罗离开北京到了澳门，在那里遭到了囚禁。——译者

12. 高廷用的亲笔信是写给在罗马神圣医院的 Antonio Dao 和 Maria 的，落款为"1711 年 1 月 1 日于广州"，见 *Archives des Missions Etrangères de Paris*, vol. 430, ff.551－53（由 Combaluzier 转载，上引书，pp.257－58，书写法稍作修改）。

13. 1708 年康熙帝因其众多儿子之间的争执，尤其是后来被罢黜的皇储的所作所为，被搅得心绪不宁。他在这一情况下求助西医，耶稣会士提供了帮助，他们为此得到慷慨的报酬。见 Lo-shu Fu, *A Documentary Chronicle of Sino-Western Relations 1644－1820*, Tucson 1966, vol. I, pp.114－15; vol. II, pp.485－86, note 355 e 356。所引证的文献没有高廷用的名字。在北京有另一位意大利医生，耶稣会士鲍仲义（Giuseppe Baudino, 1657—1718），他也是一名助理主教，皮埃蒙特人，是康熙的御医。见 J. Dehergne S.J., *Répertoire des Jésuites de Chine de 1552 à 1800*, Istitutum Historicum S. I., Roma 1973, p.27。

14. B. N. Biermann, *Die Anfänge der neueren Dominikanermission in China*, Vechta 1927; J.M.Gonzalez, *Un misionero diplomatico* (*el padre Victorio Ricci*), Madrid 1955; J.E.Wills, *The hazardous missions of a dominican: Victorio Riccio O.P. in Amoy, Taiwan and Manila*, in *Actes du deuxième Colloque International de Sinologie, Chantilly 1977*, Paris 1980, pp.231－57.

15. *Hechoes de la Orden de predicatores en el Imperio de China, escrilos en S. Juan del Monte Año del 1667 por orden expresso del R. P. Provincial por el P. F. Victorio*

Riccio. 在马尼拉圣托马斯大学的玫瑰圣母会省的档案馆里，藏着两本手抄本，其中之一较早，但不全；另一本在 19 世纪完成。这本被编入目录 *Manoscritos, Seccion China, t.2*，分成 3 册，30 章，373 页，作者从中引证。

16. *Hechoes de la Orden de predicatores en el Imperio de China, escritos en S. Juan del Monte Año del 1667 por orden espresso del R. P. Provincial por el P. F. Victorio Riccio.* 第三册，第 1 章，第六段。

17. 同上，第九段。

18. 同上，第 22 章，第七段。

19. 荷兰档案资料特别多，见 Wills，上引书中各处。西班牙资料除了由 Gonzalez 指定的外，还可见 E.H.Blair e J.A.Robertson, *The Philippine Islands 1493 – 1898*, 55 voll., Gleveland 1903 – 1909；1973 年在马尼拉再版：vol. XXXVI, pp.218 – 66; voll. XXXVII, XLI, XLIV, XLV e XLVII, passim。

20. 江日昇：《台湾外记》，卷十五，收在《笔记小说大观续编》，第 10 册，第 6127—28 页。方豪：《中国天主教史人物传》，上册，香港，1967 年，第 319—20 页，及 W.L.Idema, *Cannon, Clocks and Clever Monkeys: Europeana, Europeans and Europe in Some Early Ch'ing Novels*, in E.B.Vermeer（a cura di）, *Development and Decline of Fukien Province in the 17th and 18th Centuries*, Leiden 1990, pp.476 – 77（包括有关问题的一段翻译，作者对其中一点有分歧），都认为这件轶事中提到的神父是利胜。不过，J.S.Cummins 认为这种认同没有实证：*A Question of Rites. Fra Domingo Navarrete and the Jesuits in China*, Cambridge 1993, p.72, note 3。

21. *Dell'Historia della Compagnia di Gesu. La Cina, terza parte dell'Asia*, Roma 1663; *Dell'Istoria della Compagnia di Gesu. La Cina, terza parte dell'Asia*, Torino 1825, 4 voll.（所述内容取自该版本）。

22. *Dell' Historia della Compagnia di Gesu. La Cina, terza parte dell'Asia* vol.I, p.16.

23. 白乃心（Johann Grüber），1658 年 7 月抵达中国澳门，隔年 8 月到北京，1661 年离开那里，从陆路回到欧洲。1664 年 2 月来到罗马，不久再度启程沿原路返回，但在君士坦丁堡被迫止步，回到佛罗伦萨。那次他见到了马加洛蒂。他留下的三封信描述了其旅行，收入在 M. Thevenot 的著作里：*Relations de divers voyages curieux* [...], 第四部分, Paris 1672（新版本，

1696 年），vol.II，摘要列入 Aurelio degli Anzi 的著作里：*Il genio vagante. Bihlioteca curiosa di cento e più relazioni di viaggio*，Parma 1692，pp.331 - 39。

24. *Notizie varie dell' imperio della China e di qualche altro paese adiacente, con la vita di Confucio il gran savio della China e un saggio della sua Morale*，Firenze 1697，近期的再版标题为 *Relazione della China*，Milano 1974，本文引证取自该版本。见 L. Lanciotti，*Lorenzo Magalotti e la Cina*，in *Cina*，2，1957，pp.26 - 33。

25. *Relazione della China*，上引书，pp.79，83 e 84。

26. P. D'Elia（a cura di），*Fonti Ricciane*，vol.I，Roma 1942，pp.76 - 79.

27. *Relazione della China*，上引书，p.91。

28. *Relazione della China*，上引书，p.87。

29. 《大学》第一部分的翻译在 A. Possevino 的著作中出版：*Bibliotlieca Selecta qua agitur de ratione studiorum in historia, in disciplinis, in salute omnium procuranda*，Liber IX，Roma 1593，p.583；Venezia 1603，p.455。

30. 关于他的传记见 L. Pfister S. J.，*Notices biographiques et bibliographiques sur les Jesuites de l'ancienne mission de Chine*，Shanghai 1932 - 34，pp. 321 - 28；Dehergne，上引书，pp.129 - 30；方豪：《中国天主教史人物传》，中册，香港，1970 年，第 134—43 页；S. Zoli，*La Cina e la cultura italiana dal' 500 al' 700*，Bologna 1973，pp.96 - 105。

31. 利玛窦写了一本《拉丁文四书解述》，带许多注解，传教士们初到中国时用它学习中文。他的手抄本已经找不到，但有理由相信殷铎泽在他的头一篇 *Sapientia Sinica* 和最后一篇 *Confucius Sinarum Philosophus* 中都用到它。见德礼贤（a cura di），*Fonti Ricciane*，vol.II，Roma 1949，p.33 e nota 5；K. Lundbaek，*The First Translation from a Confucian Classic in Europe*，in *China Mission Studies（1550 - 1800）Bulletin*，I，1979，pp.2 - 11；D. E. Mungello，*Curious Land. Jesuit Accomodation and the Origins of Sinology*，Stoccarda 1985，pp.249 - 50。

32. 也被收入 1696 年第 2 版的卷二里。关于 *Sapientia Sinica* 和 *Sinarum scientia politico-moralis* 的各种版本，见 H. Cordier，*Bibliotheca Sinica*，vol.II，Paris 1905 - 1906，coll，1386 - 1393。

33. Mungello 曾对 *Confucius Sinarum Philosophus* 做了认真检查，上引书，pp.246 - 99。

34. 见 G. Bertuccioli（白佐良），*Brollo Basilio*, *in Dizionario biografico degli Italiani*, XIV, Roma 1972, pp.454 - 56。

35. 参阅 *Sinica Franciscana*, vol. VI, parte I, Roma 1961, pp.196 - 197。

36. 对他的介绍见 A. Magnaghi, *Il viaggiatore Gemelli Careri*（*secolo XVII*）*e il suo Giro del Mondo*, Bergamo 1900。

37. *Giro del Mondo del dottor D. Gio. Francesco Gemelli Careri*, Napoli 1699 - 1700, voll.6. 1719 年在巴黎出版的法语翻译由 J. Le Clerc 修正，*Bibliothèque ancienne et moderne*, tomo XIII, Amsterdam 1720, pp.197 - 212。

38. *Giro del Mondo*, 第四卷，第 73—96、282—86 页。

39. F. Masini, *Bio-bibliographical Notes on Claudio Filippo Grimaldi S. J.: Missionary in China*（*1638 - 1712*）, in N. Forte, F. Masini, a cura di, *A Life Journey to the East: Sinological Studies in Memory of Giuliano Bertuccioli*, Italian School of East Asian Studies, Kyoto 2002, pp.233 - 248.

40. *Giro del* Monto, 第四卷，第 84—85 页。

41. 见 Magnaghi，上引书，pp.38 - 42。杰梅利从耶稣会士李明的作品中"得到启发"，Le Cemte，上引书，t. I, Paris 1697, pp.67 sgg。

42. 由杜赫德引证，J. B. Du Halde, *Lettres édifiantes et curieuses écrites des Missions etrangères par quelques Missionnaires de la Compagnie de Jesus*, Paris 1722, vol. XV, pp.13 sgg。

43. 杜赫德未指出传教士的名字，不由令人怀疑此信是他为使杰梅利失去信誉造出来的。

44. 根据《圣祖仁皇帝实录》，乙亥三十四年，卷一百六十八，阴历十月庚寅第一日（1695 年 11 月 7 日）；同月 renzhen（疑为 renchen，即壬辰——译者）第三日（1695 年 11 月 9 日）及同月庚子第十一日（1695 年 11 月 17 日），（edizione di Mukden, 1937 - 38）。

45. *Illustrated Catalogue of Chinese Government Exhibits for the International Exhibition of Chinese Art in London*, vol. III, *Painting and Calligraphy*, Shanghai 1936. pp.254 - 256.

46. G.R.Loehr, *Giuseppe Castiglione* (1688 – 1766). *Pittore di Ch'ien-lung*, *Imperatore della Cina*, Roma 1940; M. Ishida, *A Biographical Study of Giuseppe Castiglione* (*Lang Shih-ning*), *a Jesuit Painter in the Court of Peking under the Ch'ing Dynasty*, in *Memoirs of the Research Department of the Toyo Bunko*, 19, 1960, pp.79 – 121; C. e M. Beurdeley, *Castiglione*, *peintre jésuite à la cour de Chine*, Fribourg 1971; G.R.Loehr, *Castiglione Giuseppe*, in *Dizionario biografico degli Italiani*, XXII, Roma 1979, pp.92 – 94.

47. *Relation du Voyage fait à la Chine sur Le vaisseau l'Amphitrite*, *en l'annee 1698 par le sieur Gio. Gherardini peintre italien*, S.l. 1700, pp.78 – 79.

48. Cleveland Museum of Art, Stati Uniti d'America.

49. P. Pelliot, *Les influences européens sur l'art chinois*, 1927, p.10; F. Feuillet de Conches, *Les Peintres européens en Chine*, in *Revue contemporaine*, XXV, Paris 1856, pp.228 – 29. 两位作者均未确切指出该轶事出自何处。Feuillet de Conches 指参阅 *Vraie chronique du regne de l'empereur Chuen* (*Kao-tsou-Chuen-Houang ti-che-lou*)，却未指明年份，令人猜疑他从未查阅过该篇作品。Pelliot 虽持一些保留意见，做法却相同。

50. 这些殿宇被英法联军一抢而空后，1860 年 10 月 18 日，埃尔金下令放火将其烧掉。

51. 总共有 20 块版画，据 Ishida 说，上引书，第 97 页（见本页注 55）只有 3 块完整：一块收入巴黎国立图书馆，一块在东京东洋文库，另一块在沈阳故宫。

52. 于 1729 年和 1735 年出版，其中一部分根据 1693 年和 1707 年出版的两期 A. Pozzo 的作品 *De perspectiva pictorum*。

53. 姚元之《竹叶亭杂记》，卷三，北京，1982 年，第 66—67 页。此段也有意大利语译文，翻得很好，见 Loehr, *Giuseppe Castiglione*, 上引书，第 40—42 页。

54. Mayching Kao, *European Influences in Chinese Art*, *Sixteenth to Eighteenth Centuries*, in T.H.C. Lee (a cura di), *China and Europe*, Hong Kong 1991, pp.269 – 270.

55. *Der Chinese in Rom* 一诗可参阅 *Goethes Werke*, *Zweiter Teil: Gedichte*, *zweiter*

Band, Berlion-Stoccarda 1902, p.202。

56. 关于公学的历史，见 G. de Vincentis, *Documenti e titoli sul privato fondatore dell'attuale R.Islilulo（antico Collegio dei Cinesi in Napoli）Matteo Ripa*, Napoli 1904; M. Fatica, *Dal Collegio dei Cinesi all'Istituto Universiturio Orientale（1724 – 1994）*, Napoli 1994. 公学于 1869 年改为亚洲皇家公学，1888 年又撤销，改为东方皇家学院，后来成为东方学院。

57. *Storia della Fondazione della Congregazione e del Collegio de' Cinesi sotto il titolo della Sagra Famiglia di G.C.scritta dallo stesso fondatore Matteo Ripa e de' viaggi da lui fatti*, 3 voll., Napoli 1852; Matteo Ripa, *Giornale（1705 – 1724）*, a cura di M. Fatica, vol.I,（1705 – 1711）, Napoli 1991.

58. Joachim du Bellay, *Les regrets*, XXXI, *Heureux qui, comme Ulysse, a fait un beau voyage*, in id., *Les regrets et autres oeuvres poëtiques*, Geneve 1966, pp.98 – 99.

59. 关于吴国秋的周折，见 G. Di Fiore, *Un cinese a Castel San'Angelo*, in A. Gallotta e U. Marazzi（a cura di）, *La conoscenza dell'Asia e dell'Africa in Italia nei secoli XVIII e XIX*, vol.II, tomo I, Napoli 1985, pp.219 – 86。

60. 见 *Elenchus Alumnorum*, *Decreta et documenta quae spedant ad Collegium Sacrae Familiae Neapolis*, Shanghai 1917。

61. Forse l'unico contributo alla conoscenza del nostro paese in Cina lo diede il diario di viaggio in Italia del fratello di un allievo cinese; cfr. M. Castorina, *Breve relazione del viaggio in Occidente. Il resoconto del viaggio in Italia di Guo Liancheng*, Tesi di dottorato, XX ciclo, "Sapienza" Università di Roma, 2008.

62. *Viaggio nell'interno della China e nella Tartaria fatto negli anni 1792, 1793 e 1794 da Lord Macartney. Compilato da Sir Giorgio Staunton*, Venezia 1799, tomo 1, cap. II, pp.34 – 37.

63. M. Fatica, *Gli alunni del Collegium Sinicum di Napoli, la missione Macartney presso l'imperatore Qianlong e la richiesta d libertà di culto per i cristiani cinesi（1792 – 1793）*, in *Miscellanea in onare di Lionello Lanciotti*, Napoli 1996, vol. 2, pp.525 – 565.

64. Pfister, 上引书，n.310, pp.664 – 65；Dehergne, 上引书，n.282, p.86；方豪：《中国天主教史人物传》，下册，香港，1973 年，第 33—35 页。马国

贤特别对路易吉·樊提出批评，认为他靠不住，对拉丁文一窍不通。见
Ripa, *Storia della Fondazione cit.*, vol.II. pp.55–56; de Vincentis, op. cit.,
pp. CCCXXXVIII–CCCXXXIX; Gio. Giacomo Fatinelli, *Isloria della spedizione del cardinale Tomaso Maillard de' Marchesi di Tournon alle Missioni della Cina*, MS, Roma, Biblioteca Casanatense, vol.III, 1625, ff.90 r-v, e 91r-v e 92r-v。

65. 手抄本于 1936 年在罗马国立图书馆被中国目录学家王重民"发现"（*Quarterly Bulletin of Chinese Bibliography*, Chinese Edition, III, 4, pp.231–38），因此由方豪在《中西交通史》上出版，卷四，台北，1954 年，第 186—95 页；再版下册，台北，1983 年，第 855—62 页。

66. 为了不使文章变得烦琐，作者在译文中一律用公元纪年。文中此处日期为"丁亥岁季冬之月"，为康熙四十六年，即 1707 年 12 月 24 日至 1708 年 1 月 22 日。

67. 庚子之六月，为康熙五十九年，即 1720 年 7 月 5 日至 8 月 3 日。

68. 辛丑孟夏，为康熙六十年，即 1721 年 4 月 26 日至 5 月 25 日。

69. 即欧洲。

70. 樊守义大概在 1709 年 3 月来到意大利。

71. 圣母大殿过去也称作圣母雪地殿。

72. 可能指的是圣洗堂。

73. 罗马斗兽场。

74. "大爆台"也许指天使堡。

75. 一丈有 3 米多长。

76. 一尺是一丈的十分之一。

77. *Tchao chi Cou Ell ou le petit orphelin de la maison de Tchao*, *Tragédie chinoise*, in Du Halde (a cura di), op. cit (ediz. 1736), pp.417–60.

78. 我仅引出剧名，其内容多少取自中国历史，忽略有情节和场景的音乐剧，如梅塔斯塔西奥的 *Le Cinesi*（1735）和 P. Chiari（1712—1785）的 *La schiava cinese* 和 *Le sorelle chinesi*; G. B. Lorenzi（1721—1807）的 *L'idolo chinese*; F. Cerlone（约 1730—1812）的 *Il tiranno cinese*, 等等，这些全属虚构，中国人只是空有其名。见 A. Buiatti 的论述, *Cina e cineserie nel teatro italiano del Settecento*, in Gallotta e Marazzi（a cura di），上引书，vol.III,

Napoli 1989, pp.451－72。

79. *Taican, re della Cina. Tragedia per musica da rappresentarsi nel Teatro Tron di S. Cassano l'anno* 1707, Venezia 1707.

80. *Teatro italiano di Pier Jacopo Martella*, Roma 1715, vol.II, pp.369－446：P. J. Martello, *Teatro*, Bari 1981, vol.II. pp.683－761。1667 年，荷兰诗人和剧作家 Joost van den Vondel（1587—1679）根据同一内容编写悲剧 *Zungchin of Ondergang der Sineesche Heerschappye*（即《中华帝国的灭亡》）。在这出剧中也有一位欧洲人物，他就是耶稣会士汤若望。

81. *Il Tartaro nella Cina, Dramma per musica da rappresentarsi nel Teatro dell'Ill. mo Pubblico di Reggio in occasione della Fiera, l'anno 1715*, Reggio 1715.

82. A. Semedo, *Relatione della grande monarchia della Cina*, Roma 1643, pp.144－45.尚可参阅 A. W. Hummel（a cura di）负责编辑的《朱常洛传》（即泰昌）：*Eminent Chinese of the Ch'ing Period*, Washington 1943, pp.176－77。

83. 马尔泰洛可能参考了 *Legatio Batavica ad Magnum Tartariae Chanum Sungteium Modernum Sinae Imperatorem Historiarum narratione*, Amsterdam 1668。

84. *Taimingi*，第四幕，第六场，vv.396－97。"宋家"即指宋朝。

85. *Lettera a Carlo Broschi, detto Farinello*, Madrid da Vienna, 18 febbraio 1752, in *Tutte le opere di Pietro Metastasio*, vol.III, Verona 1951, pp.713－14.

86. *Oeuvres complètes de Voltaire*, tomo I, Paris 1874, p.680.

87. *L'Orphelin de la Chine*，第四幕，第二场，已引证，第 693 页写道："在我内心深处我很嫉妒他们的价值。尽管我是胜利者，我却希望跟这些战败者一样。"

88. 见 Ed. Horst von Tscharner, *China in der Deutschen Literatur des Klassischen Zeitalters*, in *Sinica*, IX, 1934, pp.192－93；Étiemble, *L'Europe chinoise*, vol. II, Paris 1989, pp.194－97。

89. P.L.Ginguené, *Notice sur la vie et les ouvrages de Nicolas Piccinni*, Paris anno IX (1800), pp.9－10.

90. Pfister, 上引书, n.441 bis, vol.II, pp.978－79；Dehergne, 已引证, p.13；

Vita del P. Paolo Agostino Amoretti della Provincia Romana andato alla Cocincina，MS. in Archivum Romanum Societatis Jesu，Vitae 95，ff.234－35。本篇作品和前两篇均未证实穆保罗在 1778 年路过热那亚。

91. 作者只限于引证 Giambattista Roberti（1719—1786）院长关于不同题材的许多评论，谈到中国人时，颂扬中国人是纯洁、完美和诚实的人。见 *Del Leggere libri di metafisica e di divertimento*，in *Opere*，Bassano 1797，pp.49,51。

92. M. Martini，*Sinicae Historia Decas Prima*，Amsterdam 1659，pp.10－11。

93. Le Comte，已引证，t. I，Paris 1697，p.205。

94. G. B. Vico，*Opere*；*IV*，*La Scienza Nuova Seconda*，Bari 1953，vol.I，p.41.

95. 维科称为"断音"（voci articolate）的中国官方语言的单音一共有 326 个。

96. 维科，上引书，p.63。

97. 同上，p.42。

98. G. Baretti，*La scelta delle lettere familiari*，Bari 1912：Lettera ventiseiesima，pp.111－12.

99. 在奥地利王位继承战争期间，英国海军准将安森（George Anson）于 1742 年 11 月 12 日抵达澳门补充给养，未果，继往广州，得到所需，尽管禁止外国战船进入。他在广州停留至 1743 年 4 月 19 日。关于他的冒险活动见 *Voyage round the World in the years MDCCXL*，*I*，*II*，*III*，*IV*，London 1748。

100. Baretti，*La scelta*，上引书，pp.110－11。

101. B. Croce，*Teoria e storia della storiografia*，Bari 1941，p.238.

102. V. Alfieri，*La Finestrina*，in *Opere di Vittorio Alfieri da Asli*，vol.XII，Asti 1958：*Le Commedie*，a cura di F. Forti，t.III，pp.1－97 e 133－206.

103. G. Carducci，*Vittorio Alfieri*（1853），in *Poesie di Giosuè Carducci*，Bologna 1937，p.90.

104. F. De Sanctis，*Storia della Letteratura Italiana：La nuova letteratura*，vol.II，Milano 1937，p.319.

第五章　被西方新列强拖着走的意大利：商人与官员

1. 关于新教传教士在中国的活动，见 A. Wylie，*Memorials of Protestant*

Missionaries to the Chinese, Shanghai 1867，以及 K. S. Latourette, *A History of Christian Missions in China*，London 1929。

2. 广东话发音 Cohong，官话发音 Gonghang，即"公行"。

3. G. Iannettone, *Presenze italiane lungo le vie dell'Oriente nei secoli XVIII e XIX*, Napoli 1984, pp.103‑106; C. M. Mancini, *Appunti per una storia delle relazioni commerciali e finanziarie tra l'Italia e la Cina: dal 1814 al 1900（Pt.I）*, in *Rivista di Diritto Valutario e di Economia Internazionale*, vol. XXXI/II, 1987, pp.401‑10; P.Corradini, *Italia e Cina: dalle prime relazioni consolari al trattato di pace del 1947*, in *Mondo Cinese*, n.76（1991），p.8.

4. 1747—1748 年在广州的英国船长诺布尔（C. F. Noble）对他作了这样的描述："他的主要职责是为船长们做翻译。但是看到他在中国官员面前显得那么猥琐，毫无自尊或勇气，而自尊和勇气正是大不列颠人在为维护本国人权利或要求公道时所应有的性格"，C.F.Noble, *A Voyage to the East Indies in 1747 and 1748*, London 1762, pp. 306‑307, cit. in Fu Lo-shu, *A Documentary Chronicle of Sino-Western Relations（1644‑1820）*, Tucson 1966, p.538. n.121。

5. W. Hunter, *The 'Fan Kwae' at Canton before the Treaty Days*, London 1882, p. 60.（本书已有中译本，亨特:《广州番鬼录·旧中国杂志》，广东人民出版社 2009 年版。——译者）

6. 关于《海录》，见 K. Ch'en, *Hai-lu, Fore-runner of Chinese Accounts of Western Countries*, in *Monumenta Serica*, VII（1942），pp.208‑26。

7. 杨炳南:《海录》，第 12 页，收在王锡祺编辑的《小方壶斋舆地丛钞》，上海，1891 年，第十一帙。

8. 同上，第 13 页。（"扻骹"为"拖腿"的异体字。——译者）

9. 同上。

10. 《孟子集注》，卷七，"离娄章句上"："淳于髡曰:'男女授受不亲，礼与?'孟子曰:'礼也'。"——译者

11. 杨炳南，上引书，第 13 页。

12. 同上，第 14 页。

13. 同上。

14.《林文忠公政书》，1885 年，第 126 页。见《现代汉语词汇的形成》，马西尼著，黄河清译，上海，汉语大词典出版社 1997 年版。（*The Formation of Modern Chinese Lexicon and Its Evolution Taward a National Language: The Period from 1840 to 1898*, Berkeley 1993, p.16.）

15. 关于林则徐的译员，见马西尼，上引书，第 17—20 页。

16. 林则徐书信《答奕将军防御粤省六条》，收在魏源编辑的《海国图志》，第二版，1847 年，卷五十，第 11 页；另见杨国桢编：《林则徐书简》，福州，1981 年，第 177—181 页。

17. *The Canton Register*, vol.9, n.3, p.9. In *The Chinese Repository*, vol.5, n.4, August 1836, p.155.

18.《筹办夷务始末》，道光年间，北京，1929—1931 年，卷七，第 33—36 页。信件的英文翻译见 J. K. Fairbank 和 S. Y. Teng, *China's Response to the West*, Cambridge, Mass., 1954, pp.24 - 27。

19. 见 J. F. Davis, The *Chinese: A General Description of China and its Inhabitants*, vol.1, London 1855, p. 83; H. B. Morse, *The International Relations of the Chinese Empire*, vol.1, Shanghai 1919, pp.104 - 105;《鸦片战争前中西关系记事》，武汉，1986 年，第 315—316 页。

20. 关于此书的产生，见马西尼，上引书，第 22—24 页及由他引用的书目提要。

21. 见马西尼，*The Legacy of Seventeenth Century Jesuit Works: Geography, Mathematics and Scientific Terminology in Nineteenth Century China*, in *L'Europe en Chine, Interactions Scientifiques, Religieuses et Culturelles aux XVIIe et XVIIIe Siecles*, Actes du Colloque de la Fondation Hugot, revus et établis par C. Jami et H. Delahaye, Collège de France, Paris 1993, pp.137 - 46。

22. 魏源，上引书，卷三十七，第 1 页。

23. 同上，卷四十三，第 2 页。

24. 魏源：《海国图志》卷四十三，第 18 页。

25. 同上，第 18 页。

26. 同上，第 20—21 页。

27. 魏源：《海国图志》卷四十三，第 22 页。

28. 徐继畲:《瀛环志略》，北京，1866 年，卷六，第 15 页。

29. 同上，第 15 页。

30. 徐继畲:《瀛环志略》，卷六，第 16 页。

31. 同上，第 16 页。

32. 同上，第 17 页。

33. 1853—1854 年英国传教士慕维廉（William Muirhead, 1822—1900）在上海
    出版的《地理全志》就是一例:《地理全志》收在王锡祺编的《再补编》，
    第十二帙。

第六章　中国发现欧洲和意大利：外交人员和旅行者

1. 该证据被认为是 T. T. Meadows 做的，比如 1853 年 5 月 7 日的 *North China
   Herald*，参阅 P.clarke, J.S. Gregory Clarke, a cura di, *Western Reports on the
   Taiping*, *A Selection of Documents*, Canberra 1982, p.56。

2. H. F. MacNair, *Modern Chinese History: Selected Readings*, Shanghai 1923,
   p.350－51, cit. in Li Chien-nung, *The Political History of China*, *1840－1928*,
   Stanford, Cal., 1969, p.81. 另一篇关于罗孝全在南京逗留的原始证据见 W.
   C.Hunter, *Bits of Old China*, London 1855, pp.83－84。

3. W.A.P.Martin, *The Awakening of China*, London 1907, p.160.

4. K. Biggerstaff, *The Earliest Modern Government Schools in China*, Ithaca 1961,
   pp.94－153；马西尼著，黄河清译:《现代汉语词汇的形成》，上海，汉语
   大词典出版社 1997 年版。（*The Formation of Modern Chinese Lexicon and Its
   Evolution Toward a National Language: The Period from 1840 to 1898*, Berkeley
   1993, pp.46－52.）

5. 见白佐良, *Giuseppe Maria Calleri: un piemontese al servizio della Francia in
   Cina*, Torino 1986。

6. Hunter，上引书，第 87 页。关于这个事件及加里波第在中国的一般情况，
   见 P. Cowie 和白佐良的文章，in G. Borsa, P.B.Brocchieri, *Garibaldi*, *Mazzini
   e il Risorgimento nel risveglio dell'Asia e dell'Africa*, Milano 1984, Cowie 对加里

波第的"卡门"号在事件中扮演主角的真实性提出强烈疑问。

7. 关于这项条约的签署及意中关系，见 G. Borsa, *Italia e Cina nel secolo XIX*, Milano 1961; L. Petech, *Il primo trattato con l'Italia (1866) nei documenti cinesi*, in *Rendiconti*, *Classe di Scienze Morali*, Accademia Nazionale dei Lincei, 1974, vol. XXIX, fasc. 1-2, pp. 17-37; C. M. Mancini, *Appunti per una storia delle relazioni commerciali e finanziarie tra l'Italia e la Cina: dal 1814 al 1900 (Pt.2)*, in *Rivista di Diritto valutario e di Economia internazionale*, vol. XXXII/Ⅲ, 1987, pp. 659-705; P. Corradini, *Italia e Cina: dalle prime relazioni consolari al trattato di pace del 1947*, in *Mondo Cineseh*, in. 76 (1991), pp. 7-48。

8. 张德彝在 1902—1905 年间担任驻英国的大使，一度也被派驻意大利王国（1901 年 11 月 16 日至 1902 年 5 月 19 日）。见《清季中外使领年表》，北京，1985 年，第 17 页。

9. G. Chen, *Lin Tse-hsu: Pioneer Promoter of the Adoption of Western Means of Maritime Defense in China*, Peiping 1934, H. S. Ros, *Early History of the Steamship in China*, in *Asian History Congress*, New Delhi 1961, *Studies in Asian History*, London 1969, pp. 141-48.

10. 刘鹗：《老残游记》，上海，1991 年再版，第 3 页。

11. 斌椿：《乘槎笔记》，收在王锡祺编辑的《小方壶斋舆地丛钞》，上海，1891 年，第十一帙，第 41 页；见钟叔河主编的《走向世界丛书》，长沙，1985 年，第 95 页。首批中国旅行者的日记由 M. R. Masci 选译成意大利文，见 *L'oceano in un guscio d'ostrica*, Roma 1989。

12. 斌椿，上引书，第 44、104 页。

13. 同上，第 45、107 页。

14. 张德彝：《航海述奇》，王锡祺，上引书，第 71 页；钟叔河主编，上引书，第 488 页。

15. Martin，上引书，第 204—205 页。

16. 张德彝，上引书，王锡祺，第 59 页；钟叔河主编，第 448 页。

17. 同上，王锡祺，第 59 页；钟叔河主编，第 449 页。

18. Hwuy-ung, *A Chinaman's Opinion of Us and of His Own Country*, London 1927,

pp.18－19. 也可参阅 A.Chih, *L'Occident* chrétien *vu par les Chinois vers la fin du XXe siècle（1870－1900）*, Paris 1961 ［意大利文翻译：*L'Occidente cristiano visto dai cinesi*（《中国人眼中的西方基督教世界》）, Milano 1979, pp.165－66］。

19. E. Hillyer Giglioli, *Viaggio intorno al Mondo della R. pirocorvetta italiana Magenta*, Milano 1875, p.570. T. de Ferrière le Vayer 叙述了类似场面：*Une ambassade francaise en Chine*, Paris 1854, cit. in N. Boothroyd, M. Détrie ed, *Le voyage en Chine*, Paris 1992, p.463.

20. 斌椿，上引书，王锡祺，第 43 页；钟叔河主编，第 100 页。

21. 同上，王锡祺，第 43 页；钟叔河主编，第 101 页。

22. 张德彝：《欧美环游记》，1868—1869 年，钟叔河主编，上引书，第 670 页。

23. 同上，第 738—739 页。

24. 同上，第 766 页。

25. 张德彝：《欧美环游记》，第 734 页。

26. 《孟子集注》，卷七。

27. 张德彝，上引书，第 744 页。

28. 斌椿，上引书，王锡祺，第 45 页；钟叔河主编，第 107 页。

29. 同上，王锡祺，第 45 页；钟叔河主编，第 106 页。

30. 朱克敬：《通商诸国纪》，1867 年，王锡祺，上引书，第十一帙，第 26—27 页。白佐良翻译成意大利文：La *prima missione diplomatica cinese in Italia*, in *Mondo Cinese*, n.3（1973）, pp.10－11。

31. 志刚：《初使泰西记》，钟叔河主编，上引书，第 358 页。

32. 志刚，上引书，第 359 页。

33. 志刚，上引书，第 359 页。

34. 志刚，上引书，第 360 页。

第七章　从对技术的发现到羡慕欧洲体制

1. 梁启超：《饮冰室合集》，上海，1936 年，北京，1989 再版，《文集》卷一，第 76 页，参阅马西尼，*The Formation of Modern Chinese Lexicon and Its Evolution Toward a National Language: The Period from 1840 to 1898*，Berkeley 1993，p.82。中文版《现代汉语词汇的形成》，第 96 页。

2. 《江南制造局记》，上海，1905 年，卷二，第 18 页。A. A. Bennet, *John Fryer: The Introduction of Western Science and Technology into Nineteenth-century China*, Cambridge, Mass., 1967, p.97. 书的全名是 *Dell'arte di governare i bachi da seta per trarre costantemente da una data quanlità di foglie di gelso la maggior copia di ottimi bozzoli e dell'influenza sua sull'aumento annuo di ricchezza si domestica che nazionale*。

3. 《格物入门》，北京，1868 年，卷一，第 55 页。这段文字的英文翻译见马西尼，上引书，第 48—49 页。中文版第 55 页。

4. 关于意大利的消息已经在《中西闻见录》月刊上登载，这份月刊由丁韪良和艾约瑟（Joseph Edkins）自 1872 年起发行了数年。

5. 关于我国海军和意大利王国军队的一般消息，至少至 19 世纪末是中国报章极为关注的主题。例如《时务报》，10，1896 年 11 月 5 日发表的文章，《意国振兴海军》（北京，1991 年再版，卷一，第 676—77 页）；《集成报》，3，1897 年 5 月 26 日的《意整军政》（北京，1991 年再版，卷一，第 140 页）；《时务报》，47，1897 年 12 月 4 日的《意国海军操演》（北京，1991 年再版，卷四，第 3223 页）。

6. 有意思的是，刊物在最初两年（1874—1875）将关于意大利的消息与罕见的教廷消息区分开来。

7. 1878 年 1 月 5 日第 471 期，4 月 13 日第 484 期，4 月 27 日第 486 期，3 月 16 日第 480 期，3 月 23 日第 481 期，11 月 30 日第 516 期，都提到这件事。《万国公报》几乎全部收集齐全，保留在大英博物馆图书馆内。刊物的目录见《中国近代期刊篇目汇录》，上海，1979 年，卷一，第 29—406 页。

8. 数字统计由 G. Borsa 完成：*Italia e Cina net secolo XIX*, Milano 1961, p.36。

9. 刘锡鸿：《英轺私记》，收在钟叔河主编的《走向世界丛书》，北京，1986 年，第 129—30 页。另一篇意大利文翻译见 Masci, *L'oceano in un guscio d'ostrica*, Roma 1989, p.306。

10. 郭嵩焘：《伦敦与巴黎日记》，见钟叔河主编的《走向世界丛书》，北京，

1984 年，第 897 页。

11. 郭嵩焘：《伦敦与巴黎日记》，第 899 页。

12. 黎庶昌：《西洋杂志》，钟叔河主编，上引书，北京，1985 年，第 518 页。
    意大利文翻译见 G. Casacchia, *Viaggio in Italia di un grammatico cinese*, in
    Mondo Cinese, 72（1990），p.56。

13. 黎庶昌，上引书，钟叔河主编，上引书，第 525 页；Casacchia，上引书，
    第 60 页。

14. 继郭嵩焘之后，其他在意大利停留过的大使有：曾国藩之子曾纪泽，他替
    代郭嵩焘任驻伦敦大使，1878 年 12 月 29 日到过西西里岛，对意大利没有
    特别的记述；派往柏林使馆的官员钱德培也一样，他于 1878 年 1 月 1 日在
    那不勒斯停留。见曾纪泽：《出使英法俄国日记》，收在钟叔河主编的《走
    向世界丛书》，北京，1985 年，第 147 页；钱德培：《欧游随笔》，收在王
    锡祺编的《小方壶斋舆地丛钞》，上海，1891 年，第十一帙，第 391 页。

15. 徐建寅：《欧游杂录》，收在钟叔河主编的《走向世界丛书》，北京，1985
    年，第 657 页。

16. 洪勋：《游历意大利闻见录》，收在王锡祺的《再补编》，上海，1897 年，
    第十一帙，第 12 页。

17. 洪勋，上引书，第 14 页。

18. 洪勋，上引书。意大利文翻译见白佐良：*L'Italia nella cultura cinese – Note
    delle esperienze fatte durante un viaggio in Italia*, in *Cina*, 11（1974），p.137。

19. 同上。

20. Tcheng-ki-tong, *Les Chinois peints par eux-memes*, Paris 1884, pp.233 – 235.

21. G. Senzpaura（武尔披齐，E. F. M. Z. Volpicelli 的笔名），*Diplomatici cinesi
    in Italia*, in *La Rassegna Italiana*, anno XXII, 16 marzo 1900, p.291。武尔披
    齐以后又出版了薛福成日记意大利文的全篇翻译：*Le impressioni di un cinese
    in Italia. Brano del giornale di Xsie-fu-ceng. 10 marzo-3 aprile 1891*, Napoli
    1902。但这篇作品无法找到。

22. 薛福成：《出使英法意比四国日记》，收在钟叔河主编的《走向世界丛书》，
    北京，1985 年，第 307 页。

23. 武尔披齐，上引书，第 292 页。

24. 薛福成，上引书，第 307—308 页。

25. 武尔披齐，上引书，第 293 页。

26. 薛福成，上引书，第 313—314 页。

27. 同上，第 332 页。

28. 见 A. Boffa, *Il trattato sull'Italia nel Qing shigao*, in *Mondo Cinese*, 61（1988），
    p.63, nota 38。

29. 薛福成，上引书，第 331 页。

30. 关于中国人对意大利态度的原因见 Borsa，上引书，第 168—173 页。

31. 此篇文章是依据 5 月 11 日一份没有指明来源的日本报纸撰写的，即在佩卢
    的第一个政府出现危机之后，但在政府改组的三天前。

32. 《清议报》，17，1899 年 6 月 8 日（再版），北京，1991 年，第一卷，第
    1079—1080 页。

33. 意 大 利 画 报（*L'Illustrazione Italiana*），anno XXIII, 32. p.92 e n.33,
    pp.100, 102。

34. 《点石斋画报》，信文集，第二卷（再版，广州，1983 年）。

35. 《点石斋画报》，信文集，卷十三（再版，广州，1983 年）。

第八章　19 世纪与 20 世纪之交：意大利和
中国在彼此文化中的形象

1. 《绣像小说》半月刊自 1903 年 5 月第一期起连载这篇小说，作者李宝嘉。

2. 在上级面前，戴眼镜被看作是没礼貌的表现。

3. 用中文发音的英语词：一、二、二、来、是。

4. 李宝嘉，《文明小史》，南昌，1989 年，第 12—13 页。前五回最佳的英文
   翻译由 D. Lancashire 完成：*Modern Times or A Brief History of Enlightenment*，
   见 Liu Ts'un-yan（编辑），*Chinese Middlebrow Fiction*，香港，1984 年，第
   289—340 页。

5. 梁启超从日本书籍《意大利建国三英雄》获取灵感。此书 1892 年在东京
   出版，撰写者是平田久（Hirata Hisashi）。

6. 梁启超:《饮冰室诗合集》,上海,1936 年,北京,1989 年再版,《专集》,第 11 卷,第 1—2 页。由白佐良主编的其他意大利文翻译,见 *Storia della letteratura cinese*, Milano 1968, p.320 和 *Un melodramma di Liang Qichao sul Risorgimento italiano: Xin Luoma*, *Introduzione, traduzione e note*, in *Catai*, I (1981), 2, p.309。

7. 梁启超,上引书,第 93 卷,第 124 页。六幕剧和序幕全部由白佐良翻译成意大利文并作了评论:《梁启超的音乐剧》(*Un melodramma di Liang Qichao*),上引书,第 307—349 页。

8. 梁启超写了另一部音乐剧《侠情记》,描述阿妮塔对加里波第的爱恋,但剧本未完成。梁启超,上引书,第 46 卷,第 25—27 页。白佐良有意大利文翻译, *Un melodramma incompiuto di Liang Qichao sugli amori di Garibaldi, Xiaqing ji. Introduzione, traduzione e note*, in G.Borsa, P.B.Brocchieri (a cura di), *Garibaldi, Mazzini e il Risorgimento nel risveglio dell'Asia e dell'Africa*, Milano 1984, pp.290-91。

9. 康有为:《意大利游记》,1905 年,收在钟叔河主编的《走向世界丛书》,长沙,1985 年,第 69—202 页。白佐良翻译了日记中的几段,见 *Il Viaggio in Italia di K'ang Yu-wei (3-14 maggio 1904)*, in *Cina*, 4 (1958), pp.82-91。

10. 康有为,上引书,第 71、73 页;白佐良, *Il Viaggio in Italia di K'ang Yu-wei*,上引书,第 84 页。

11. 康有为,上引书,第 174 页;白佐良, *Il Viaggio in Italia di K'ang Yu-wei*,上引书,第 89 页。

12. 关于这点,见 P. Corradini 的文章: *Risorgimento italiano e risveglio asiatico: è possibile una comparazione?*, in Borsa, Brocchieri (a cura di),上引书,第 299-310 页。

13. 诗的前一部分已由白佐良翻译成意大利文,见 *Il Viaggio in Italia di K'ang Yu-wei*,上引书,第 85 页。

14. 康有为,上引书,第 75—76 页。

15. 康有为在中国扮演的角色或渴望扮演的角色,与意大利文艺复兴运动时的人物,有相似之处。这一点未能逃过一个名叫帕德尼 (Riccardo Paderni)

的意大利人的眼睛，他那时在中国任铁路工程师，提到康有为时写道：
"这位爱国者与我们的马志尼有些相似之处，因为他称马志尼有爱国精神，
刚毅及勇敢。" R. Paderni, *La nuova Cina*, Milano s.d.（1902 年左右），第
40 页。

16. 康有为，上引书，第 174 页；白佐良，*Il Viaggio in Italia di K'ang Yu-wei*，
上引书，第 89—90 页。

17. 关于加里波第在中国的神话，一直持续到 1911 年。有关这点，见林万里：
《加里波第》，上海，1911 年。

18. 只有耶稣会士杜赫德编辑的 1735 年在巴黎出版的一些哲学作品除外。见
Description de l'Empire de la Chine 和 *Mémoires concernant l'historire, les sciences,
les artes, les moeurs, les usages & c. des Chinois*, vol.XIII, Paris 1788, pp.516 - 34。

19. 意大利在 19 世纪期间对中国的认识，一般参照以下的研究：*Origine e
progresso dello studio delle lingue orientali in Italia*, memoria di Francesco
Predari, Milano 1842, pp. 50 - 58; G. Vacca, *Asia Orientale*, in *Gli studi
orientalistici in Italia negli ultimi cinquant'anni*（1861-1911）, in *Rivista degli
Studi orientali*, V（1913-17）, pp.275-319; G. Tucci, *Italia e Oriente*, Milano
1949; G. Bertuccioli, *Per una storia della sinologia italiana: prime note su alcuni
sinologi e interpreti di cinese*, in *Mondo Cinese*, 74（1991）, pp.9 - 39; id., *Gli
studi sinologici in Italia dal 1600 al 1950*, ivi, 81（1993）, pp. 9 - 22; C.
D'Alessio 在 *Lune di Giada, Poesie cinesi tradotte da Arturo Onofri*, Roma 1994
一书的序言; F. Masini, *Italian Translations of Chinese Literature*, comunicazione
al convegno *Les traduction du chinois dans les langues européennes*, Paris 1994。

20. *Ta Tsing Leu Lee; being the Fundamental Laws, and a Selection from the
Supplementary Statutes of the Penal Code of China*, London 1810.

21. *Tar-Tsing-Leu-Lee o sia Leggi fondamentali del Codice penale della China*,
3 voll., Milano 1812.

22. *Annali di scienze e lettere*, vol.VIII, fasc. 12, dicembre 1811, pp.289 - 304; vol.
IX, fasc. 1, gennaio 1912, pp.35 - 44; vol.X, fasc. 4, aprile 1812, pp.3 - 38.
目前有 *Edizione nazionale delle opere di Ugo Foscolo*, vol.VII, *Lezioni, articoli di
critica e di polemica*（*1809 - 1811*），由 E. Santini 负责评论出版，Firenze

1933，pp.457－81。

23. *Edizione nazionale delle opere di Ugo Foscolo*，上引书，vol.VII，p.463。

24. 同上，p.465。

25. 同上，p.469。

26. 同上，p.481。

27. 见 M.C. Pisciotta，*Leopardi e la Cina*，in *Annali dell'Istituto Universitario Orientale di Napoli*，32（1972），pp.111－26。

28. 斜体字在原文上就有：G. Leopardi，*Zibaldone*，in *Tutte le opere*，W. Binni 编辑，vol.II，Firenze 1969，p.272，莱奥帕尔迪原稿上 n.942（14 aprile 1821）。上述表达不是莱奥帕尔迪的原话，但据他本人说取自前面所提到的《关于中国的刑法》一文，见第 318 页注 22。

29. 见 R.Loreto，*La China antica e moderna di C. Cattaneo*，in *Cina*，n.3（1957），p.56，nota 16。

30. 佩利科 1818 年 10 月 17 日写给福斯科洛的信，见 I. Rinieri，*Della vita e delle opere di Silvio Pellico*，vol.1，Torino 1898，p.58，参阅 V. Branca（a cura di），*Il Canciliatore*，*foglio scientifico-letterario*，Anno primo，Firenze 1948，vol.I，p.193，nota 1。

31. *Conciliatore*，n.12，11 ottobre 1818. 见 Branca（a cura di），上引书，vol.I，p.196。古典主义典型作品《中国人》的主题又出现在评论性的小册子上：*Il Romanticismo alla China*，*Lettera del sig. X all'amico Y*，*e risposta del sig. Y all'amico X*，*pubblicate dal sig. Z amico di tutti e due*，1819 年在布雷西亚（Brescia）发行，参阅 *Conciliatore*，n.50，21 febbraio 1819，见 Branca，上引书，vol.II，Firenze 1953，p.216。

32. C. Cantù，*Storia Universale*，t. 4，parte II，Torino 1814，p.537。

33. C. Cattaneo，*La China antica e moderna*，匿名刊登在 *Polilecnico*，X（1861），fasc. LVI，pp. 198－223。又见 C. Cattaneo，*Scritti storici e geografici*，G. Salvemini 和 E. Sestan 负责编辑，Firenze 1957，vol.III，pp.130－65。引证见 pp.137，159。又见 Loreto，上引书，pp.52－62。

34. Cattaneo，上引书，pp.132，162；尚可参阅 Tucci，上引书，p.241。

35. Cattaneo，上引书，pp. 242－43。见 L. Lanciotti，*la Chine e l'Europe* di

G. Ferrari, in *Cina*, n.3 (1957), pp.63－72。

36. C. Cantù, *Documenti per la Storia Uniuersale. Letteratura*. vol.I, t. 2, Torino 1845, pp.527－98.

37. 同上，第 573 页。

38. 这首诗的初稿由卡尔杜奇于 1853 年 10 月 12 日完成，题目是 *Rifacimento metrico di un'ode Chinese, da una versione in prosa francese*。在此引证的定稿首次由作者在 1882 年 4 月 16 日的 *Cronaca Bizantina* 上发表。见 *Edizione Nazionale delle Opere di Giosué Carducci*, vol.II, Bologna 1935, *juvenilia*, Libro 2, XXXII, p.69, 又见 p.252。

39. T. Massarani, *La Poesia in Cina*, in *Nuova Antologia*, vol.56, anno XVI, fasc. VI, 15 marzo 1881, pp.189－219. Id., *Il Libro di Giada*, Firenze 1882, 再版，同上，1909; J. Walter (pseudonimo di J. Gaulier), *Le livre de jade*, Paris 1867。

40. *Poésies de l'Epoque des Thang* (*VII*ᵉ , *VIII*ᵉ et *IX*ᵉ: siècles de notre ère), Paris 1862.

41. M. A. Canini, *Il libro dell'Amore, Poesie italiane raccolte e straniere*, Venezia 1885－89, 5 voll. 中国诗收入 vol.I, Venezia 1885, p.695; vol.II, 1887, pp.132－33, 274－76; vol.III, 1888, pp.314－25; vol.IV, 1889, pp.119, 193－96; vol.V, 1889, pp.209－10, 193. 大多取自 J. Arène, *La Chine familière et galante*, Paris 1883; *Poesie cinesi tradotte da Giovanni Bindi*, Pistoia 1888。

42. D'Alessio (a cura di), 上引书。

43. G. Vitale, *Poesia cinese*, in *Italia Coloniale*, vol. II, gennaio 1901, n. 1, pp.5－12; G. Debonis (pseudonimo di G. Vitale), *Ombre cinesi*, in *Italia Coloniale*, vol.II, agosto 1901, n.8, pp.35－39; L. Morandi, D. Ciàmpoli (a cura di), *Poeti Stranieri. Lirici, Epici, Drammatici*, vol.I, Milano-Roma-Napoli 1903, pp.25－59; G. Papini, *Genere cinese*, in *Riviera Ligure*, 1 giugno 1916, 近期 in *Tutte le opere* vol.I, *Poesie e fantasia*, Milano 1958, p.461; P.E.Giusti, *Idilli Cinesi*, in *Nuova Antologia*, anno 52, fasc. 1084, 16 marzo 1917, pp.142－50; *Nuvole bianche. Variazioni su Motivi Cinesi*, M. Chini 翻译并作了引言, Lanciano 1918; G. Valensin (a cura di), *Liriche Cinesi* (1753 a. C－

1278 d. C)，E. Montale 作序言，Torino 1943。

44. Chini.，上引书，p. XXXII. 部分参考 D'Alessio，上引书，p.20。

45. 白佐良的译文，见 *La letteralura cinese*，Firenze 1968，p.184。

46. Saint-Denis，上引书，p.44。

47. Walter，上引书，再版，Paris 1902，p.126。

48. Massarani，上引书，p.93。马萨拉尼 1881 年在上述引证的 *La poesia in Cina* （p.209）文章上刊登的译文稍有不同。

49. Vitale，上引书。

50. D'Alessio（a cura di），上引书，pp.61 - 62。

51. Chini，上引书，p.85。

52. G. A. Cesareo，*Conversazioni letterarie*，Catania 1899，p.89。

53. G. Papini，*Inutilità necessarie*，in *Il Resto del Carlino*，16 gennaio 1916；*Li-lai-pe ed Euclide*，in *Tutte le opere*，VII，*Prose morali*，Milano 1959，pp.1229 - 30；参考 D'Alessio，上引书，p.22。

54. 特别是：*Novelle Cinesi tolte dal Lung-tu-kung-ngan e tradotte sull'originale Cinese da Carlo Puini*，Piacenza 1872；*Il dente di Budda racconto estratto dalla Storia delle Spiaggie e letteralmente tradotto dal cinese da Alfonso Andreozzi*，Firenze 1883，中国作品的意大利文翻译尽可能完全的目录见马西尼文章中引用的附录。

55. U. Ojetti，*Puini*，6 giugno 1924，in *Cose viste*，t. III，Milano 1926. pp.12 - 13。

56. 同上，*La Cina e gli stranieri*，in *Bollettino della Società Geografica*，serie III，vol.V，fasc. II，febbraio 1892，pp.167 - 87；L. Nocentini，*Nell'Asia Orientale. Impressioni e note di* viaggio，Firenze 1894；G. Senzapaura（E. F. M. Z. Volpicelli 的笔名），*Le potenze estere in Cina*，in *La Rassegna Italiana*，anno XXII，16 marzo 1900，pp.300 - 10，291。

57. 见 L. Di Mattia，*Il probiema di San Mun sulla stampa ilaliana di fine Ottocento*，in U. Marazzi（a cura di），*La conoscenza dell'Asia e dell'Africa in Italia nei secoli XVIII e XIX*，Napoli 1984，vol.I. t. I，pp.323 - 47，附有篇幅很长的目录。

58. F. Fontana，*In viaggio per la China*，Milano 1900；F. Concianni，*La Cina. sue condizioni attuali，usi e costumi，storia*，Firenze 1900；E. Calamida Pinto，*Note*

d'un viaggio in Estremo Oriente, Palermo 1902；E. Chiminelli, *Nel paese dei draghi e delle chimere*, Città di Oastello 1903；E. Castellani, *L'Estremo Oriente e le sue lotte*, Milano 1904；L. Barzini, *Nell'Estremo Oriente*, Milano 1904.

第九章　子 不 语

1. 孔子《论语》，第七篇，第 20 段。
2. 袁枚（1716—1797），《子不语》一书的作者。
3. 孔子:《论语·子路篇》，第 18 段。
4. 《论语·为政篇》，第 24 段。
5. 欧阳修（1007—1072）:《朋党论》。
6. "朋"与"党"为互文，作者把"朋"释为"amicizia"（友谊），把"党"释为"consorteria"（宗派集团），这种字面释义并不恰当。——译者
7. 在中国古代，皇帝在被判死刑的人的名字上用毛笔画一个红圈，名字在圈内的人要被杀。
8. G. Boccaccio, *Decamerone*, giornata VIII, novella 3.
9. F. De Sanctis, *Storia della letteratura italiana*, cap. XX, *La nuova letteratura*, vol.II, Milano 1937, p.319.
10. 王国维:《宋元戏曲考》，见《王国维戏曲论文集》，北京，1957 年，第 106 页。
11. 钱钟书, *Tragedy in Old Chinese Drama*, in *T'ien Hsia Monthly*, 1935 年, pp.37‑46。
12. 徐志摩:《卞昆冈》，见《徐志摩全集》，香港，1983 年，卷五，第 1—77 页。意大利文由 M. N. Rossi 翻译: Xu Zhimo, *Bian Kungang. Tragedia cinese di ispirazione dannunziana*, in *Culture*, n.5, 1991, pp.87‑146。
13. 卫匡国, *Novus Atlas Sinensis*（《中国新地图集》），Amsterdam 1655, p.120。
14. 参阅第七章第三节。
15. G. Mazzini, *Politica internazionale*, 刊登在 1871 年 3 月的 *Roma del Popolo* 和 *Scritti editi e inediti*, Milano-Roma 1861‑1891, vol.XVI, pp.128 sgg。